한물결 영화수상

은막의 매혹

한물결 영화수상

은막의 매혹

초판 1쇄 인쇄 | 2021년 1월 1일
지은이 | 장병호
펴낸이 | 이승훈
펴낸곳 | 해드림출판사
주 소 | 서울 영등포구 경인로82길 3-4(문래동1가 39)
센터플러스빌딩 1004호(07371)
전 화 | 02-2612-5552
팩 스 | 02-2688-5568
E-mail | jlee5059@hanmail.net

등록번호 제2013-000076
등록일자 2008년 9월 29일

ISBN 979-11-5634-442-1

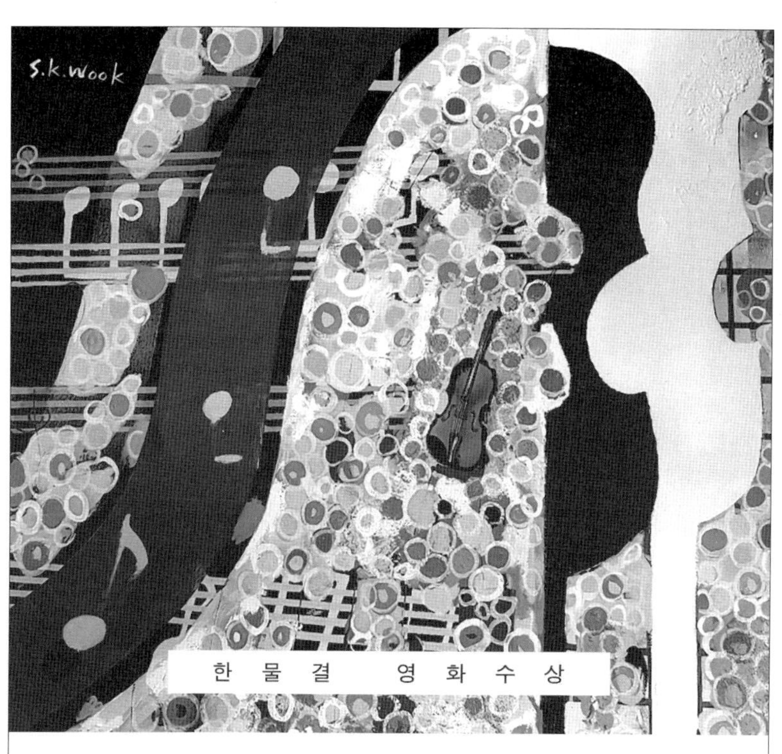

한 물 결 영 화 수 상

은막의 매혹

장병호 지음

해드림출판사

책머리에

벅찬 감흥을 함께 나누고자

"어떻게 사랑이 변하니?"

영화 〈봄날은 간다〉(2001)에서 상우가 은수에게 한 말이다.

"어떻게 극장에서 잠이 오니?"

청춘 시절의 나는 이렇게 말했을 것이다.

영화를 보다가 졸았다는 벗이 이해되지 않던 시절이었다. 현실에서는 볼 수 없는 멋진 사람들이 기상천외한 사건을 벌이는 환상의 세계가 눈앞에 펼쳐지는데 어찌 잠이 온다는 말인가? 영화만 있다면 밥을 안 먹어도 배고프지 않고 밤을 새워도 졸리지 않을 것 같았다. 요즘이야 미디어의 홍수가 지겨울 정도지만 텔레비전도 없던 시절 오로지 극장이 아니면 볼 수 없는 은막의 세상은 그토록 신비하고 매혹적이었으며 늘 나를 목마르게 했다.

극장에 한 번 들어가면 화면이 뚫어질 듯 빠져들곤 하던 애착은 나이가 들어서도 크게 달라지지 않았다. 그러다 보니 서당개 삼년에 풍월을 읊는 식으로 영화 보는 눈이 길러졌는지 괜찮다 싶은 영화를 보면 그냥 있지 못하고 느낀 바를 끄적거리곤 했다.

애초에는 출판을 염두에 두지 않았는데 글이 쌓이다 보니 주위 사람과 나누고 싶은 마음이 생겼다. 그래서 묵은 사진첩을 뒤지듯이 예전에 쓴 글들을 찾아내고, 미처 쓰지 못했던 것들을 마저 써가지고 한데 묶어보았다.

쉰 편의 글을 살펴보니 중학생 때 본 영화부터 최근의 것까지 천차만별이다. 그리고 국내영화에 관한 이야기가 외국영화보다 훨씬 많다. 사실 나는 요즘 예전과는 달리 우리나라 영화를 많이 본다. 내가 무슨 국수주의자라서가 아니라 이제는 우리 것이 외국 것보다 훨씬 나아 보인다. 그만큼 우리 영화가 발전한 덕분이겠다.

나는 영화 전문가는 아니고, 그저 영화 보기를 즐기는 행복한 관객이기에 소박한 일반인의 눈으로 글을 썼다. 그래서 클리세니 시퀀스니 미장센이니 오마주니 하는 전문용어는 되도록 멀리했음을 밝힌다.

나는 왜 이런 글을 썼는가?

영화평론가도 아니면서 누가 시키지도 않은 일을 왜 했는지 자문해본다.

뾰쪽한 이유는 없고, 그저 영화에 대한 감흥을 홀로 감당하기 어려웠기 때문이었다고나 할까. 좋은 것을 보면 혼자서 누리기에 아까울 때가 있지 않은가. 맛난 음식을 보면 가족들이 생각나고, 멋진 경치를 만나면 함께 오지 못한 사람이 그리워진다. 내가 영화 이야기를 쓴 것도 가슴 벅찬 그 감흥을 혼자 지니고 있기가 아까워 누군가와 함께 나누고 싶었던 것이 아닐까 싶다. 사람마다 영화에 대한 취향이나 느낌이 다르겠지만 그래도 이 책에 공감해주는 이들이 좀 있었으면 좋겠다.

지난해는 코로나 감염증으로 영화세상이 크게 위축되었다. 대인접촉이 염려되어 관객들이 영화관에 발길을 끊으니 새 영화들이 기지개를 켜지 못하고 있다. 어서 마스크를 벗고 활기차게 극장을 찾을 수 있는 날이 오기를 손꼽아 기다려본다.

끝으로 표지화를 선뜻 보내준 신경욱 화백의 우정에 고마움을 표하며, 정성을 다해 책을 만들어준 해드림출판사 이승훈 대표의 노고에 감사와 신뢰를 보낸다.

2021년 새해를 맞으며 한물결 장병호 씀

차례

제1부
청춘의 사랑, 그 아픔과 기쁨

제2부

정의를 위한 자기희생

제3부

강인한 남성상의 구현

제4부

감독의 장인정신이 빛난다

제5부

난세를 살아가는 법

제6부
슬프고도 아름다운 한의 여운

제1부

청춘의 사랑, 그 아픔과 기쁨

치기와 낭만 그리고 시대의 우울

_ 바보들의 행진

동해에는 고래가 살고 있어요.
예쁜 고래 한 마리,
그것을 잡으러 떠날 거예요.

사람은 나이에 따라 취향이 달라진다.

유아기에는 장난감에 끌리고 초등학교 때는 만화나 동화책에 빠진다. 중고등학교 때는 액션영화나 무협지, 오락게임에 심취하며 스무 살이 넘으면 이성과의 연애에 골몰한다. 그러다 서른을 지나 쉰까지는 자녀 양육과 재산 형성, 취미활동에 열정을 쏟고, 예순이 되면 자녀 혼사와 건강관리에 힘쓰며 노후생활에 들어간다.

나이에 따라 관심사도 달라지기 마련이다. 만화책을 읽는 초등학생에게 취업이나 결혼문제는 엉뚱하기만 하고, 취업을 준비하는 젊은이에게 자녀교육 문제는 별나라의 이야기일 뿐이다. 청소년기에는 청소년기에 따른 관심사가 있고, 장년기에는 장년기에 맞는 관심사가 있으며, 노년기에는 또 그에 필요한 관심사가 생기기 마련이다.

대학 시절에 이런저런 영화를 많이 보았는데, 그 가운데서도 아주 재미나게 본 영화가 있다. 하길종 감독의 〈바보들의 행진〉(1975)이다. 무슨 기대 같은 것을 하지 않고 무작정 보았는데, 화면 속에 빨려 들어가는 느낌을 받았고, 오래도록 감흥이 가시지 않았다. 마흔 해가 넘은 지금, 다른 것은 생각나지 않아도 그 영화만큼은 선명히 떠오르는 까닭이 무엇일까. 아마도 그게 대학생들의 이야기였기 때문이 아닐까 싶다. 영화 속의 이야기가 나의 현실과 비슷해서 주인공의 일거일동이 바로 나 자신의 모습으로 받아들여졌다고 본다.

주인공으로 병태와 영철이가 나온다. 여자대학생으로는 영자와 순자가 나온다. 이름이 아주 촌스럽다. 요즘 영화라면 도저히 나올 수 없는 이름이다. 지금 같으면 서준이나 민혁이, 서현이나 예린이 정도나 되지 않을까?

영화의 줄거리는 특별히 일관된 것이 없고 대학생들의 평범한 일상이 펼쳐진다.

단체미팅을 통해 여학생을 사귀고, 함께 시내를 활보하고, 다방에 앉아 잡담을 나누고, 생맥줏집에 가서 술을 마신다. 교수에게 찾아가 학점을 올려달라며 애교를 떠는가 하면, 연극 공연을 이유로 학교에 낼 과제를 남자친구에게 대신 부탁하기도 한다.

그런가 하면 여자 친구에게 맥주를 사준다는 것이 친구들을 여럿 부르는 바람에 술값이 모자라 시계를 풀기도 하고, 과별 대항 술 마시기 대회를 열고 막걸리를 마신 후 바늘귀를 꿰는 시합도 벌이고, 술에 취해 밤거리를 헤매다 통금에 걸려 구류를 살기도 하는 등 젊은이들의 치기 어린 모습들이 두루 소개된다.

특히 기억나는 장면은 병태와 영철이 장발 때문에 경찰에 쫓기는 대목이다.

1970년대 당시는 남자의 긴 머리와 여자의 짧은 치마가 단속 대상이었다. 두 학생이 도망치는 장면에서 터져 나오는 송창식의 노래 〈왜 불러〉는 절묘하기 이를 데 없다. 정작 그 단속 경찰도 장발인 것을 보면 '뭐 묻은 개가 뭐 묻은 개를 나무란다.'라는 식의

현실 비판 의도가 숨어 있는 것 같다.

또 하나 떠오르는 것은 당구장에서 영철이가 친구들과 내기를 하는 대목이다.

"야, 이 세상에 믿을 것이 뭐가 있니?" 하는 친구들 앞에서 "그래도 나는 사람을 믿는다."라고 우기는 영철은 시험을 해보자며 신문팔이 소년에게 500원짜리 지폐로 신문을 사고는 나머지 거스름돈을 바꿔오도록 한다. 소년이 나간 뒤 한참 기다려도 돌아오지 않자 친구들의 힐난이 쏟아진다. 그러나 그는 좀 더 기다려보자며 버틴 끝에 마침내 잔돈을 가지고 돌아오는 소년을 만난다. 그 소년은 바삐 차도를 횡단하다가 교통경찰에 걸려 한 시간 동안 붙들려 있었다고 말한다. 결국 영철의 인간 신뢰가 승리를 거둔다.

이 영화의 전면에는 병태가 등장하지만, 제목이나 사건 전개를 보면 영철이가 중심인물로 보인다. 말을 더듬는 그는 중고등학교 입시에서 실패한 경험이 있고 대학도 떨어져서 뒷돈으로 들어왔다. 더욱이 군대 신체검사에도 불합격 판정을 받는다. 그래도 그에게는 꿈이 있다. 여학생들과 주점에 앉아 이렇게 떠벌인다.

"나는 이다음에 돈을 무지하게 많이 벌 겁니다. 두고 보세요. 돈을 무지하게 많이 벌어서 만 원짜리로 담배를 피울 거예요."

"뭘 해서 돈을 벌어요? 철학과에 다니잖아요. 철학과 나와서 어떻게 돈을 벌죠?"

"난 빨부리 장사를 할 거예요. 비가 오면 빨부리로 담배를 못 피우잖아요. 그러니까 내 아이디어는 빨부리 끝에 우산을 다는 것입니다. 비가 온다. 그러면 담배가 젖는다. 그럴 때는 보시다시피 이렇게 우산을 펴고 담배를 피운다 이겁니다."

"돈을 벌면 뭘 하시겠어요?"

"빨간 지붕 양옥집을 사서, 정원에는 장미도 심고 자가용도 사겠습니다. 그리고 고래사냥을 나가겠습니다. 동해에는 고래가 살고 있어요. 예쁜 고래 한 마리, 그것을 잡으러 떠날 거예요."

터무니없이 유치한 꿈이지만 실제로 그는 자전거를 타고 동해로 떠난다. 송창식의 경쾌한 노래 〈고래사냥〉을 배경음악으로 깔고 고속도로 중앙선을 따라 발판을 밟는다.

술 마시고 노래하고 춤을 춰 봐도
가슴에는 하나 가득 슬픔뿐이네
무엇을 할 것인가 둘러보아도
보이는 건 모두가 돌아앉았네
자, 떠나자 동해 바다로
삼등삼등 완행열차 기차를 타고
간밤에 꾸었던 꿈의 세계는
아침에 일어나면 잊혀지지만
그래도 생각나는 내 꿈 하나는
조그만 예쁜 고래 한 마리
자, 떠나자 동해 바다로
신화처럼 숨을 쉬는 고래 잡으러

영철이가 고속도로를 주행하는 모습은 힘들고 위험하다는 생각보다는 '나도 저렇게 자전거를 타고 떠나봤으면!' 하는 충동을 불러일으켰다.

〈바보들의 행진〉에는 대학생들의 밝은 모습과 어두운 모습이 공존한다. 고무공처럼 통통 뛰어다니는 생기발랄한 모습이며, 교정에 모여 앉아 낭만을 구가하는 모습이 있는가 하면, 휴강 공고가 붙은 닫힌 교문과 낙엽 지는 교정에서 호주머니에 손을 넣고 잔뜩 웅크리며 걷는 모습도 비친다. "대학생이 되어가지고 머리가 그게 뭐냐?"고 어른들에게 꾸중을 듣기도 하고, 교정에서 담배를 피우다가 교수에게 따귀를 맞기도 한다.

끝부분에 가서 영철은 자전거를 타고 동해에 뛰어들고, 병태는 머리를 깎고 입영 열차에 몸을 싣는다. 이제 낭만적인 대학 생활도 끝이다. 시대의 우울과 젊은이들의 상실감 그리고 현실도피, 송창식의 노래 〈날이 갈수록〉이 흐르며 분위기는 한층 우수에 젖

는다.

빨부리 장사로 돈을 많이 벌겠다던 영철이는 왜 현실을 버렸을까? 미팅에서 사귄 순자가 더는 만나주지 않았기 때문일까. 입학시험에서 번번이 낙방하고 군대 신체검사까지 떨어진 좌절감 때문일까. 송창식의 주제가와 견주어 추측해보건대, 출구가 보이지 않는 구차한 현실에서 벗어나 너른 동해 바다와 같은 세상에서 고래처럼 마음껏 헤엄치며 자유로이 살고 싶었던 것이 아닐까. 그것은 당시 표현의 자유가 허용되지 않던 닫힌 현실에 대한 감독의 무언의 항의였는지도 모른다.

데이트 나갈 돈이 없어서 이 친구 저 친구에 아쉬운 소리를 해야 하는 형편이지만 옆구리에 책을 끼고 의기양양하게 활보하는 젊은이들, 앞날은 안개처럼 뿌옇고 현실은 한없이 초라해도 꿈과 낭만을 잃지 않는 모습, 여자친구로부터 "앞으로 전화하지 마!"라고 말을 듣고 잔뜩 풀이 죽어 앙상한 가지만 남은 텅 빈 교정을 배회하는 청춘들을 조명한 영화 〈바보들의 행진〉, 그것이 당시 나를 매료시킨 것은 똑같지는 않더라도 상당 부분 나의 현실과 겹치는 부분이 있었기 때문이 아닐까.

The March of Fools, 감독 하길종, 출연 윤문섭, 하재영, 이영옥, 1975.

부도덕한 연애의 찬가

_ 연인

십 대와 삼십 대의 정사는
소재부터가 호기심을 자극하지 않는가.

수도원의 살인사건을 그린 영화 〈장미의 이름〉(1989)에서 고풍스러운 중세 수도원의 어두운 지하실에까지 카메라를 들이댔던 장 자크 아노(Jean Jacques Annaud)는 확실히 영상미에 신경을 많이 쓰는 감독이다. 그의 영상미는 단순히 화면의 아름다움뿐만 아니라, 시간적 공간적 배경의 치밀한 고증이나 의상, 소도구 등의 세심한 준비를 통해서도 추구되는 것을 알 수 있다.

프랑스 식민지였던 베트남을 배경으로 한 영화 〈연인(The Lover)〉(1992) 은 이러한 감독의 세밀한 솜씨가 눈에 띄는 작품이다. 인력거가 달리는 현지의 풍물, 시끌벅적한 재래시장의 풍경, 아무렇게나 걸쳐 입은 여주인공의 헐거운 의상, 심지어 황토물로 넘실대는 메콩강마저 감독의 탁월한 손길에 힘입어 혼탁하기보다는 오히려 아름답고 낭만적인 정취를 자아낸다.

프랑스의 여류작가 마르그리트 뒤라스(Marguerite Duras, 1914~1996)의 자전적 소설인 〈연인(L'Amant, 1984)〉은 노작가의 청춘 시절에 대한 회상으로 전개된다. 큼직한 남자 모자를 쓰고 다니는 주인공은 나이 15세의 가냘픈 프랑스 소녀다. 그는 고등학교 2학년 학생이며, 방학을 마치고 사이공의 학교로 돌아오는 배에서 한 중국인 신사를 만나게 된다. 흰 양복에 머리를 단정히 빗어 올린 신사는 운전사가 딸린 고급 승용차를 타고 다니는 부호의 아들이다. 파리 유학을 다녀오기도 한 그는 특별히 하는 일 없이 돈이나 뿌리고 다니는 청년이다.

신사는 승용차로 소녀를 사이공까지 데려다준다. 그리고 차 안에서 슬며시 소녀의 손을 잡는데, 소녀는 그것을 뿌리치는 게 아니라 오히려 흥분에 싸여 그것을 즐긴다. 그런 일이 있고 나서 청년은 하교시간에 학교 앞으로 찾아온다. 소녀는 자석에 끌리듯 승용차로 다가간다. 청년은 소녀를 시장터의 골방으로 데려간다. 장사치들의 떠드는 소리가 들리는 어둠침침한 방에서 그들은 욕정을 불태운다.

두 사람의 만남은 횟수를 거듭할수록 뜨거워진다. 집안 형편이 어려운 소녀는 청년에게 돈을 얻어 내기도 한다. 마침내 학교에 소문이 퍼지고, 가족들도 눈치를 채지만 부자 청년에게서 돈을 얻을 수 있는 것을 다행으로 생각한다. 이들의 육체관계는 청년이 부친의 강권에 따라 동족 여인과 결혼할 때까지 계속된다. 영화는 소녀의 가족이 청년의 도움으로 빚을 갚고 본국으로 돌아가면서 끝난다. 프랑스로 떠나는 날 부두 한쪽 창고 그늘에 청년의 차가 말없이 소녀를 배웅한다.

〈연인〉은 제목이 말해주듯이 남녀 간의 애정 영화이다. 식민지 베트남을 배경으로 하지만 민족적 대립이나 인종 갈등 같은 것은 아무런 관심이 없다. 드러내고자 하는 것은 젊은 날의 불장난 같던 사랑에 대한 향수이다. 이 영화에서 남녀 간의 사랑은 대단히 미화되어 있다. 이들의 사랑에는 동양인과 서양인의 벽이 보이지 않는다. 또 열다섯 소녀와 서른두 살 청년의 나이 차이도 아무런 문제가 되지 않는다. 오직 숨 막히는 육체의 탐닉만이 전부일 뿐이다.

7천여 명의 경쟁을 거쳐 선발했다는 여주인공 배우 제인 마치(Jane March)는 청순과 퇴폐의 두 얼굴을 가지고 있다. 그의 큼직한 모자, 어깨와 목덜미가 훤히 드러나는 원피스, 맨가슴에 느슨한 벨트를 허리에 두른 모습은 이 영화의 트레이드마크이다. 연약하면서도 대담한 알몸 연기는 충격 그 자체이다. 영화를 보는 백 분 동안 꼼짝없이 그의 풋풋하면서 도발적인 매력에 사로잡히고 만다.

그러나 그의 매력에 마냥

넋을 빼앗기고 있을 수만은 없다. 냉정히 살펴보면 이 두 사람의 연애는 타락하고 부도덕한 것이라고 아니할 수 없다. 이들의 연애는 지나치게 즉물적이며, 마음보다는 육체가 앞서 있다. 열다섯 살 미성년자와 서른두 살 노총각은 격에 맞지 않은 상대다. 그런데도 연애가 이루어지는 것은 육체적 욕구 충족이 목적이기 때문이 아니겠는가.

장 자크 아노 감독은 이들의 연애담을 최대한 미화시키려고 애썼다. 덕분에 〈연인〉은 얼핏 인종을 초월한 지순한 사랑의 추억담으로 보이기도 한다. 그러나 어디까지나 이 영화는 잘 꾸며진 성애영화일 뿐이다. 이 영화는 상업적인 요소가 많다. 베트남이라는 이국적인 풍광, 서양 여성과 동양 남성의 만남, 십 대와 삼십 대의 정사는 소재부터가 호기심을 자극하지 않는가. "외설이냐, 예술이냐"는 성애영화의 상투적 표어가 이 영화의 포스터에도 어김없이 등장했다. 이런 구호를 외치는 영화치고 예술성을 제대로 갖춘 작품을 본 적이 있었던가. 실비아 크리스텔을 내세운 〈엠마누엘 부인〉(1974) 이래 예술을 빙자한 외설영화를 누누이 보아오지 않았던가. 〈연인〉은 그 부류에서 한 발짝도 벗어나지 않는다.

〈연인〉에서 엿보이는 것은 오직 영화꾼의 장삿속이다. 과거의 영화가 어디까지 벗기느냐에 관심이 있었다면 지금 영화는 누구까지 벗기느냐를 문제 삼는다고나 할까. 주인공 배우의 실제 나이가 열일곱 살이라고 한다. 이런 미성년자를 성애영화에 동원해도 괜찮은 건가. 로미오와 줄리엣처럼 같은 미성년자들의 사랑이라면 이해할 만하다. 그렇지만 미성년자와 성인의 연애는 너무 지나치지 않은가. 더구나 그것이 달콤한 추억으로 미화되고 있으니 말이다.

오늘날 성범죄가 날로 늘어나는 까닭은 무엇인가. 이처럼 부도덕한 내용의 영상매체들이 은연중 부추긴 요소가 있는 것은 아닐까. 가치관이 정립되지 않은 청소년들에게는 이들의 영향이 절대적일 수 있다. 성인들도 그러한 유혹에서 벗어날 수 없다. 영화가 아무리 오락물이라지만 도덕의 금기를 넘어서는 이야기는 곤란하지 않은가.

The Lover, 감독 장 자크 아노, 출연 제인 마치, 양가휘, 1992.

사랑의 계절, 그 설렘의 시작

_ 4월 이야기

어차피 기적이라고 부른다면

난 그것을 사랑의 기적이라고 부르고 싶다.

봄을 싫어하는 사람이 있을까.

새 생명이 약동하는 봄, 추위 속에 잔뜩 웅크리고 지내던 어느 날 문득 어제와는 달리 사뭇 따사로운 기운이 감돌 때 우리는 계절의 변화를 감지한다. 우선 매서운 추위가 물러갔다는 생각만으로도 어두운 동굴 속을 빠져나온 듯 안도의 숨이 내쉬어지고 움츠러들었던 어깨가 펴진다. 급기야 살랑거리는 바람결을 타고 파릇파릇한 새싹이 얼굴을 내밀면 야호 소리치며 만세라도 부르고 싶도록 감격스러워진다. 그 솟아오르는 생동감을 느낄 때면 뭔가 새로운 일이 생겨날 것 같은 기대감으로 가슴이 은근히 설레어 온다.

봄의 생동감을 멋지게 그린 영화를 들라면 일본 감독 이와이 슌지(岩井俊二, 1963~)의 〈4월 이야기(四月物語)〉(1998)가 아닐까 싶다. 벚꽃이 만개한 4월, 갓 대학에 입학한 여자대학생의 설렘과 기대에 찬 표정이 영화를 가득 수놓는다.

주인공 우즈키는 홋카이도 출신 학생으로 도쿄에 있는 무사시노(武藏野)대학에 입학한다. 부모 형제가 사는 고향을 떠나 대학 기숙사에 짐을 풀고, 입학식과 함께 새로운 벗을 사귀고, 동아리에 들어가며 대학 생활을 시작한다. 그 모든 과정이 그에게는 새로운 경험이기에 신기하고 가슴 벅찬 나날이 아닐 수 없다.

무엇보다 우즈키가 꿈꾸고 있는 것은 야마자키(山崎)라는 선배를 만나는 일이다. 야마자키는 자기가 다녔던 고등학교 1년 선배 남학생이다. 주인공은 고교 시절 그가 밴드에서 기타를 치며 노래하는 모습을 보고 마음을 빼앗긴다. 자기만의 비밀이지만 그가 무사시노대학에 온 것도 그 선배가 이 대학에 진학했기 때문이었다.

그는 수소문 끝에 선배가 서점에서 일하고 있다는 것을 알게 된다. 그리하여 몇 차례 서점을 찾아가지만 그를 훔쳐보기만 할 뿐 말을 붙이지 못한다. 마침내 어느 날 이야기를 나누게 되는데, 뜻밖에도 선배가 "혹시 기타고

등학교에 안 다녔나요?" 하며 자기를 알아보는 것이 아닌가. 때마침 비가 내리는지라 주인공은 선배로부터 우산 하나를 빌려 쓰고 나오며 가슴에 차오르는 기쁨에 젖는다. 그리고 이렇게 혼잣말을 한다.

"성적이 안 좋은 내가 대학에 합격했을 때 담임 선생님은 기적이라고 하셨지. 어차피 기적이라고 부른다면 난 그것을 사랑의 기적이라고 부르고 싶다."

학교 성적이 변변치 못했던 주인공은 마음에 점찍은 남자를 만나기 위해서 벼락공부를 한다. 그리고 자기 실력으로 도저히 넘볼 수 없던 대학에 합격하고 만 것이다. 기적이었다. 사랑의 놀라운 힘이다. 이제 대학생이 되어 꿈에 그리던 남자를 다시 만났으니 앞으로 전개될 일이야 굳이 설명해서 무엇 하랴.

〈4월 이야기〉는 상영시간이 놀라울 정도로 짧다. 축소지향의 나라 영화답게 채 70분이 되지 않아서 장내의 불이 켜진다. 그렇지만 영화가 주는 울림은 여느 장편영화에 못지않다. 주먹만 한 소나무 분재 하나가 실제 소나무의 분위기를 함축하고 있는 것과 같다고나 할까. 오히려 너절한 줄거리보다는 간단명료하게 핵심만 짚어주는 것이 더 인상적이라고 하겠다.

이 영화는 '출발점의 영화'라고 이름을 붙일 수 있다. 낯선 도시에 와서 대학 생활을 시작하는 주인공에게는 모든 것들이 출발선상에 놓여 있다. 더욱이 고교 시절부터 짝사랑하던 선배 남학생을 만나는 것도 사랑의 시작이 아닌가. 그런데 바로 출발점에서 영화는 막을 내린다. 이제 바야흐로 뭔가 이루어지려는 찰나

에 끝을 알리는 자막 글씨가 올라가는 것이다. 그러나 바로 그 점이 이 영화의 백미라고 할 수 있다. 출발점에서 과감히 멈춤으로써 바로 그 순간의 충일한 감정을 극대화하는 것이다. 아무것도 아닌 듯하지만 실은 감독의 놀라운 재기가 엿보이는 대목이다.

영어에서 '4월(April)'은 라틴어 '아프릴리스(Aprilis)'에서 나온 것으로 '아프로디테의 달'이라는 뜻이라고 한다. 온 누리에 생명의 고동 소리가 물결치며 온갖 꽃들이 피어나 아름다움을 뽐내는 4월이 미의 여신의 이름을 갖게 된 것은 너무나도 당연한 일일 것이다. 이때를 맞아 피 끓는 청춘남녀들이 짝 찾기에 분주하며 사랑의 기쁨에 몸을 떠는 것도 미와 사랑의 여신 아프로디테의 조화가 아닐는지.

벚꽃이 비처럼 쏟아지는 도쿄 시가지, 자전거를 타고 교정을 누비는 주인공의 발랄한 모습, 빨간 우산을 쓴 채 사랑의 환희에 들

뜬 주인공의 표정이 오래도록 기억에 남는 영화 〈4월 이야기〉, 영화를 보며 그다지 내세울 것은 없지만 설렘과 들뜸이 없지 않았던 나의 옛날 봄 시절이 아련히 떠올랐다. 그때 나는 왜 그리 바보 같았던가. 왜 그리 나를 드러내지 못하고 감정을 억누르기만 했던가. 주인공의 이름 '우즈키(卯月)' 또한 일본에서 4월을 뜻한다고 하니, 역시 생명력이 분출하는 4월은 청춘의 계절이요 사랑의 계절인가 보다.

April Story, 감독 이와이 슌지,
출연 마츠 다카코, 타나베 세이이치, 1998.

다시 맛보고 싶은 알싸한 맛, 그 순백의 추억

_ 박하사탕

나중에 이런 이름 없는 꽃들을

찍고 다니고 싶어요.

사람이 죽음을 앞두고 지나온 삶에 아무런 거리낌이 없다면 그보다 다행스러운 일이 있을까. 그러나 대부분 만족보다는 아쉬움을 느끼는 경우가 많을 것이다. 사람은 누구나 아래보다 위를 쳐다보는 속성이 강하기 때문이다. 물론 인생을 달관하여 아무런 회한도 갖고 있지 않은 사람도 없지는 않겠으나 대부분'그때 내가 그 길로 갔더라면!'하고 '가지 않은 길'에 대한 몇 가닥의 아쉬움은 가슴속에 담아놓고 있을 것이다. 특히 출발점에서 첫 단추를 자칫 잘못 끼운 사람이라면 인생을 돌이켜 다시 시작하고 싶은 욕구가 더욱더 강하지 않을까.

여기 한 사내가 있다. 이름은 김영호, 나이는 마흔 살, 증권과 사채로 돈을 날리고 동업자에게 사기를 당하고 아내에게도 버림받고 오갈 데 없는 처지에 놓여 있다. 그는 옛날 총각 시절 공장에서 함께 일하던 친구들의 야유회에 참석하여 술에 취해 비칠거리며 악을 쓰다가 인근 철교에 올라간다. 그리고 "나 다시 돌아갈래!" 하고 외치며 달려오는 열차와 마주한다. 이창동 감독 영화 〈박하사탕〉(2000)의 도입 장면이다.

삶의 막다른 골목에서 심신이 망가질 대로 망가져 버린 사내, 자살을 결심하고 권총을 구매했는데, 혼자 죽기가 억울해서 누군가 먼저 죽여 놓고 가겠다며 벼르고 다니는 사내, 도대체 그는 누구인가. 어쩌다 그리 악에 받쳐 소리를 지르다가 달려오는 열차에 몸을 던지게 되었는가. 그는 어떤 길을 걸어왔던가?

〈박하사탕〉은 열차를 타고 고향을 찾아가듯 주인공의 과거를 되짚어 보여준다. 영화의 구성이 참으로 특이하다. 시간적 순서로 전개되는 일반 영화와는 달리 이 영화는 시곗바늘을 거꾸로 돌려 현재에서 과거로 역순의 시간여행을 시작한다. 그리하여 1999년 봄부터 1979년 가을까지 스무 해의 이야기가 중간중간 끼어드는 열차의 주행 장면과 더불어 거꾸로 펼쳐진다.

아내와 자식과 떨어져서 도시 변두리의 움막에 기거

하는 주인공은 포장 가게의 커피 한 잔을 사 마실 수 없을 만큼 빈털터리가 되어 남의 차를 훔쳐서 타고 다닌다. 그렇지만 그도 한때는 가구점 사장이었고, 형사였고, 군인이었으며, 공장 노동자이기도 하였다. 다시 말하면 공장 노동자로 출발한 그는 군 복무를 거쳐 경찰에 종사하다가 개인 사업 끝에 망해서 지금의 신세로 전락한 것이다.

주인공 영호가 걸어온 스무 해의 발자취는 철교 위의 사건이 있기 사흘 전부터 시작된다. 그날 그는 세상살이를 그만두고자 권총을 하나 구매하는데, 자기 움막에 한 사내가 찾아온다. 그는 옛날 영호의 여자친구였던 순임의 남편이라고 밝히며, 병상의 아내가 보고 싶어 한다고 말한다. 그를 따라 병원에 가보니 순임은 이미 의식을 잃은 상태였다. 영호는 사들고 간 박하사탕을 내놓으며 "미안해요. 순임 씨!"라며 눈물을 흘린다. 그들에게는 어떤 사연이 있었던 것일까?

그 궁금증은 맨 마지막에 나오는 1979년 가을 소풍 장면에서 비로소 풀린다. 그들은 서울 구로구 가리봉동에서 일하는 공원으로 만난 사이였다. 그때 스무 살 영호는 강변에 핀 들꽃을 좋아하고, 그것들을 사진기에 담고 싶어 하는 순박한 청년이었다. 공장 친구들이 둘러앉아 당시의 유행가 〈나 어떡해〉를 부르는 강변에서 그는 순임이 건네는 박하사탕을 입에 넣으며 풋풋한 연정에 취한다.

그런데 그 순수했던 청년이 어떻게 악질형사 노릇을 하고, 남의 차를 훔쳐 타고 권총까지 품고 다니는 막된 사람으로 변하게 되었을까. 영화를 따라가다 보면 그의 성격 변화는 군 복무 시절로 이어진다. 신병 시절 그는 영문도 모른 채 우격다짐으로 광주항쟁 진압군으로 투입된다. 그리고 시위대를 쫓던 중 어둠 속에서 여고생 하나를 총기 오발로 죽게 만든다. 그가 군대를 마치고 체질에 맞지 않은 경찰에 투신한 것은 자기가 저지른 일에 대한 죄책감과 그로 인한 자포자기의 심정 때문이 아니었을까.

신참 형사 시절 순임이 그를 찾아온다. 가리봉동 시절 이후 첫 만남이다. 순임은 옛날의 애틋한 감정을 그대로 지니고 있었다. 그렇지만 영호는 순임을 차갑게 대할 뿐만 아니라 순임이 선물로 가져온 사진기도 "나 이런 것 필요 없어요." 하며 되돌려준다. 여자는 눈물을 흘리며 떠나간다. 이때 영호의 행동은 도무지 이해하기 어렵다. 어찌하여 그는 순임을 그토록 매정하게 대했을까.

그의 속마음은 그로부터 몇 년 뒤의 이야기이면서도 그보다 앞서 볼 수 있었던 어느 비 내리는 밤 술집 아가씨와의 대화에서 확인된다. 그에게 첫사랑 이야기를 듣던 여자가 "순임 씨를 만났다고 생각하고 저에게 하고 싶은 얘기 다 해봐요."라고 말하자 그는 "순임 씨!"를 여러 차례 되뇌며 뜨거운 눈물로 베갯잇을 적신다. 이루지 못한 사랑에 대한 회한에 가슴이 미어졌던 것이다. 세월이 지났어도 순임에 대한 사랑은 조금도 변함이 없었음을 알 수 있다.

그렇다면 그 옛날 순임을 눈물 바람으로 돌려보낸 까닭은 무엇인가. 아마도 그것은 죄의식과 자격지심이 아니었을까. 순임은 그에게 순수한 사랑의 화신이다. 군대 시절에 살인을 저지른 사람으로서 천사 같은 순임을 받아들인다는 것이 너무나도 죄스러웠던 것이 아닐까. 그래서 속마음을 감추고 일부러 정떨어지는 모습을 보임으로써 여자 스스로 물러가도록 한 것이다.

순임을 보낸 뒤로 영호의 행동은 광기를 띠기 시작하여 시위 대학생과 노조원을 무자비하게 고문한다. 자전거 타기를 가르쳐주던 홍자와 가정을 이루지만 화목하지 못하고, 경찰을 그만두고 시작한 개인사업도 사기를 당해 거덜 나고 만다. 모든 것이 악화일로로 치달은 끝에 주인공은 철교에 올라 열차에 마주 서는 것이다.

그가 마지막 던진 "나 다시 돌아갈래!"라는 절규는 무엇을 의미할까. 그것은 곧 스무 해 전의 청년 시절로 돌아가고 싶다는 이야기가 아니겠는가. 순수했던 시절로 되돌아가 새로운 삶을 시작하고 싶다는 소망, 인생을 다시 산다면 지금처럼 어긋나지 않고 사

랑하는 사람과 제대로 된 삶을 살아보고 싶다는 간절함의 표현이 아니겠는가.

영화의 제목으로 나온 '박하사탕'은 무엇을 뜻할까. 그것은 주인공이 순임을 처음 만났을 때 손에 쥐어준 것이다. "저 박하사탕 되게 좋아해요."라는 말에 순임은 군대에 간 영호에게 편지에 사탕을 한 알씩 넣어 보내고, 영호는 그것을 먹지 않고 정성껏 모은다. 그 박하사탕이 광주항쟁 긴급출동으로 짐을 꾸릴 때 쏟아지며 군홧발에 짓밟히는 것은 매우 상징적이다. 공교롭게도 바로 그날 순임이 면회를 왔다가 비상사태로 인해 면회가 허용되지 않는다. 영호는 출동하는 군용트럭에서 돌아가는 순임을 발견하지만 어찌할 수 없는 형편이었다. 알싸한 맛을 지닌 순백의 박하사탕은 그들의 지순한 사랑을 담고 있다. 사경을 헤매는 순임에게 영호도 박하사탕을 가져간다. 순임의 감은 눈에서 한줄기 눈물이 흐른다.

영화 〈박하사탕〉은 사회 고발의 성격을 지니고 있다. 겉으로는 구겨진 삶을 살아온 인물의 새로운 삶에 대한 열망을 담고 있지만, 속으로는 한 인간의 삶을 송두리째 흔들어버린 한 사건을 문제 삼고 있다. 그것은 바로 광주항쟁이다. 광주에서 얼떨결에 한 소녀의 목숨을 앗아버린 일로부터 영호의 삶은 어긋나기 시작했다. 출동을 서두르는 내무반에서 박하사탕이 군홧발에 부서지는 장면은 앞으로 전개될 주인공의 어긋난 삶을 암시하는 것이 아니던가.

의식을 잃은 순임의 남편이 전해주는 사진기 또한 특별한 의미가 있다. 그 사진기는 영호의 신참형사 시절 순임이 선물로 가져왔다가 영호가 받지 않자 도로 가져갔던 것이다. 그것을 아직껏 간직하고 있었다는 것은 영호에 대한 마음을 버리지 않았음을 뜻한다. 순임은 스무 살 가을소풍 때의 일을 기억하고 있었다. 강변에서 들꽃을 바라보던 영호가 손가락으로 사진기 모양을 만들며 "나중에 이런 이름 없는 꽃들을 찍고 다니고 싶어요."라고 말했던 것이다. 순임이 정성껏 돈을 모아 마련한 사진기에는 영호의 꿈을 지지하는 마음이 담겨 있다. 영호는 그것을 사진관에 팔아버린다. 순임도 죽어가고 자신도 그만 살기로 마음을 먹은 만큼 더는 의미가 없었던 것이다.

자살할 생각으로 권총을 마련했던 주인공이 스무 해 전의 강변으로 나간 것은 또 무엇 때문일까? 옛날 공장 친구들이 야유회를 간다는 소식을 라디오로 접했기 때문이기도 하지만 그보다는 순임을 처음 만났던 곳이기 때문이 아니겠는가. 생을 마감하기 전에 순수했던 시절의 추억이 깃든 장소를 한번 보고 싶었을 것이다.

자기 뜻대로 살 수 없는 것이 인간의 운명인가. 바람에 떠밀리는 부평초처럼 영호의 삶도 굴곡진 시대의 소용돌이에 휩쓸려 부서졌기에 안타까운 마음이 가시지 않는다. 독특한 전개 방식으로 앞뒤 맥락에 집중이 요구되는 영화, 한 번 보면 그만이 아니라 볼수록 깊이가 느껴지는 작품이기에 누구에게든지 권하면서 엄지를 꼽을 수 있을 것 같다.

Peppermint Candy, 감독 이창동, 출연 설경구, 문소리, 김여진, 2000.

겨울에 핀 한 떨기 흰 난초꽃

_ 파이란

결혼해주셔서 감사합니다.
강재 씨가 결혼해주셨기 때문에
한국에서 계속 일을 할 수 있습니다.

이루지 못한 사랑은 언제나 슬프다. 채워지지 않은 그리움과 목마름, 애달픔과 아쉬움으로 오래도록 가슴 한쪽에 빈자리를 남긴다. 이 세상에 생겨나는 사랑의 모습들은 그 남자와 여자의 얼굴 생김새만큼이나 제각기 다르겠으나 그 뼈대는 결국 만남과 헤어짐으로 요약되기 마련이다. 세상의 연인들이 수놓는 다채로운 사랑의 사연들이 모두 뜻대로 결실을 본다면 오죽 좋으랴만 사랑의 신 큐피드는 곧잘 짓궂은 심술을 부리는 까닭에 기구한 이별과 눈물의 사연이 그리도 숱하게 만들어지나 보다.

송해성 감독의 〈파이란〉(2001)도 남녀 간의 사랑 이야기이다. 그런데 그가 그리는 사랑은 청춘남녀가 만나 사랑의 감정을 불태우며 알콩달콩 좋아 지내는 일반적 유형과는 사뭇 다르다. 남자는

뒷골목에서 주먹질을 일삼는 건달이고, 여자는 중국에서 온 불법 이민자라는 설정부터가 색다른데, 그들이 서류상의 부부로 인연을 맺은 것도 흔한 사례는 아닐 것 같다.

주인공 강재는 동네 오락실에 드나들며 푼돈이나 뜯는 삼류건달이다. 배 한 척을 장만해서 고향에 돌아가는 꿈이 있지만 언제 이루어질지 까마득하다. 미성년자에게 불법 영상물을 팔다가 유치장에 다녀온 그는 야간 업소에 손님을 끄는 여리꾼 노릇을 하며 걸핏하면 두목 용식에게 두들겨 맞는다. 용식과 친구 사이면서도 그를 형님이라 부르며 존댓말을 쓸 만큼 그는 비루한 처지에 놓여 있다.

어느 날 두목이 불량배를 심하게 때리다 죽게 만드는데, 강재에게 자기 대신 자수를 해달라고 부탁한다. 그는 내키지는 않지만 옥살이를 해주면 배 한 척 살 돈을 마련해주겠다는 말에 용식의 죄를 뒤집어쓰기로 마음먹는다.

그런데 난데없이 아내가 죽었다는 소식을 받는다. 언젠가 인력사무소에 푼돈을 받고 이름을 빌려준 적이 있는데, 연고자랍시고 연락이 온 것이었다. 서류상으로 부부일 뿐 얼굴도 모르는 여자이지만 그는 경찰에 자수하기에 앞서 바람도 쐴 겸 후배 경수와 함께 여자의 주검을 받으러 간다.

죽은 여자는 강백란이라는 중국 처녀인데, 한국에 사는 친척을 찾아왔다가 그 친척이 캐나다에 이민 간 것을 알게 된다. 오갈 데 없는 처지에서 한국에 머무르기 위해서 한국 남자의 이름을 빌려 위장 결혼을 하게 된다. 그리고 생계를 위해 세탁 일을 하며 지내다가 폐병이 나서 쓸쓸히 죽는다.

강재는 장례를 치러주러 가서 백란이 남긴 편지를 읽는다.

"결혼해주셔서 감사합니다. 강재 씨가 결혼해주셨기 때문에 한국에서 계속 일을 할 수 있습니다. 여기 사람들은 모두 친절합니다. 계속 여기서 일하고 싶습니다. 감사합니다. 모두 친절하지만, 강재 씨가 제일 친절합니다. 나와 결혼해주었으니까요."

자기와 결혼해준 강재에게 감사의 마음을 전하는 이국 여자의 삐뚤빼뚤한 한글 편지는 묘한 울림을 준다.

"이 편지를 보신다면 저를 봐주러 오셨군요. 감사합니다. 잊어버리지 않도록 보고 있는 사이에 강재 씨 좋아하게 됐습니다. 좋아하게 되자 힘들게 됐습니다. 혼자라는 게 너무나 힘들게 됐습니다. 죄송합니다. 당신은 항상 웃고 있습니다."

단문 위주의 문장에 어법에 맞지 않은 서투른 구절도 있지만 백란의 편지는 진심이 어려 있다. 시궁창 같은 세상에서 쌍욕만 내뱉으며 살아온 그에게 여자의 순수한 정은 메마른 땅에 빗줄기처럼 가슴을 촉촉이 적신다.

"강재 씨. 내가 죽으면 만나러 와주실래요? 당시의 아내가 죽는다는 거 괜찮습니까? 당신에게 줄 수 있는 거 아무것도 없어서 죄

송합니다."

절절한 그리움 속에 자기를 기다리다 죽은 처녀의 사연에 강재는 끝내 눈물을 터뜨리고 만다. "세상은 날 삼류라 하고 여자는 날 사랑이라고 한다."라는 이 영화의 광고 문구처럼 여자의 진심 어린 한 마디 한 마디가 얼음처럼 차가웠던 그의 심장을 녹인 것이다.

장례를 마친 그는 건달 생활을 청산하고 새로운 삶을 살아야겠다고 마음먹는다. 그리하여 두목에게 "나 안 들어가. 나 그냥 고향에 내려갈 거야."라고 감옥에 가지 않겠다는 뜻을 밝힌다. 그런데 그것이 끔찍한 결과를 가져올 줄이야. 고향에 가려고 짐을 싸던 강재는 잠시 백란을 찍은 영상물을 보던 중 두목이 보낸 똘마니에게 죽임을 당하고 만다.

영화 〈파이란〉의 줄거리는 매우 비극적이다.

주인공 강재가 살아가는 세상은 배경이 되는 겨울 바다처럼 차갑고 비정한 폭력의 세계이다. 그는 시궁창같이 오염된 세상에서 빠져나갈 길을 찾지 못하고 허우적대다 목숨을 잃는다. 백란의 경우도 마찬가지다. 한국말이 서툴고 목에서 피가 넘어오는 외국 여자를 누구도 따뜻이 받아주지 않는다. 그가 강재에게 "여기 사람들은 모두 친절합니다."라고 편지를 쓴 것은 반어적인지도 모른다. 낯선 나라에 뿌리를 내리기 위해서 그렇게라도 믿고 위안받으려 했던 것이 아닐까.

그러나 강재에게 백란은 천사 같은 존재이다. 서류상의 남편이었지만 얼굴 사진을 보면서 그리움을 키워온 여자, 강재는 까맣게 잊고 있었으나 여자는 자기에게 감사를 거듭하며 좋아하게 되

었음을 고백한다. 세상 사람들이 다들 천덕꾸러기로 여기는 자기에게 이렇게 따스한 정을 품어온 여자가 있었다니! 그가 방파제에서 편지를 읽다가 피우던 담배마저 떨어뜨리며 오열하는 것은 여자의 고마운 진심이 가슴에 와 닿았기 때문이리라.

영화의 마지막 장면은 충격을 준다. 고향에 갈 준비를 하다 발견한 백란의 영상물, 예전에 후배 경수가 봄 바다를 배경으로 찍어준 것이다. "너의 남편에게 보여줄 거야!" 하는 경수의 목소리에 마지못해 부끄러운 표정으로 노래를 부르는 백란, 그 모습에 다시 한번 그리움에 젖어 들던 강재는 무참히 목이 졸려 최후를 맞는다.

홍콩 배우 장바이즈(張柏芝)가 역할을 맡은 백란은 청순가련의 전형이다. '흰 난초'라는 이름을 중국식으로 부르면 '파이란(白蘭)'이다. 겨울에 핀 한 떨기의 흰 난초꽃, 매서운 계절을 얼마나 견딜 수 있겠는가. 청초하고 가냘프고 애처로운 그 모습이 오래도록 잔상으로 남는다.

Failan, 감독 송해성, 출연 최민식, 장바이즈, 2001.

우리의 낙원은 어디에 있는가?

_ 오아시스

두 사람은 차가운 세상의 한 모퉁이에서
그들만의 오아시스를 만들고자 했다.

이창동 감독이 각본을 쓰고 메가폰을 잡은 〈오아시스〉(2002)는 젊은 남녀의 사랑 이야기이다. 그러나 우리가 흔히 보아왔던 멋지고 잘생긴 부유층 사람들의 연애 이야기는 아니다. 평소 이상형으로 생각하는 선남선녀의 연애담을 통해 달콤한 대리만족을 느껴왔던 관객에게 어쩌면 이 영화는 불쾌감을 줄 수 있는 요소가 없지 않다. 남녀 주인공이 이상형과는 동떨어진 비루하기 짝이 없는 모습이기 때문이다.

빡빡머리 총각 홍종두는 뺑소니 교통사고를 치고 교도소에 다녀온 인물이다. 그는 사지가 멀쩡하여 어찌 보면 정상적인 것 같지만 사실은 좀 덜떨어진 위인이다. 주위의 눈치를 살필 줄 모르고 제멋대로 행동하는 주책바가지로서 엉뚱한 일을 곧잘 저지르는 탓에 가족들에게는 늘 골칫덩어리요 성가신 존재이다. 그렇지만 본인은 가족들이나 주위 사람들의 시선에는 아랑곳없이 기분 내키는 대로 행동한다.

어느 날 그는 교통사고를 냈던 피해자 유가족의 집을 찾아갔다가 거기서 뇌성마비 처녀 한공주를 만난다. 한시도 가만있지 못하고 안면과 팔다리를 뒤틀어대는 이 처녀는 자동차 사고로 세상을 떠난 환경미화원의 딸이다. 그를 돌보던 오빠 내외는 다른 집으로 이사를 가버리고, 홀로 허름한 집 2층 방에 버려진 채 고적한 생활을 하고 있다.

처녀에게 관심을 두게 된 종두는 하루는 꽃바구니를 사 들고 방문한다. 이때 이웃 아주머니가 화분 밑의 열쇠로 문을 열어주는 것을 보고, 다음날 다시 찾아와 그 열쇠로 처녀의 방에 들어선다. 그리고 처녀의 육체를 탐하려고 하다가 그가 놀라 기절해버리는 바람에 뜻을 이루지 못하고 도망친다.

그러나 그다음부터는 생각을 바꾸고 순수한 마음으로 접근하면서 두 사람은 마음의 교류가 시작된다. 통성명과 함께 서투르게나마 의사소통을 하게 되고, 밤늦게 전화를 주고받을 만큼 관계가 좋아진다.

중화요리 배달을 그만두고 형의 자동차 수리 가게에서 일을 돌봐주는 종두는 시간이 나는 대로 처녀를 찾아온다. 그리고 바깥으로 데리고 나와 세상 구경을 시켜준다. 골방에 갇혀서 라디오만 듣고 지내던 처녀는 남자 덕분에 외출하여 푸른 하늘을 구경하고, 버스와 지하철을 타보고 식당에를 가본다. 다른 사람이 알아듣지 못하는 여자의 말을 남자는 곧잘 알아듣는다.

그런데 이 두 사람의 사랑을 사회는 용납해주지 않는다. 종두가 휠체어의 처녀를 데리고 음식점에 갔을 때 장사가 끝났다며 박대를 한다든지, 어머니의 생일잔치에 데리고 가자 분위기가 굳어지고 마는 것은 장애인에 대한 우리 사회의 차가운 시각을 보여준다. 그들에게 가장 행복한 시간은 단둘이서 중화요리를 배달해 먹을 때이다.

마침내 어느 날 밤 처녀는 남자에게 자신을 허락한다. 그러나 행복한 순간은 불시에 방문한 오빠 내외 때문에 무참히 깨어지고, 종두는 강간범으로 몰려 경찰에 끌려간다. 처녀가 아무리 몸부림치며 부인을 해도 사람들은 종두의 전과 경력을 단서로 그를 범죄자로 단정하는 것이다.

〈오아시스〉는 남녀 간의 연애를 다룬 점에서는 일반 애정 영화와 조금도 다름이 없어 보인다. 그러나 다소 남다른 성격과 신체조건을 지닌 주인공을 내세워 그들의 순박한 사랑을 그린 점은 여느 영화와 차별성을 갖는다.

주인공의 장애인 처녀에 대한 사랑은 어떤 조건이나 목적이 따라붙지 않는, 그냥

한 인간이 한 인간을 좋아하는 그런 사랑이다. 하기야 그의 가슴 밑바닥에는 자동차 사고로 그의 아버지를 죽게 한 속죄의식이나 장애인에 대한 연민의 정이 개입되어 있는지도 모른다. 그러나 중요한 것은 온몸이 비틀리는 여자의 추한 모습에도 상관없이 애정을 바치는 마음이다. 사람 하나를 사귀는데도 이것저것 조건을 따지고 이해타산을 셈하는 현대인들에게 주인공의 조건 없는 사랑은 불가사의하게 보일 수도 있다. 그러기에 그를 연행해가는 차 안에서 형사는 “너 변태지?” 하고 물으며, 그를 취조하면서도 “야, 저런 여자에게 성욕이 일어나니?” 하고 의아해할 수밖에 없다.

이 두 사람이 서로 사랑할 수 있게 된 까닭은 무엇일까? 그것은 바로 두 사람의 처지가 닮았기 때문이 아닐까. 그들은 둘 다 주위 사람들에게 냉대를 받는 공통점이 있다. 그들은 사회적으로는 손가락질 받고 가족들에게는 차라리 없었으면 좋겠다 싶은 천덕꾸러기이다. 이처럼 둘은 소외당하는 인물이기에 서로 동병상련으로 끌린 게 아닐까.

그들은 지극히 아름답고 순수한 영혼의 소유자들이다. 종두는 자주 말썽을 피우지만 따지고 보면 천성이 나쁜 인간이 아니다. 자동차 뺑소니 사건도 사실은 그의 형이 저지른 것을 대신 뒤집어쓴 것을 보면, 그는 너무나 순박하고 천진난만하기에 오히려 손해를 보는 사람이다.

공주 또한 신체적으로는 부자유스럽지만, 정신적으로는 온전한 인물이다. 두 사람이 처음 통성명을 할 때 종두가 자기는 홍경래 장군의 후손이라고 빼기자, 공주는 그가 장군이 아니라 반역자라고 말하는데, 이 대목에서 그의 지적 수준을 엿볼 수 있다. 다만 장애로 인해 말이 서투를 뿐이다. 영화 속에서 가끔 그가 온전한 몸으로 일어나 종두에게 장난을 걸고 노래를 불러주는 환상의 장면은 그의 간절한 내면적인 욕구의 표현이라 하겠다. 그리고 공주의 방에 날던 하얀 비둘기와 나비 떼는 바로 그의 순백의 영혼을 표상하는 것이 아니겠는가.

두 사람의 가족은 지극히 정상적이고 완벽한 존재로서 이들에게 오만한 태도를 보이지만, 오히려 이들에게 빚지고 사는 존재들이다. 앞서 말한 대로 종두의 형은 교통사고를 저지른 뒤 가족 부양을 명목으로 동생을 대신 교도소를 보내 2년 반의 형기를 살게 했다. 그리고 공주의 오빠 부부는 장애인 복지 아파트가 배당되자, 당사자는 옛집에 버려두고 자기들이 그 집을 차지하고 살고 있다. 공주가 그 아파트에 가는 날은 구청에서 확인을 나올 때뿐이다. 이처럼 두 장애인은 가족에게 이용당하는 존재이며, 가족은 이들에게 보이지 않는 폭력을 가하는 셈이다.

이 영화는 겨울이 배경이다. 겨울은 두 연인을 따뜻이 받아주지 못하는 이 세상의 싸늘한 분위기를 상징한다. 여름옷을 입은 채 감옥에서 나온 종두가 감기에 걸려 연신 콧물을 훔치는 행위는 각박한 이 세상에 적응하지 못하는 그의 상태를 보여준다.

종두와 공주, 두 사람은 차가운 세상의 한 모퉁이에서 그들만의 오아시스를 만들고자 했다. 그러나 세상 사람들의 편견과 몰이해가 그것을 방해하고 둘을 떼어놓는다. 세상의 알량한 잣대에 재단되어 그들의 진실한 애정은 무참히 짓밟히고 마는 것이다. 그

것은 사회가 순진무구한 그들에게 가한 또 하나의 폭력이다.

편견이 진실을 묵살한 현실이 안타깝기 짝이 없지만, 그러나 아직 절망은 이르다. 교도소에서 형기를 마치고 나온 종두는 자기를 기다리는 공주를 다시 찾아올 테니까 말이다. 싸늘한 겨울 분위기에도 불구하고 이 영화를 보고 난 뒤에 따사로운 봄 햇볕을 쬔 듯 푸근한 느낌이 드는 것은 바로 이 두 사람이 만들어낼 오아시스에 대한 기대 때문이 아닐까?

이 영화에서 돋보이는 것은 잘 짜인 시나리오이다. 소설가 출신 감독의 영화답게 구성이 탄탄하다. 특히 영화 시작 때 벽에 걸린 양탄자의 오아시스 그림에 나뭇가지 그림자가 어른거리는 복선을 예비해 놓고, 마지막 절정 부분에서 경찰서에서 도망친 주인공이 공주의 방에 그림자를 드리우는 나뭇가지를 잘라냄으로써 연인에 대한 그의 사랑을 극대화하는 장면은 주도면밀한 구성의 묘를 느끼게 해준다.

이때 그를 붙잡으려는 경찰들을 비웃고 세상을 야유하듯 껄껄대며 나뭇가지를 베어 떨어뜨리는 종두와 이에 화답하여 공주가 라디오의 볼륨을 크게 올려 한밤중의 도시를 떠들썩하게 하는 장면은 가슴을 뜨겁게 하는 대목이다. 베니스 영화제 감독상 수상은 충분히 그만한 이유가 있다.

주인공들의 연기 또한 일품이다. 때로는 정상인 듯하고 때로는 부족한 듯한 사회 부적응자의 모습을 소화해낸 남주인공의 역할도 훌륭하고, 특히 뇌성마비 장애인의 안면과 사지가 뒤틀리는 모습을 재현해 낸 여주인공의 연기는 베니스 영화제에서 최우수 젊은 연기자상을 받을 만하다.

이 영화를 보고 나서 우리의 오아시스는 어디일까를 생각해보았다. 진부한 대답이지만 역시 우리의 오아시스는 사랑이다. 아무리 각박한 세상에도 진실한 사랑이 있다면 그곳이 바로 우리의 영혼이 안주할 수 있는 쉼터, 오아시스이다. 그런데 그 오아시스를 찾기가 왜 그리 힘이 들까. 영화 〈오아시스〉는 평범하다면 평범하고 특별하다면 특별하다고 할 수 있는 남녀의 사랑을 통해서 이 세상 낙원의 부재를 통렬히 일깨워주고 있다.

Oasis, 감독 이창동, 출연 설경구, 문소리, 2002.

청춘의 사랑, 그 아픔과 기쁨

_ 클래식

사랑을 확인한 순간의 기쁨에 넘친 모습을
어쩌면 그리도 아름답게 표현할 수가 있을까.

올해 문예대학 수강생들에게 영화를 한 편 보여주려고 생각했다. 감상문을 쓰도록 하기 위해서인데, 어떤 게 좋을지 고심을 했다. 요즘 흔한 폭력배들 주먹다짐 영화나 초능력으로 악당과 외계인을 물리치는 할리우드 영화는 재미는 있어도 내용이 단순해서 글 쓸 건더기가 없다. 좀 깊이가 있고 울림이 있는 영화가 없을까 궁리하다가 곽재용 감독의 〈클래식〉(2002)을 선택했다.

이 영화에는 노래 몇 곡이 들어있다. 우선 영화에 앞서 노래를 들려주었다. 김광석이 부른 〈너무 슬픈 사랑은 사랑이 아니었음을〉과 한성민의 〈사랑하면 할수록〉, 자전거탄풍경의 〈너에게 난, 나에게 넌〉과 파헬벨의 〈캐논〉 따위였다. 혹시 노래를 들으며 영화를 떠올릴 수 있을까 싶었는데, 아무도 영화 제목을 알아맞히지 못했다. 15년 전의 영화지만 본 사람이 없었다.

〈클래식〉은 청춘영화이다. 엄마와 딸의 2대에 걸친 연애 이야기가 교차하면서 사랑의 아픔과 기쁨을 보여주는 이중 구조를 지니고 있다. 주인공 지혜는 엄마가 소중히 간직하고 있는 먼지 낀 편지함에서 여고 시절의 첫사랑을 알게 된다. 엄마의 이름은 주희, 권세 있는 집 딸이었다. 여름방학 때 시골 할아버지 댁에 갔다가 준하라는 남학생을 알게 되는데, 함께 귀신 나오는 집에 다녀오다 원두막에서 소나기를 피하며 정이 든다.

그런데 알고 보니 준하는 주희와 가까이 지내는 태수의 친구였고, 태수가 주희에게 보내는 편지의 대필자이기도 했다. 주희 아버지의 권세에 줄을 대려는 태수의 아버지는 아들이 주희와 인연이 맺어지기를 바라며 공을 들이는 중이었다. 이때 준하가 끼어들어 한 여자를 놓고 두 남자가 경쟁하는 삼각관계가 형성된다.

한편 대학생인 지혜도 친구 수경이를 통해 연극부장인 상민을 만난 뒤로 속앓이를 하고 있다. 상민도 지혜에게 관심을 보이지만 중간에 수경이가 있어 여의치 못한 형편이다. 여기에서는 한 남자를 두 여자가 연모하는 삼각관계가 만들어진다.

엄마 주희의 사연은 안타깝기 그지없다. 주희와 한창 가까워지던 준하는 돌연 태수가 목을 매자 충격을 받고 베트남전쟁에 나간다. 주희를 사랑하지만, 친구를 등질 수 없어 스스로 물러난 것이다. 그러나 딸 지혜의 이야기에서는 상민이 수경이 대신 지혜를 선택함으로써 바라던 사랑이 이루어진다. 엄마 세대에서 이루지 못했던 사랑이 자식 대에 가서는 성사된 셈이다.

이 영화에서는 슬픈 장면이 자주 나온다. 준하가 베트남으로 떠나는 열차전송 장면과 전투를 하다 실명해서 돌아온 준하를 다시 만나는 장면, 그리고 준하의 유해를 강물에 뿌리는 장면 따위가 그것이다. 이때 두 눈 가득 그렁그렁 눈물이 어리는 주희의 표정을 보라! 엄마와 딸의 배역을 함께 맡은 배우 손예진의 눈물 연기는 김광석과 한성민의 애절한 노래와 더불어 관객의 눈시울을 뜨겁게 만든다.

아주 멋진 장면이 하나 있다. 비 오는 날 교정에서 지혜와 상민이 함께 옷을 둘러쓰고 도서관으로 뛰는 장면이다. 나중에 지혜는 상민이 우산을 일부러 놓아두고 빗속에 자기를 만나러 왔음을 알게 된다. 상민의 마음을 알아챈 지혜는 또다시 빗속을 뚫고 상민을 향해 달려간다. 사랑을 확인한 순간의 기쁨에 넘친 모습을 어쩌면 그리도 아름답게 표현할 수가 있을까. 배경에 흐르는 자전거탄풍경의 노래와 함께 잊지 못할 명장면이다.

향수를 자아내는 풍경들도 심심찮은 눈요깃거리다. 선도부 학생들의 위압적인 교문지도, 운동장에 줄맞춰 서서 교장 선생님의 훈화를 듣다가 쓰러지는 학생들, 대변검사 소동 등 1960~70년대의 학교 풍경들이 구석구석에서 양념 구실을 한다.

충격적인 장면도 있다. 주희가 준하와 가까워지자 이를 비관한 태수가 목을 매고 자살을 기도하는 대목이다. 나중에 그가 주희와 함께 준하의 파병 열차에 배웅을 나온 것을 보면 다행히 죽지는 않았음을 알 수 있다. 또한 마지막 어느 순간 지혜의 방에서 얼핏 비치는 결혼사진을 통해 결국 그가 주희와 맺어졌음도 확인할 수 있다.

관객의 예상을 뒤엎는 결말은 아주 놀랍다. 지혜로부터 엄마의 과거사를 듣고 난 상민이 자기 목걸이를 꺼내는데, 그게 바로 옛날 준하가 지녔던 것이 아닌가. 이로써 그와 준하의 혈연관계가 밝혀지며, 우연히도 그들의 사랑이 대를 잇고 있음을 알 수 있다. 더욱이 상민이 지혜에게 반딧불이를 잡아주는 나무다리 장면은 과거에 똑같은 모습을 보여주던 주희와 준하를 떠올리게 하면서 기이한 인연의 대물림을 환상적으로 보여준다.

이 영화는 왜 제목을 〈클래식〉이라 붙였을까. 물론 영화 속에서 지혜가 엄마가 받아놓은 연애편지를 보며 "좋아! 클래식하다고 해두지 뭐."라는 장면이 있다. 편지로 애틋한 마음을 주고받는 모습은 휴대전화 만능시대인 요새와는 확실히 다르다. 또한, 황순원 소설을 연상시키는 원두막 장면이라든지, 연인끼리 목걸이를 정표로 주고받는 일 따위는 지금 정서와는 거리감이 있기에 그럴 만한 제목이라고 할 수 있겠다.

〈클래식〉은 청춘영화이지만 젊은이보다도 기성세대를 위한 영화가 아닌가 싶다. 지난날의 그윽한 풍정을 통해 그 시대를 지나왔던 이들에게 아련한 사랑의 추억을 떠올리게 해주기 때문이다. 영화를 처음 볼 때 나는 영화 속에 등장하는 우산과 목걸이, 편지의 의미를 생각하며 먹먹한 울림에서 한동안 헤어나지 못했다. 보고 나서 오래도록 여운이 남는 영화, 여러 의미를 생각하게 하는 영화, 한번 봤지만, 다시 보고 싶은 영화, 좋은 영화를 보는 시간은 언제나 행복하다.

The Classic, 감독 곽재용, 출연 손예진, 조승우, 조인성, 2002.

제2부

정의를 위한 자기희생

소재주의의 한계

_ 모래시계

광주를 다룬 작품이라고 해서
무작정 환호할 일이 아니다.

1995년 정초 장안을 뜨겁게 달구었던 텔레비전 드라마 〈모래시계〉(1995)를 처음 방영할 때에는 보지 못했다. 서울 쪽의 방송에서 하는 것이라 지방에 사는 나에게는 어디까지나 남의 동네 이야기일 수밖에 없었다. 기껏해야 신문 지면을 통해 그 열기만 전해 듣는 정도였는데, 드라마 방영하는 동안, 서울 시민들의 '귀가 시계'를 앞당겼다는 소문에는 '도대체 어떤 드라마이기에?' 궁금하기도 하고 서울 사람이 부럽기도 했다.

다행히도 그러한 궁금증은 얼마 뒤에 해소되었다. 드라마가 막을 내리고 그것이 곧장 비디오테이프로 제작되어 나왔기 때문이다. 텔레비전 드라마가 비디오테이프로 출시된 것은 그동안 유례가 없었던 일로, 이 사실 하나만으로도 작품의 인기도를 짐작할 수 있는 일이었다. 나는 모두 4부로 나뉜 이 드라마를 비디오 가게에서 차례로 빌려다 보았다.

그런데 기대감이 너무 컸던 탓일까. 나의 감흥은 생각했던 것만큼 대단치 못했다. 놀라운 시청률을 기록하며 방영 기간 언론을 장식하던 찬탄 일변도의 기사들을 떠올리면서, 나는 고개를 갸우뚱하지 않을 수 없었다.

〈모래시계〉는 우석과 태수라는 두 젊은이의 상반된 삶과 운명적인 관계를 중심 줄거리로 한다. 여기에 혜린이라는 여자와의 로맨스가 곁들여지며, 권력의 암투, 조직 폭력배의 세계 등이 격동의 80년대를 배경으로 펼쳐진다. 학창 시절부터 사회생활까지

줄곧 모범생의 길을 걷는 우석, 그와 대조적으로 주먹 하나를 가지고 거친 세파를 몸으로 부딪치며 살아가는 태수. 이 두 친구가 나중에 검사와 죄수의 신분으로 마주 서게 되는 일은 실로 극적이다. 그리고 처음에는 우석과 가까웠다가 나중에 태수를 사랑하게 되는 혜린이 운동권 여대생에서 카지노 여왕으로까지 변신하는 과정이며, 그 혜린의 신변 보호를 위해 목숨을 아끼지 않는 재희의 순애보 등은 이 드라마의 재미를 더해 준다.

그런데 정작 〈모래시계〉가 많은 박수를 받은 것은 이러한 줄거리의 재미가 아닐 것이다. 그보다는 오랫동안 금기로 여겨 왔던 5.18 광주항쟁을 그렸기 때문이라고 해야 할 것이다. 신문 잡지에서도 이 점을 높이 사서 방영하는 동안 찬사를 보낸바 있다.

확실히 이 드라마에서 빛을 발하는 부분은 광주항쟁의 장면이라 할 수 있다. 작가는 주인공 가운데서 한 사람은 계엄군으로, 또 한 사람은 일반 시민으로 광주의 현장에 끌어낸다. 그리고 그들의 활동을 통해 당시 광주 금남로에 벌어졌던 동족상잔의 모습을 생생히 보여준다. 곤봉을 휘두르는 얼룩무늬의 군인들, 돌멩이로 맞서는 시민들, 검정 연기를 내뿜으며 불타는 차량, 그리고 복면무장을 하고 트럭에 가득 올라탄 더벅머리 젊은이들…. 극 화면과 기록화면이 뒤섞이면서 열다섯 해 전의 절박했던 광주 상황이 실감 나게 그려진다.

그런데 이게 웬일인가. 모처럼 궁금증을 속 시원히 풀어줄 것 같던 광주 이야기는 잔뜩 기대감만 부풀려 놓고는 얼마 후 꼬리를 감춰 버린다. 그리고 달리는 말처럼 한 자리에 머무를 수 없다는 듯 삼청교육대를 잠깐 거친 다음, 곧장 카지노와 주먹패들의 세계로 빠져든다. 나는 광주 이후의 내용을 보고 실망을 하지 않을 수 없었다. 일단 광주 문제를 언급했으면 학살자들의 범죄행위를 고발한다든지, 항쟁에 목숨을 바친 자들의 의로운 행위를 기린다든지, 아니면 희생자들의 아픔을 깊이 있게 파헤친다든지, 희생자 가족의 한스러움이나 후유증을 조명해야 하지 않은가. 그런데 이야기가 금방 바뀌어 버리니 시청자들은 광주의 아픔일랑은 까맣게 잊은 채, 그 다음 전개되는 권력층의 비리와 범죄의 세계에 시선을 빼앗겨 버린다. 과연 이 드라마가 이야기하고자 한 것은 무엇인가.

물론 〈모래시계〉의 주인공들이 광주의 비극을 외면하고 있는 것은 아니다. 진압군으로 광주에 투입된 우석은 시위대를 쫓으면서 자신의 행위에 갈등을 많이 느낀다. 그는 상관의 명령을 과감하게 따르지 못하고 항상 우물쭈물한 태도를 보인다. 태수도 처음에는 시끄러운 광주를 떠나 서울로 올라가려고 한다. 그러나 진압군의 만행과 후배의 죽음을 목격하고 더는 의분을 참지 못하고 시민군에 합류한다. 이 두 사람의 행위는 지극히 양심적이고 인간적이다.

그런데 문제는 그다음이다. 항쟁을 겪은 뒤에 보여주는 태도가 어떤가. 그들은 자신이 겪은 광주의 비극에 대해 아무런 의문을 표명하지도 않고 고뇌하지도 않는다. 광주에서 곤봉을 휘두르며 번민하던 우석은 그 양심을 버리지 않았다면 나중에 속죄하는 모습을 보여야 하지 않을까. 시민군에 가담했던 태수도 마찬가지

다. 항쟁이 끝난 후 어떤 식으로든 희생자의 편에서 진상을 밝히는 데 관심을 두는 것이 논리상 맞지 않을까. 그들도 따지고 보면 광주의 피해자가 아닌가. 그런데 그들에게서 그러한 낌새는 전혀 보이지 않는다. 어쩌면 저럴까 싶게 광주의 일을 잊어버리고, 새로운 다른 일에 몰두해 버리는 것이다.

결국 광주의 비극은 이 두 주인공의 삶에 특별한 의미를 주거나 영향을 미치지 않은 셈이다. 그들은 어디까지나 구경꾼에 지나지 않는다. 그들이 광주에서 보여준 행위는 단순한 동정심의 발로이며, 인간적인 연민의 차원을 넘어서지 못한다고 하겠다. 그들은 광주에 개입하는 것부터가 주체적이지 못하고 우발적이며 사건의 중심에서 밀려나 있다. 그들에게 광주는 어쩌면 재수 없이 발을 헛디뎌 빠진 시궁창과 같은 것인지도 모른다. 그들은 왜 싸워야 하는지도 모른 채, 그저 상대방이 때리니까 나도 때리는 식으로 사태에 대응할 뿐이다.

두 주인공의 태도가 이러할진대, 시청자들의 인식은 오죽할 것인가? 광주의 진상을 모르는 시청자들은 〈모래시계〉를 보며 왜 광주가 저렇게 시끄러워졌는지 의아해할 것이다. 무슨 연유로 공수부대가 도심에 뛰어들어 시민들에게 몽둥이질하는지, 또 시민들은 왜 그렇게 목숨을 걸고 국군에 대항하는지 이해할 수 없을 것이다. 드라마가 그러한 배경을 설명해 주지 않기 때문이다. 따라서 시청자들은 광주 사건을 단순히 흥미의 대상이나 호기심의 차원으로밖에 받아들일 수 없게 된다. 광주항쟁의 시대적 배경과 원인이 파악되지 않은 상태에서는 학살자의 만행에 대해 공분하거나, 피해자의 아픔을 자신의 것으로 받아들이는 공감대가 마련될 수 없는 일이다.

결국, 5·18 광주항쟁은 〈모래시계〉에서 한낱 흥밋거리로만 이용된 셈이다. 작가나 연출가는 광주 문제의 실상을 알리기보다는 시청자의 눈길을 끌려는 의도에서 광주를 잠시 빌렸다고 보는 것이 옳겠다. 〈모래시계〉는 어디까지나 멜로드라마이다. 그것은 종래에 감히 다루지 못했던 소재를 브라운관에 끌어들여 드라마의 소재를 넓힌 데는 공헌을 했는지 몰라도, 시대 현실에 수박 겉핥기식으로 접근함으로써 소재주의의 한계를 벗어나지 못했다. 따라서 드라마가 방영되던 때의 대중매체의 찬사는 얼마쯤 과장된 면이 있었다고 봐야 한다.

따라서 〈모래시계〉가 좀 더 진지한 드라마로 설 수 있으려면 여러 사건을 백화점식으로 늘어놓고 눈요기만 시킬 것이 아니라, 어떤 문제 하나를 붙잡고 집요하게 파고들었어야 한다. 이왕 광주를 건드렸다면 적어도 그 시대적 배경과 배후세력을 암시적으로라도 드러내고, 시민들이 무장대응하지 않으면 안 되었던 이유를 파헤쳐 보여주었어야 하는 것이었다. 나아가서 항쟁으로 인한 상처와 그 후유증에 시달리는 피해자들의 아픔도 비추어 주었으면 좋았겠다. 그래야 시청자들이 광주 문제를 역사적 맥락에서 총체적으로 파악하고, 누가 옳고 그르며, 누구를 벌해야 하며, 왜 그해 5월이 우리가 풀지 않으면 안 될 역사적 과제인지를 알아차릴 수 있는 것이다.

한마디로 말해 1980년 5월 광주는 독재 권력 창출의 희생양이었다. 그런데도 광주는 아직도 국민의 오해와 편견의 수렁에서 벗어나지 못한 형편이다. 이런 광주가 단순한 흥밋거리로 취급되는 것은 광주에 대한 모독이요, 또 다른 왜곡일 수 있다. 광주는 결코 〈모래시계〉와 같은 눈요깃거리 드라마를 원치 않는다. 우리 국민은 좀 더 냉정해져야 한다. 광주를 다룬 작품이라고 해서 무작정 환호할 일이 아니다. 앞으로 광주 문제를 진지하게 다룬 작품이 나올 때까지 〈모래시계〉에 대한 나의 아쉬움은 그대로 남아 있을 것이다.

The Sand Glass, 극본 송지나, 연출 김종학,
출연 박상원, 최민수, 고현정, 이정재, 1995.

무엇이 젊은이들의 목숨을 앗아갔는가

_ 공동경비구역 JSA

장벽을 허물고 얼싸안아야 할 젊은이들이
총부리를 겨누고 피비린내를 풍겨야 하는
이유가 무엇인가.

박찬욱 감독의 영화 〈공동경비구역 JSA〉(2000)를 보면서 이호철의 단편소설 〈판문점〉(1961)을 생각했다. 어느 신문기자가 판문점에 취재를 나갔다가 북한 여기자를 만난다. 그는 젊은 여기자에게 이성의 감정을 느낀다. 그러나 둘의 만남은 발전할 수 없다. 남과 북의 벽이 가로막혀 있기 때문이다. 분단 현실이 청춘남녀 간 애정의 교류마저 자유롭지 못하게 만든 것이다.

영화 〈공동경비구역 JSA〉는 남북한 젊은이들의 만남을 소재로 했으며, 그 좌절을 통해 분단의 비극성을 고조시키는 점에서 소설 〈판문점〉과 닮았다. 물론 북한 여기자와의 만남이 한순간의 해프닝으로 끝나버리는 소설에 비해, 분단의 경계를 넘는 젊은이들의 뜨거운 우정과 비극적 죽음을 그린 영화가 강한 인상을 주는 것만은 분명하다.

박상연의 소설 〈DMZ〉를 원작으로 하는 이 영화는 우선 소재부터가 충격적이다. 다리 하나를 사이에 두고 밤낮없이 대치하고 있는 남북의 경비초소. 그곳에 근무하는 병사들이 은밀히 접촉한다는 설정이 놀랍다. 냉전의 남북관계에서 볼 때 그것은 엄연한 적과의 내통이고, 국가보안법에 저촉되는 범죄행위가 아닌가.

추리 기법으로 진행되는 이 영화는 공동경비구역 북한초소에서 발생한 총격 사건에 대한 진상조사로부터 이야기를 시작한다. 조사관은 스위스의 중립국위원회에서 파견된 한국계 여성 장교 소피 소령이다. 그는 한국군 병사가 북한군에 납치되었다가 탈출하는 과정에서 북한군 장교와 사병을 사살하고, 부사관에게 상처를 입힌 것으로 조사된 사건에 몇 가지 미심쩍은 점을 발견한다.

그리하여 남한의 이수혁 병장과 북한군 부상자인 오경필 중사를 차례로 만나 그들의 입을 열기 위해 노력한다. 결국 진상이 드러나고, 처음 알려진 사건의 전말은 당사자들이 조작했던 것임을 알게 된다.

북한군 오 중사는 정우진 전사와 비무장지대에 수색을 나갔다가 지뢰를 밟아 낙오된 이 병장을 발견하고 지뢰를 제거해준다. 이에 고마움을 느낀 이 병장은 돌멩이에 편지를 달아 메어 다리 너머로 던지며 오 중사와 가까워지고, 급기야 어느 밤 다리를 건너 북한초소를 방문하기에 이른다. 이내 그들은 호형호제하는 사이로 발전하고, 같은 근무조인 남성식 일병까지 끌어들여 남북한의 네 병사 사이에 은밀한 우정이 무르익는다.

그러나 꿈같은 시간은 오래가지 못하고, 북한군 순찰 장교가 초소에 들어서면서 상황은 급변한다. 남성식 일병이 엉겁결에 쏜 총에 순찰 장교와 정우진 전사가 쓰러지고, 그 돌발 상황에서 노련한 오경필 중사는 기지를 발휘하여 남성식 일병을 초소로 돌려보내고, 권총 발사는 이 병장의 단독 행위로 위장한다. 그리하여 이미 알려진 대로 북한군에게 잡혀간 이 병장이 탈출하면서 북한군 초병을 사살했다는 각본이 짜이는 것이다. 다리를 건너오던

이 병장은 총소리를 듣고 지원 나온 아군에게 구조된다.

그런데 일이 거기서 끝났으면 좋으련만 소피 소령에게 비밀이 드러나자 소심한 남 일병은 자기가 총을 쏜 일마저 문제가 될까 봐 두려워 창밖으로 뛰어내려 자살을 한다. 이수혁 병장 또한 직위 해제를 당해 떠나는 소피 소령으로부터 자기가 남 일병보다 먼저 정우진 전사를 쏘았다고 하더라는 오 중사의 증언을 전해 듣고, 죄책감을 이기지 못하고 호송병의 총을 빼앗아 목숨을 끊는다.

남북한의 병사들이 만나 즐겁게 노닐면서 고조되던 유쾌한 분위기는 경비초소의 총격 사건을 계기로 싸늘하게 식으면서, 종국에는 두 젊은이의 비장한 죽음으로 막을 내린다. 젊은이들의 익살스러운 모습에 시종일관 웃음을 터뜨리던 관객은 어느덧 이들의 돌발적인 죽음 앞에서 안타까운 가슴을 쓸어내리며 무거운 한숨을 쉬게 된다.

여기서 이수혁 병장의 죽음에 대해서는 논란의 여지가 있을 수 있다. 과연 그는 꼭 자살해야 했을까. 그가 친교를 맺었던 북한군 병사를 먼저 쏜 일을 가슴 아프게 생각하고 속죄하려는 자세는 훌륭하지만, 그렇다고 스스로 목숨을 끊는 길밖에는 다른 방도가 없었을까. 그의 죽음은 아무래도 충격 효과를 극대화하려는 작위성이 엿보인다.

그렇지만 여기서 우리가 놓치지 말아야 할 것은 이 순수하기 짝이 없는 남북한의 젊은이들을 죽음으로 몰아넣은 것이 무엇인가 하는 점이다. 젊은 그들의 목숨을 앗아간 것은 따지고 보면 국토가 두 동강 난 우리 조국의 현실이 아니겠는가. 우리나라가 남북으로 나뉘어 총을 마주 겨눈 상황이 아니라면 그들이 그렇게 비참하게 목숨을 끊을 필요가 있겠는가. 남북한 병사들이 달빛 아래 어울려 닭싸움을 하고, 서로 밀어뜨리기 놀이를 하는 것은 언젠가는 우리의 젊은이들이 그렇게 행동해야 함을 미리 보여 준 것이 아닐까. 한 나라 한 민족의 젊은이라면 마땅히 그렇게 놀아야 하는 것이었다.

그런데 그렇게 장벽을 허물고 얼싸안아야 할 젊은이들이 총부리를 겨누고 피비린내를 풍겨야 하는 이유가 무엇인가. 결국 이 영화에 나타난 젊은이들의 안타까운 희생은 그 사실성이나 필연성의 여부를 따지기에 앞서, 국토 분단의 비극성을 환기하기 위한 극적 장치라고 보는 것이 타당할 것 같다.

이 영화는 그동안 우리가 보아왔던 반공영화와는 큰 차이가 있다. 우선 북한 병사들을 인간적으로 그린 것이 한 발짝 앞선 것으로 느낄 수 있다. 여기에 나오는 북한군들은 위기에 처한 국군을 구해 줄 정도로 인정미가 있고, 농담을 던지며 장난을 칠 줄도 알고, 가수 김광석의 요절을 아쉬워하며, 때로 불안에 떠는 소심한 일면도 보여 준다. 그들은 '피도 눈물도 없는 살인마'가 아니라, 우리와 조금도 다를 바 없는 형제요 친구요 이웃인 것이다. 이와 같은 북한에 대한 시각 변화야말로 이 영화의 참신함이자 미덕이다.

새천년에 들어와 남북정상회담이 성사되고 북한에 대한 우리의 감정도 크게 달라졌다. 만약 남북한이 옛날처럼 서로 노려보

기만 하는 상황에서라면 과연 이 영화가 개봉될 수 있었을까 생각해 본다. 아마 북한을 우호적으로 묘사한 이적(利敵) 영화로 낙인찍혀, 상영은 고사하고 감독과 제작자가 국가보안법 위반으로 곤욕을 치를 것이 틀림없다.

그런데 운 좋게도 북한에 대한 인식이 달라진 시점에 개봉됨으로써 이 영화가 관객들과 만날 수 있게 된 것은 다행스러운 일이다. 남북 분단이라는 식상한 주제를 가지고 과감하게 도전장을 낸 감독의 배짱과 용기에 박수를 보낸다. 올바른 현실 인식을 갖춘 이 영화에 관객이 많이 몰린 것은 반가운 일이다. 관객의 성숙한 안목에 경의를 표하고 싶다.

Joint Security Area, 감독 박찬욱,

출연 이병헌, 송강호, 이영애, 2000.

그의 죽음을 헛되이 말라

_ 챔피언

외국과의 경기야말로 총만 들지 않았지

전투에 임하는 마음이 아닌가.

요즘은 프로스포츠가 활성화되어서 박찬호와 박세리와 같은 야구나 골프 선수들이 각광을 받고 있지만, 한때 우리나라에 권투선수가 최고의 스타로 군림하던 시절이 있었다. 1960~70년대만 해도 동양이나 세계타이틀을 따낸 권투선수들은 국민적 영웅으로 추앙을 받았다.

아마 지금의 기성세대는 세계 선수권이 걸린 경기가 열리는 날 동네 사람들이 흑백텔레비전 앞에 몰려 앉아 삿대를 지르며 열을 올리던 광경을 쉽게 떠올릴 수 있을 것이다. 이탈리아의 벤베누티를 꺾고 한국 최초의 프로복싱 세계챔피언 김기수(1966)를 비롯하여, "엄마, 나 챔피언 먹었어!"로 유명한 4전 5기의 홍수환(1974), 그리고 유제두(1975)와 박찬희(1979)를 거쳐, 15차 방어를 하고 타이틀을 반납한 장정구(1983)와 우리나라에서 가장 오랜 기간 세계 선수권을 보유했던 유명우(1985)에 이르기까지 수많은 선수가 한국 권투사의 명맥을 이으며 국민을 텔레비전 앞으로 끌어 모았다.

그런데 그 시절 우리의 가슴을 서늘하게 했던 비보 하나를 아직껏 기억하는 사람이 많을 것이다. 바로 김득구(1955~1982) 선수의 죽음이다. 그는 1982년 미국 원정경기에서 레이 맨시니 선수와 난타전을 벌인 후 쓰러져 숨을 거두었다. 그의 사망 소식을 접한 순간, 내 마음은 왜 그리 서글펐을까. 그것은 분명 교통사고로 죽었다거나 불이 나서 죽었다거나 그 당시 신문에 자주 났던 것처럼 연탄가스 중독으로 인한 사망과는 전혀 다른 느낌이었다.

물론 미국 선수가 고의로 반칙을 했다면 모르되, 정당한 경기 끝에 사망했다면 누구를 탓하거나 책임을 물을 수 없는 일이다. 안타깝지만 불운으로 돌릴 수밖에 없다. 그런데도 나는 뭔가 가슴에 북받치는 설움과 울분이 뒤섞인 착잡한 감정을 느꼈다. 왜 그랬을까? 우리가 미국보다 힘이 약한 나라였기 때문이었을까. 어렸을 때 힘센 녀석에게 일방적으로 당했을 때와 같은 그 억울하고 서글픈 느낌은 나만의 것이었을까.

영화 〈챔피언〉(2002)은 〈친구〉(2001)로 일약 한국 영화계의 별로 떠오른 곽경택 감독이 후속으로 들고 나온 작품이다. 그는 김득구라는 실재 인물을 주인공으로 내세워 가난한 시골뜨기 소년이 무작정 상경하여 권투계에 입문, 피나는 노력으로 승승장구하면서 일약 세계챔피언에까지 도전하는 이야기를 사실적으로 담아내고 있다.

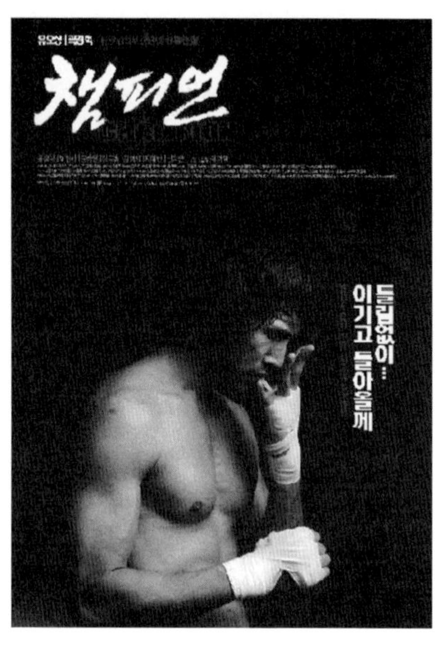

이 영화는 김득구 선수와 같은 시기를 살았던 기성세대에게는 강한 향수를 불러일으킨다. 챔피언을 '참피온'으로 표기하던 시절, 눈썹까지 뒤덮는 더벅머리에 등 뒤에 '동아체육관'이란 글씨를 새긴 트레이닝복을 입고 다니는 행색이며, 석유풍로에 불을 붙여 '삼양라면'을 끓여 먹는 자취생활의 모습, 안내양이 승객의 요금을 받던 낡은 시내버스 장면 따위는 옛 추억을 자극하는 풍경들이다.

그런 가난 속에서도 '인내'니 '노력'이니 하는 유치한 자기 다짐을 책상머리에 써 붙이고 낮에는 막일하고 밤에는 권투도장에 나가서 모래주머니를 두들기는 주인공의 모습은 돈도 백도 없이 오직 몸뚱이 하나만을 밑천으로 '잘살아보세!'를 외치던 1960~70년대 한국인의 자화상이 아닌가 싶다. 그리하여 조국 근대화를 외치며 너도나도 가난의 멍에에서 벗어나기 위해 허리띠를 졸라매던 시절, 오로지 주먹 하나로 세계정상에 도전하는 권투야말로 우리의 욕망을 대리만족시켜 주던 희망의 분출구였는지도 모른다.

그런데 감독이 한동안 잊고 있던 김득구를 세상에 다시 끌고 나온 이유가 단지 이것뿐이었을까. 가난한 시절의 우리 모습을 보여주려 했다면 구태여 그를 끌어들일 필요가 있을까. 가난의 설움을 떨쳐버리고 신분 상승을 꿈꾸다 추락하는 이카로스와 같은 인물이라면 굳이 김득구를 빌리지 않고도 할 수 있는 게 아닌가?

이 영화를 보기에 앞서, 나는 김득구 선수의 죽음을 어떤 식으로 그렸을까 하고 자못 관심이 컸다. 어찌 보면 그것은 김득구와 맨시니 두 사람의 경기가 아니라 강대국인 미국과 약소국인 우리나라와의 대결이 아닌가. 대개 사람들은 운동경기를 볼 때 마음속으로 피아(彼我)를 구별한다. 양편을 객관화시켜 동등한 비중으로 바라보는 것이 아니라 임의로 자기편을 만드는 것이다. 비록 자기와는 아무런 친분이 없는 선수라 할지라도 그가 자기네 지역 출신이라든지, 자기와 성씨가 같다든지, 아니면 선수의 인상이나 그의 소속사 따위를 가지고 한쪽 선수에게 무게를 주고 응원하는 것이다.

하물며 외국 선수와의 대결이야 오죽하겠는가. 외국과의 경기야말로 총만 들지 않았지 전투에 임하는 마음이 아닌가. 그런 상황에서 우리 선수가 졌고, 더욱이 목숨까지 잃었다면 어떻게 되겠는가. 그것을 단순한 선수 한 사람의 패배로 국한하고 그냥 덮어버릴 수 있는 문제인가.

그런데 영화 〈챔피언〉은 이러한 외국 선수와의 대결을 아무런 민족의식이나 감정 표출이 없도록 탈색시켜 버렸다. 그런 탓으로 주인공이 미국 라스베이거스에서 미국 선수와 싸우다 죽은 일은 우리나라 장충체육관에서 국내 선수와 대결하다 죽은 것과 조금도 다름없이 느껴진다. 따라서 주인공의 약혼녀가 전파사의 텔레비전 앞에 모여선 사람들의 어깨너머로 주인공의 죽음을 확인하고 울먹이며 돌아서는 장면을 보며, 관객은 그 여자의 불행에 연민의 정을 느낄지언정 민족적 비애감이나 울분으로 끓어오르지 못하고 마는 것이다. 온 국민이 땅을 치며 통곡을 해도 시원찮은 일을 이렇게 단순화시켜 버린 것은 무엇 때문일까?

물론 이 영화에 반미감정을 앞세울 것을 주문하는 것은 아니다. 그러나 외국 선수와의 경기에서 자국 선수에 대한 응원은 지극히 자연스러운 감정의 발로가 아닌가. 아이들 싸움을 보더라도, 내 집 아이가 코피가 터져 울고 들어왔다면 그게 좀 속상할 일인가. 하물며 미국 선수와 싸워 한국 선수가 죽었는데, 여기서 어찌 동족으로서 울분이 표출되지 않을 수가 있는가.

이런 문제를 정면으로 다루지도 않으면서 굳이 비명에 간 김득

구를 20년이 지난 오늘에 와서 다시 끌어올린 곽 감독의 의도는 과연 무엇인가. 적어도 김득구의 소재를 가지고 그 가슴 쓰린 부분을 건드리지 못했다면, 이는 애써 깎은 과일을 껍질만 먹고 알맹이는 고스란히 버리는 것 같은 안타까운 느낌을 지울 수 없다. 바로 이 점이 헝그리 복서의 눈물겨운 현실 극복 의지에 대한 사실적인 묘사에도 불구하고, 〈챔피언〉이 근본적으로 안고 있는 흠이요 한계가 아닌가 싶다.

Champion, 감독 곽경택, 출연 유오성, 채민서, 2002.

착한 사람 김종찬

_ 밀양

도대체 당신의 속셈이 무엇인가요?

왜 그렇게 칠칠맞게

여자에게 접근하는 것입니까?

'거참, 되게 실없는 사람이네!'

당신을 처음 봤을 때 그렇게 생각했어요.

어딘가 좀 부족한 사람, 어수룩한 사람, 덜떨어진 사람, 당신이 그렇게 보였어요.

왜 그렇게 슬금슬금 여자 주변을 맴돌지요? 여자에게 관심이 있어서 기회를 엿보는 모양인데, 여자가 마음에 들면 좋아한다느니, 사랑한다느니, 함께 살자느니 뭐라고 얘기를 해야 할 것 아녜요. 그러고 나서 예스냐 노냐 여자의 답변에 따라 계속 사귀든지 그만두든지 확실히 해야 할 것 아니에요.

그런데 가타부타 말은 않고 여자 주변만 어슬렁거리고 있으니, 아무래도 당신은 헛물을 켜고 있는 것 같아요. 백날 그래 보세요.

서울에서 내려온 여자가 아무리 형편이 어렵다고 당신 같은 시골뜨기 늙은 총각을 거들떠보기나 하겠어요? 여자의 남동생도 당신은 자기 누나와 맞지 않는 사람이라고 충고했잖아요. 여자는 요만큼도 당신에게 관심이 없다고요.

여자는 유일한 삶의 끈이었던 아들을 잃고 절망에 빠져 있지요. 혹시나 하나님께 기도하면 구원을 받을까 싶어 교회에도 나갔지요. 그리하여 상당히 믿음이 진전되고 위안도 얻었지요. 그런데 교도소에 면회하러 갔다가 뜻밖의 상황에 맞닥뜨리고 말지요.

"하나님이 이 죄 많은 놈한테 손 내밀어 주시고 죄를 용서해주셨습니다. 눈물로 회개하고 용서를 받았습니다. 그러고 나서부터 마음의 평화를 얻었습니다."

아들을 살해한 자를 용서하려고 어렵사리 마음먹었는데, 그는 벌써 하나님께 죄를 용서받고 마음 편히 지내고 있는 거예요. 그야말로 기막힌 일이 아닙니까? 여자는 돌아와 울부짖습니다.

"내가 그 인간을 용서하기도 전에 어떻게 하나님이 먼저 용서할 수가 있어요?"

피해자인 자기는 비탄의 눈물을 흘리며 죽지 못해 살고 있는데, 가해자는 죄를 용서받았다며 속 편히 살고 있으니 천지개벽을 하더라도 이건 아니다 싶었던 것이지요. 그래서 여자는 하늘을 노려보며 원망하기 시작했지요.

당신이 여자를 처음 만난 것은 여자가 밀양으로 내려오던 날이었지요. 도중에 차가 고장이 나서 정비를 불렀는데, 운 좋게도 카센터를 운영하는 당신과 연결이 되었지요. 그렇게 차를 고쳐준 것을 계기로 당신은 밀양에서 새 삶을 시작하는 여자를 거들어주게 되지요.

당신은 참 오지랖도 넓지요. 피아노 가게를 여는 여자에게 가짜 상장을 구해 와서 벽에 걸어주며, "촌에 요런 거 하나 걸어놓으면 소문이 쫙 나가지고 아이들도 많이 올 깁니다." 하고 버젓이 말합니다. 여자는 정색하고 "나 이런 것 받은 적 없어요."라고 말하지

요. 여자는 당신을 꽤 엉뚱하고 시답잖은 속물로 여기는 듯합니다.

그런데도 여자가 온데간데없는 아이를 찾다가 유괴범의 전화를 받고 나서 눈물 바람으로 제일 먼저 달려간 곳은 당신의 가게였지요. 죽은 남편의 고향이라는 것 말고는 아무런 연고도 없는 타향에서 여자가 지푸라기라도 잡을 수 있는 곳은 당신밖에 없었지요. 그때 당신은 혼자서 노래방 기기를 틀어놓고 가수 기분 내는 데 정신이 팔려 있었지요.

비극의 발단은 여자가 뭐나 좀 있는 체하고 떠벌린 것에 있었지요. 솔직히 여자는 가진 게 많은 사람이 아니었어요. 겨우 피아노 가게 하나 얻을 돈과 아들밖에 없었지만, 시골에서 기죽지 않고 무시당하지 않고 살려고 땅이라도 제법 매입할 것처럼 허세를 부려본 것이 그만 돈을 노리는 범죄자의 표적이 되고 말았지요.

그로부터 여자는 눈물의 나날이 시작됩니다. 고통에 겨워 가슴을 부여잡고 울부짖는 여자를 당신은 속수무책으로 멀거니 바라보기만 하지요. 자식 잃은 어미의 아픔을 당신이 어찌 헤아릴 수 있겠어요. 여자에게 위로의 말 한 마디 제대로 하지 못하고, 고작 "신애 씨, 식사 한번 같이 하실까예? 요리 잘하는 집 있는데예." 하며 여자와 가까이할 궁리만 하지요. 그리고 여자가 교회에 나가자 덩달아 당신도 교인이 되지요. 여자가 "하느님 앞에 정말 믿음이 있다고 맹세할 수 있어요?" 하고 다그치자 그저 넉살 좋게 웃음으로 때워 넘기지요.

도대체 당신의 속셈이 무엇인가요? 왜 그렇게 칠칠맞게 여자에게 접근하는 것입니까? 서울에서 내려온 여자라서 시골 여자들과 달라 보이던가요? 그래서 여자에게 환심을 사서 어떻게 해보려는 속셈이었던가요? 사실 홀아비가 외간여인을 두고 그런 마음을 한 번도 품지 않는다면 남자도 아니겠지요. 그래서 호시탐탐 기회를 노리고 있는 것인가요?

그러나 다음 장면을 보면 그런 것은 아닌 것 같아요.

언젠가 여자가 당신의 속마음을 떠보려고 “김 사장님도 하고 싶어요?” 하고 묻지요. 그리고 당신의 속셈을 대변하기라도 하듯 “그저 바라보고만 있지. 사랑한다는 그 말을 못 해”라는 유행가 한 대목을 불러댔지요. 그때 당신은 뜻밖에도 벌컥 화를 내면서 “와 이랍니까? 정신 좀 차리세요. 제발!” 하며 언성을 높이지요. 늘 여자 앞에서 싱글벙글하던 당신이 딱 한 번 화를 낸 것이 바로 그때였어요. 당신의 진심이 드러나는 순간이었지요. 만약 다른 꿍꿍이속을 가지고 있었다면 그때 얼씨구나 하고 여자를 안았겠지요. 그런데 당신은 벌떡 일어나서 손에 잡히는 대로 물건을 내동댕이치며 화를 이기지 못했거든요.

거기서 나는 비로소 당신에 대한 선입견을 접었습니다.

당신은 여자에게 엉뚱한 마음을 품은 그런 남자는 아니었습니다. 어떤 대가를 바라는 것도 아니었습니다. 굳이 말하자면 당신은 그저 막연히 여자를 도와주고 싶은 마음이었던 것이지요. 사실 시골 출신인 당신에게 서울에서 내려온 여자는 쉽게 범접할 만한 대상은 아니지요. 그렇지만 아무 연고도 없는 객지에 와서 새로운 삶을 시작하려는 여자를 보니 측은지심으로 뭔가 도움을 주고 싶은 생각이 우러났던 것이지요. 그래서 늘 주위를 얼쩡거리면서 여자를 도와서 기도 모임에도 함께 가고, 교도소 면회도 따라가고 여자의 그림자처럼 행동한 것이지요. 사실 자기와 아무 상관도 없는 여자를 그림자처럼 따라다니며 돌봐주는 일이 아무나 할 수 있는 일인가요? 나는 당신이 바보스러운 것이 아니라 순수하고 아름다워 보입니다.

당신은 처절한 고통을 겪는 여자에게 살뜰한 말 같은 것은 못 해줍니다. 그렇지만 아이를 죽인 범인이 경찰에 붙잡혀 들어오자 "뭘 쳐다보노? 이 자식아!" 하고 발길질을 하며 대신 분풀이를 해주지요. 아주 멋졌습니다. 당신은 비록 배운 것은 없어도 무식하거나 치사한 인간은 아닙니다. 각박한 세상에서 불운으로 허우적거리는 여자에게 유일하게 손을 내밀어주고, 바람막이가 되어주는 당신은 보기보다는 따뜻한 마음씨를 가진 사람이에요.

영화의 끝 대목에서 여자는 미용실에 가지요. 그런데 공교롭게도 범인의 딸이 미용사가 되어 자기의 머리를 손질하게 될 줄이야 어찌 알았겠어요. 결국 여자는 견디지 못하고 뛰쳐나오지요. 그리고 집에 돌아와 손수 머리를 자르려고 하지요. 그때 당신은 여자의 앞에서 거울을 들어줍니다. 잘린 머리가 땅에 떨어져 바람결에 휩쓸리는 마당 귀퉁이에 따스한 햇볕이 조용히 내려앉아 있습니다. 바로 그 대목에서 막이 내리는데, 영화 제목 〈밀양(密陽)〉처럼 당신이 결국 여자에게 한 줄기 비밀스러운 햇살로 남았다는 생각이 여운으로 사라지지 않네요.

김종찬 씨! 당신은 요즘 보기 드문 착한 사람입니다. 당신이야말로 절망에 빠진 여자에게 하늘이 내려준 박애의 성자요 구원의 사도가 아닌가 싶어요. 감사합니다. 당신이 있기에 가련한 이신애 씨가 가슴이 미어지는 절망의 나락에서도 숨을 쉴 수 있을 것 같아요. 그리고 저도 마음을 조금 놓을 수 있을 것 같아요. 당신의 행운을 빕니다.

Secret Sunshine, 감독 이창동, 출연 전도연, 송강호, 2007.

후회 없는 삶을 위하여

_ 버킷리스트

한평생을 마무리하면서

아무 여한이 없는 사람이 얼마나 될까.

"만약 당신의 목숨이 6개월밖에 남지 않았다면?"

이런 질문을 받는다면 나는 뭐라고 대답을 할 수 있을까. 대답보다도 우선 굉장히 당황해할 것 같다. 여태껏 나 자신의 죽음에 대해서는 별로 생각해 본 적이 없기 때문이다. 언젠가는 죽게 되리라는 것을 모르지는 않지만 그래도 당장은 그럴 일은 없으리라는 믿음으로 강 건너 불처럼 남의 일로 여기고 있다. 그것은 마치 스무 살 젊은이가 환갑을 맞은 자신이 얼른 그려지지 않는 것과 흡사하리라.

내가 여섯 달 시한부 인생을 산다면 어찌할 것인가?

가만히 앉아서 죽음만 기다릴 수는 없고 뭔가 의미 있는 일을 해야 할 것이다. 그러면 무슨 일을 하는 게 좋을까? 얼른 머리에

떠오르는 것이 없다. 생각을 좀 해봐야 할 것 같다. 그동안 이것저것 펼쳐놓았던 일들도 마무리하고, 인연을 맺어온 여러 사람과의 관계도 갈피를 잡고, 그동안 미뤄놓았던 일들도 찾아서 하나하나 해치워야 할 것이다. 그래야 나중에 숨넘어갈 때 아차 하고 무릎을 치지 않을 것이 아닌가.

할리우드 명배우 잭 니콜슨과 모건 프리만이 주연한 로브 라이너 감독의 〈버킷리스트(The Bucket List)〉(2007)는 바로 이렇게 시한부 인생을 사는 사람들의 이야기이다.

70대의 노인 두 사람이 암 선고를 받고 한 병실에 입원한다. 그들은 피부색만큼이나 성격과 처지가 다르다. 재벌 사업가인 콜은 다혈질로서 성격이 급하다. 떵떵거리며 위세를 부리지만 비서 한 사람 말고는 문병 오는 사람이 없이 적막하다. 반면 카터는 평범한 자동차 수리공이지만 차분한 성격으로 박학다식하고 화목한 가정을 이루고 있어 아내와 아들이 수시로 문병을 온다. 두 사람은 처음에는 서먹했지만 이내 가까워져서 속 이야기를 털어놓게 된다.

콜은 열여섯 살 때부터 돈을 벌기 시작하여 큰 사업을 이루어냈지만 네 차례나 결혼에 실패했고, 하나 있던 딸과도 연락이 끊겨 있는 형편이다. 카터는 학창 시절 역사 교수를 꿈꾸었는데, 아내의 임신으로 꿈을 접고 자동차 정비를 하며 살아왔다. 그동안 일에만 묻혀 살아온 그들은 갑작스러운 시한부 선고에 낙심하고 우울한 시간을 보낸다.

어느 날 콜은 카터가 종이에 무언가를 적는 것을 본다. 그것은 죽기 전에 하고 싶은 일에 대한 목록으로서 장엄한 광경 구경하기와 모르는 사람 도와주기, 눈물이 날 정도로 웃어보기, 경주용 자동차 달리기 등이 기록되어 있었다. 콜은 거기에다 자기의 희망 사항을 몇 가지 추가한다. 세계 최고의 미녀와 키스하기를 비롯하여 문신하기, 고공 낙하하기, 오토바이로 만리장성 달리기와 아프리카 사자 사냥 따위를 적어 넣고는 그것을 실행에 옮기는 여행을 함께 떠나자고 제의한다. 카터는 그것을 받아들여 아내의 걱정스러운 만류를 뒤로 한 채 병원을 나선다.

과연 그들의 여행은 신나기 그지없다. 낙하산을 타고 고공 낙하도 해보고, 어깨에 문신도 새겨보고, 경주용 자동차도 타면서 희망 사항 목록에 하나씩 줄을 그어 나간다. 그리하여 이집트 피라미드도 구경하고, 인도의 타지마할, 히말라야 설산, 홍콩 등지를 다니면서 실컷 즐긴다. 그동안 콜이 즐기는 루왁이라는 고급 커피가 고양이의 배설물로 만든다는 것을 카터가 알려주면서 둘이서 크게 웃는데, 그것으로 '눈물이 날 때까지 웃기'의 목록이 해결한다.

여행을 마치고 돌아온 그들은 다시 입원하는데, 카터가 병이 심

해져서 먼저 세상을 떠난다. 콜은 그의 장례식에 참석하여 "석 달 전만 해도 우리는 남남이었지요. 그런데 그와 함께 지내는 동안은 나에겐 최고의 시간이었답니다. 그는 내 인생을 구해주었어요."라고 추도의 말을 한다.

이 영화는 두 인물이 소원을 이루어 나가는 과정이 재미있다.

특히 '세계 최고의 미녀와 키스하기'와 '장엄한 광경 구경하기'를 실천하는 부분이 기발하다.

카터는 죽기 전에 콜에게 편지를 남기는데, 거기에는 헤어진 딸과 다시 만나보라는 내용이 씌어있었다. 그는 딸의 집에 찾아가서 화해한다. 그리고 거기서 뜻하지 않게 예쁜 외손녀를 만나게 된다. 그는 외손녀를 부둥켜안고 뽀뽀를 하는데, 그렇게 함으로써 '세계 최고의 미녀와 키스하기'가 성사된다.

마침내 콜도 죽음을 맞이한다. 그의 비서가 시신을 화장한 재를 캔에 담아 히말라야 정상에 묻는다. 그것은 카터가 살아 있을 때 주장했던 장례 방식으로 먼저 죽은 그의 재도 거기에 묻혀 있었다. 그렇게 두 사람이 히말라야 정상에 사이좋게 묻힘으로써 '장엄한 광경 구경하기'의 버킷리스트가 최종 완성되는 것이다.

한평생을 마무리하면서 아무 여한이 없는 사람이 얼마나 될까. 하고 싶은 일 다 해보고 이루고 싶은 일 다 이루고 아무런 미련 없이 세상을 뜰 수 있다면 그야말로 억세게 운 좋고 복 받은 사람이 아닐 수 없다. 그러나 대부분은 "바쁜데 그럴 시간이 어디 있어?" 또는 "먹고살기도 힘든 판에 무슨 돈으로?" 하며 핑계를 대고는 "다음에 여유가 생기면!" 하고 미루다가 결국 아무것도 못 해보고 눈을 감기 마련이다. 〈버킷리스트〉의 주인공들처럼 병상을 박차고 세상으로 뛰쳐나와 목록을 하나씩 지워나가지 않는 한, 다들 일상의 멍에에 붙들려 몸이 바스러질 때까지 생계의 연자방아만 돌리다 마는 것이다.

이 영화를 보며 자기들에게 주어진 마지막 시간을 최대한 의미 있게 보낸 두 사람의 용기와 끈끈한 우정이 부러웠다. 나 자신에 대한 뉘우침도 고개를 들었다. 그동안 나는 자신의 욕구를 너무 억누르며 살아오지 않았나? 새장 속의 새처럼 생활의 테두리에 갇혀서 지내오지 않았나? 그리하여 나도 내 인생의 버킷리스트를 작성해서 하나씩 실천해봐야겠다고 마음먹기에 이르렀다.

The Bucket List, 감독 로브 라이너,
출연 잭 니콜슨, 모건 프리먼, 2007.

정의를 위한 자기희생

_ 그랜 토리노

그가 생각한 것은

결투를 통한 해결이 아니었다.

밝은 표정으로 활짝 웃는 사람이 좋은가. 화난 것처럼 이맛살을 바짝 찌푸린 사람이 좋은가. 젊은 사람이 매력이 있는가. 늙은 사람이 매력이 있는가. 누가 이렇게 묻는다면 대답보다 앞서 웬 바보 같은 질문이냐고 핀잔부터 들을 것이다.

그런데 찡그릴수록 멋져 보이는 사람이 있다. 그리고 나이가 들수록 매력이 더해가는 사람이 있다. 누구일까? 바로 할리우드 배우 클린트 이스트우드(Clint Eastwood)이다. 그는 영화에서 좀처럼 웃는 모습을 보여주지 않는다. 항상 눈썹 사이 가득히 주름살을 달고 나온다. 세상사가 하나같이 마음에 들지 않고 성에 차지 않은 표정이다. 그런데도 멋이 있다. 아무리 표정을 구기고 인상을 써도 싫은 생각이 들지 않는다.

더욱 불가사의한 것은 이 사람은 늙어갈수록 멋져 보인다는 것이다. 대개 배우들은 젊었을 때는 인기가 하늘을 찌르다가도 머리가 희끗희끗해질 즈음이면 기세가 꺾이기 마련이다. 우리나라 배우 신성일이 그렇고 프랑스의 알랭 들롱이 그렇지 않았던가. 그렇지만 클린트 이스트우드는 예외다. 나이를 먹을수록 빛이 난다. 1930년생인 그는 젊은 시절 〈황야의 무법자(A Fistful of Dollars)〉(1964)와 〈석양의 건맨(For a Few Dollars More)〉(1965), 〈석양의 무법자(The Good, the Bad, and the Ugly)〉(1966), 〈더티 해리(Dirty Harry)〉(1971) 등에서 멋진 총잡이의 모습을 보여주었다.

그런데 예순을 훌쩍 넘은 뒤에도 〈용서받지 못한 자(Unforgiven)〉(1992)와 〈사선에서(In the Line of Fire)〉(1993), 〈매디슨 카운티의 다리(The Bridges of Madison County)〉(1995), 〈밀리언 달러 베이비(Million Dollar Baby)〉(2004) 등에서 여전한 인상파의 매력을 발산하였다.

여기서 이야기하고자 하는 〈그랜 토리노(Gran Torino)〉(2008)에서도 마찬가지다. 일흔여덟의 나이가 무색할 정도로 존재감을 과시하며 관객을 사로잡는다.

이 영화에서 그는 월트 코왈스키라는 신경질적이고 고

집 센 노인으로 등장한다. 과거 한국전쟁에 참전했고, 자동차 회사에 근무했으며 은퇴를 한 지금은 아내를 여의고 홀로 지내고 있다. 바로 옆집에는 동양인 가족이 살고 있는데 인종 편견으로 가까이 지내지 않는다. 그는 그랜 토리노라는 고급 승용차를 가지고 있다. 그런데 동네 불량배들이 그 차에 눈독을 들이고 월트의 옆집에 사는 타오라는 소년을 협박하여 훔치게 한다. 타오는 밤에 월트의 집에 침입했다가 발각되어 도망친다.

어느 날 월트는 타오가 불량배들에게 괴롭힘을 당하는 것을 보고 그를 구해준다. 또 타오의 누나가 봉변을 당할 때도 권총을 빼들고 그들을 쫓아준다. 그 일을 계기로 동양인 가족들과 비로소 가까워진다. 그는 타오에게 일자리도 알선해주고 세상살이에 대해 훈계도 해주며 끈끈한 우정을 쌓아간다.

그런데 불량배들의 행패가 쉽게 멈춰지지 않는다. 타오의 뺨을 담뱃불로 지지는가 하면 월트의 집에 총질하고 타오의 누나에게

까지 몹쓸 짓을 한다. 더는 보고만 있을 수 없는 월트는 그들과 싸우자고 외치는 타오를 따돌리고 홀로 불량배들을 찾아간다. 그리고 그들의 총격에 쓰러진다. 타오 남매가 현장에 달려갔을 때는 불량배들이 검거되어 경찰차에 오르고 있었다.

월트의 마지막 선택은 충격을 준다.

불량배들의 행패가 도를 넘자 그들을 그대로 두어서는 안 되겠다고 마음먹는다. 그런데 그가 생각한 것은 결투를 통한 해결이 아니었다. 싸우지 않고 그들을 잡아넣을 방도를 구상한 그는 아무 무기도 없이 그들을 찾아간다. 그는 불량배들이 총을 겨누고 있는 앞에서 담배를 꺼내 물고는 불을 찾는 척하며 저고리 속으로 손을 집어넣는다. 그 순간 불량배들은 그가 총을 꺼내는 줄 알고 일제히 선제공격하는데, 그것이야말로 월트가 의도한 바였다. 쓰러진 그의 손에 쥐어진 것은 라이터였고, 그렇게 하여 자기에게 총을 쏜 불량배 일당을 감방에 보낼 수 있었던 것이다.

이 영화가 보여주고자 하는 것은 인간애와 정의감이다.

피부색이 희든 검든 누렇든 인간은 똑같이 존귀한 존재가 아닌가. 주인공은 처음에는 옆집 이민자 가족과 거리를 두며 인종차별주의자의 모습을 보인다. 그러나 그들이 불량배들에게 봉변을 당할 때는 과감히 나서서 구해줌으로써 정의의 수호자이자 해결사 노릇을 한다. 불의를 외면하지 못하는 정의감이 유색인에 대한 거부감을 뛰어넘어 인간애로 발현되는 것이다. 함께 싸우려는 타오를 지하실에 가둔 것은 그를 보호해주기 위해서였다. 이렇게 자기희생을 통해 정의를 실현하는 모습이 진한 감동을 불러일으킨다.

오늘날 우리 주변을 보면 잘못된 것을 보고도 외면해버리는 사례가 많다. 횡단보도에서 신호등을 어겨도 아무런 꾸중이 없고, 새파란 학생이 담배를 꼬나물어도 못 본 척하며, 지하철에서 노인에게 막말하는 개망나니가 있어도 나 몰라라 하는 풍조이다. 괜히 참견했다가 봉변을 당할 수가 있다는 우려 때문이다. 그러나 그런 방관주의가 문제를 더 키우고 더욱 세상을 어지럽힌다는 사실을 우리는 다 알고 있지 않은가. 이러한 현실을 생각할 때 〈그랜 토리노〉의 울림은 대단히 크다.

세상과 타협하지 않고 자기의 신념을 실천해나가는 주인공 월트 코왈스키, 정의의 수호자이자 해결사 역할을 멋지게 수행한 배우 클린트 이스트우드, 아무리 그가 얼굴 한 번 펴는 일 없이 차갑고 신경질적이고 불만에 찬 얼굴을 하고 있더라도 어찌 그의 찌푸린 표정을 외면할 수 있으랴. 어찌 그의 늙음을 타박할 수 있으랴.

Gran Torino, 감독 클린트 이스트우드, 출연 클린트 이스트우드, 2009.

모성애가 무섭다

_마더

설사 끔찍한 일을 저질렀다고 하더라도
누가 이 여자에게 돌을 던질 수 있으랴.

닭과 소의 싸움을 본 적이 있는가. 닭이 소에게 덤벼들었다면 믿을 수 있겠는가?

나는 실제로 그런 장면을 보았다.

어린 시절의 일이다. 들에 나가 소에 풀 먹이고 집에 들어오던 찬이었다. 외양간으로 들어가던 소가 갑자기 문간에서 멈칫했다. 무슨 일인가 했더니 외양간 안에서 암탉이 꼬꼬댁거리며 소를 공격해대는 것이 아닌가. 얼른 고삐를 당겨 소를 뒤로 물렸는데, 그러고 나서야 사정을 알 수 있었다. 어미 닭이 병아리들과 외양간에서 모이를 주워 먹고 있다가 갑자기 소가 들이닥치니까 그렇게 몸으로 막은 것이다. 새끼들이 밟혀 죽지 않게 하려는 놀라운 모성애의 발휘였다.

봉준호 감독의 〈마더〉(2009)는 살인범으로 몰린 아들의 결백을 찾아 헤매는 어머니의 이야기이다. 곤경에 처한 자식을 구해내려는 지극한 모성애가 잘 나타나 있다. 자식을 위해서라면 못할 짓이 없는 것이 사람, 여자는 약하지만 어머니는 강하다는 말을 이토록 실감이 나게 보여준 영화가 또 있을까.

주인공은 아들 하나를 데리고 사는 홀어미이다. 아들은 나이가 스물여덟이지만 제 앞가림을 하지 못하는 어수룩한 정신지체아이다, 그래서 어머니는 늘 마음을 놓지 못하고 전전긍긍한다.

그러던 어느 밤에 한 여학생이 살해당하고, 아들이 용의자로 지목되어 경찰에 잡혀간다. 어머니는 "우리 애는 그런 애가 아니거든요." 하며 억울함을 호소하지만, 경찰의 반응은 싸늘할 뿐이다. 변호사를 찾아가지만 그도 돈만 밝힐 뿐 진실 규명에는 소극적이다. 아무도 자기편이 되어주지 않자 어머니는 몸소 범인을 찾아 나선다. 그리고 죽은 여학생의 친구들이며 동네 불량배 등 의심이 가는 사람들을 이리저리 쫓아다닌 끝에 한 고물상 영감에게 목격담을 듣게 된다.

마침 그 영감은 집이 살인 현장과 접해 있었던 관계로 그날 밤 일을 창문을 통해 내다볼 수 있었다. 주인공의 아들이 밤늦게 귀가하는 여학생의 뒤를 따라가자, 여학생이 그를 향해 돌을 던지며 '바보'라고 하며 욕을 한다. 그러자 그가 그 돌을 집어 다시 여학생에게 던진 것이 여학생의 머리에 맞았다는 것이다. 그제야 어머니는 자기 아들이 정말로 여학생을 죽였음을 알게 된다. 그런데 아들이 끔찍한 일을 저지른 것은 평소 자기가 아들에게 어디

가서 바보 취급당하면 반드시 갚아주라는 말을 했기 때문이었으니, 따지고 보면 기가 막힐 노릇이다.

진실을 알게 된 순간 어머니는 딴사람으로 돌변한다. 그는 그 자리에서 둔기를 내려쳐 영감을 살해하고 고물상에 불을 지른다. 소심하고 두려움에 떨던 그동안의 모습과는 딴판으로 바뀐 것이다. 영화 도입부에 보이는 억새밭에서 주인공의 넋 나간 춤사위는 바로 그러한 일을 저지른 후의 모습이다. 그것은 엄청난 일을 저지른 뒤에 엄습하는 주체할 수 없는 불안과 공포와 안도가 뒤섞인 모습이 아닐까.

얼마 후 엉뚱하게도 이웃 마을의 지적장애자가 범인으로 잡히고 그의 아들은 풀려난다. 어머니는 진실을 안고 있지만 입을 다문다. 면회실에 가서 "너 부모님은 계시니? 엄마 없어?"라며 눈물을 보이면서도 그의 누명을 벗겨줄 생각은 하지 않는다. 진실보다도 제 자식 지키는 일이 먼저였던 것이다.

이 영화에는 급박하게 진행되는 사건이나 역동적인 활극 따위는 없다. 그러나 흡인력은 대단하다. 느리게 진행되는 가운데서도 갈수록 팽팽해지는 긴장감으로 관객들은 가슴을 졸이며 극에

몰입하게 된다. 복선으로 얽힌 치밀하고도 탄탄한 서사구조를 바탕으로 주인공 배우의 실감 어린 연기와 감독의 노련한 연출력이 빛을 발한다. 이 영화는 사건의 진실을 찾는 추리극이 아니라 차라리 끝 간 데 없는 모성애의 추이를 좇는 심리극이라고 하는 것이 마땅하지 않을까.

이 영화에는 반전이 두 차례 나온다. 하나는 여고생 살해범이 밝혀지는 대목이다. 아들의 무죄를 밝히기 위해 고군분투하는 어머니의 발걸음을 따라가며, 관객들은 설마 그의 아들이 범인이라는 생각은 조금도 하지 못한다. 모자라고 순박한 아들은 누명을 썼을 뿐이고 진범은 분명 따로 있을 것으로 생각하지만 끝내 그 예상은 빗나가고 만다.

다른 하나는 어머니의 놀라운 변모이다. 바퀴벌레 하나도 함부로 못 죽일 것 같던 나약한 여자가 돌발적으로 살인과 방화를 감행한다. 과연 그럴 수가 있을까? 물론 그럴 수 있다. 여자로서는 불가능할지 몰라도 어머니로서는 충분히 가능한 일이다. 아들을 살려내자면 무슨 짓을 못 할 것인가. 그것이 바로 어머니요 모성애이다. 영화 제목 〈마더〉를 우리말로 옮긴다면 '어머니'보다는 '어미'가 어울리지 않을까.

영화를 보고 난 뒤에도 한참 동안 가슴에 섬뜩한 전율이 가시지 않았다. 자식을 지켜내기 위한 어미의 소름 끼치는 집착, 자식을 위해서라면 살인도 마다하지 않는 맹목성, 그것은 윤리와 도덕과 의무를 뛰어넘는 본능이 아닐까. 옛날 내가 목격했던 대로 병아리들이 다치지 않도록 푸드덕 몸을 날리며 소에게 덤벼들던 어미 닭이야말로 바로 자식을 위해서라면 물불을 가리지 않는 어미의 모습이 아니랴. 설사 끔찍한 일을 저질렀다고 하더라도 누가 이 여자에게 돌을 던질 수 있으랴.

Mother, 감독 봉준호, 출연 김혜자, 원빈, 2009.

평범한 아버지의 위대한 삶

_ 국제시장

가장은 어떤 일이 있어도
가족이 제일 우선이다.
가족들 잘 지켜라.

나는 영화를 보며 잘 울지 않는 편인데, 모처럼 임자를 하나 만났다. 윤제균 감독의 〈국제시장〉(2014)을 볼 때였다. 영화를 보는 동안 내내 가슴이 먹먹하고 숨이 답답해지며 눈물이 터질 듯 말 듯 눈시울이 가물거렸다. 근래에 없던 일이다. 주인공이 살아온 과정이 너무 힘들고 고생스러워 보였기 때문일까.

주인공 덕수는 6·25 피란 시절에 아버지와 막내 누이를 잃어버린다. 흥남의 피란 인파 속에서 미군 함정에 올라탔으나 막내가 보이지 않자 아버지가 다시 배에서 내린다. 그렇게 아버지와 누이와 생이별을 하고 만 것이다.

부산에 도착한 주인공은 국제시장에 있는 고모네 가게에 찾아간다. 그리고 그곳에서 더부살이하며 어머니는 삯바느질하고, 덕수는 동생을 업고서 천막 학교에도 다니고 구두닦이도 하면서 생계를 잇는다.

어느덧 청년이 되어 부두에서 막노동하던 덕수는 대학에 들어간 아우의 학비를 벌기 위해 독일 광부를 지원한다. 탄광의 갱도가 무너져 죽을 뻔한 사고를 겪기도 하지만 운 좋게 장차 아내가 될 간호사 아가씨까지 사귀고 무사 귀국한다.

그런데 이번에는 여동생의 결혼비용이 필요하다. 그는 아내의 만류를 뒤로하고 다시 베트남 노무자로 떠나게 된다. 그리고 총격전이 벌어지는 전쟁터에서 물품을 수송하다 다리에 총상을 입고 목발을 짚은 채 돌아온다.

그 무렵 이산가족 찾기 운동이 벌어진다. 덕수는 아버지와 누이동생을 찾고자 애쓴 끝에 마침내 미국에 입양되어 사는 막내를 찾는 데 성공한다.

덕수야말로 곡절 많았던 한국 현대사의 고비를 빠뜨림 없이 몸으로 부딪치며 살아온 인물이다. 어린 시절 6·25 전쟁을 겪으며 혈육과 헤어지고, 피난지 부산에서 밑바닥 생활을 하고, 외화벌이를 위해 독일과 베트남에도 다녀오고, 헤어진 혈육을 찾고자 이산가족 찾기에도

매달리다 보니 어느덧 머리가 하얀 절뚝발이 노인이 되어 있었다.

그의 삶을 지배한 것은 아버지가 남겼던 마지막 말이다. 흥남 철수 때 아버지는 막내를 찾으러 배에 내리면서 이렇게 당부한다.

"내 없으면 장남인 니가 가장인 걸 알지야? 가장은 어떤 일이 있어도 가족이 제일 우선이다. 가족들 잘 지켜라."

그는 일생 이 말을 가슴에 담고 실천했다. 그의 아내가 "당신 인생인데 그 안에 왜 당신은 없냐고요!"라고 하소연하다시피 그의 삶에 '자신'은 없고, 오직 '가족'만 존재했다. 아버지의 당부대로 가족을 위해 자신을 희생한 것이다. 그래도 아무에게도 원망하지 않고 고생을 달게 받아들인다.

"내는 그래 생각한다. 힘든 세월에 태어나가 이 힘든 세상 풍파를 우리 자식이 아니라 우리가 겪은 기 참 다행이라꼬."

이것이 바로 자식을 생각하는 아버지의 마음이다. 이런 희생적

인 아버지가 있었기에 지금의 대한민국이 있는 것이 아닌가. 오늘날 우리가 누리는 여유와 안락은 아버지가 흘린 피와 땀과 눈물의 결과임을 영화는 말해준다.

영화 마지막에 일흔 살 덕수는 온 가족이 모여 손자들의 재롱을 보며 웃음꽃을 피우는 방을 홀로 빠져나온다. 그리고 자기 방에 가서 사진 속의 아버지와 대화를 나눈다.

"아부지 내 약속 잘 지켰지예? 막순이도 찾았고예. 이만 하몬 내 잘 살았지예?"

이렇게 자랑스레 뇌까리던 그는 돌연 설움에 북받쳐 턱을 덜덜 거리며 "근데 내 진짜 힘들었거든예." 하고 흐느낀다. 평소 입버릇처럼 "괜찮다. 안 힘들다."고 말해오던 그가 비로소 속마음을 털어놓는 것이다. 가족을 위해 한 몸을 바친 아버지의 고백에 목이 메고 가슴이 뭉클해지지 않을 수 없다.

이 영화는 슬픈 이야기가 많지만 그렇다고 분위기가 어둡지만은 않다. 중간에 경쾌한 장면들이 끼어들어 울다 웃다 보면 두 시간이 넘는 상영시간이 눈 깜짝할 새에 지나간다. 무엇보다 단짝 친구 달구와 찰떡궁합이 익살스럽기 짝이 없다.

덕수는 독일 광부로 가기 위해 달구와 함께 쌀가마 들기 체력시험에 임한다. 덕수는 쌀가마를 거뜬히 들지만 달구는 들지 못하고 주저앉은 채 "아직 땅에 안 닿았어요." 하고 우기는가 하면, 체력이 약하다는 면접관의 지적에 "제가 하체 중심으로 주로 운동을 하다보니까" 하고 둘러댄다. 덕수 또한 광산 작업 경험이 없어 곤란하다는 말에 "저 군대 공병대 나왔습니다. 땅 엄청나게 파 제겠습니다." 하고 떼를 쓰다가 상황이 불리해지자 덕수와 함께 벌떡 일어나서 목청껏 애국가를 불러댄다. 그 임기응변 덕분에 그들은 '애국심 투철'로 통과된다. 그리하여 백마를 탈 속셈으로 독일에 간 달구가 백인여자에게 잘못 걸려 곤욕을 치르는 장면은 배꼽을 잡게 만든다.

영화 중간에 알 만한 인사들이 얼굴을 내비치는 것도 양념거리다.

구두를 닦는 어린 덕수에게 장차 배를 만들어 팔겠노라며 "시련은 있어도 실패는 없는 거야"라는 남기고 가는 젊은 사업가, 꽃분네 가게에 옷감을 보러 와서 "다가오는 제너레이션에서는 남녀 영역 파괴가 토픽이 될 거예요." 하고 말하는 혀 꼬부라진 의상디자이너, 식당에서 밥을 먹다가 "씨름은 그리 많이 처묵는다고 잘 되는 기 아이고, 기술이 있어야 해." 하고 달구에게 훈수를 듣는 마산무학초등학교 5학년 씨름부 소년, 베트남에서 위험에 처한 덕수 일행을 구해주고 "저 푸른 초원 위에 그림 같은 집을 짓고"를 읊조리는 미남 군인 등이 영화를 더욱 감칠맛 나게 한다.

이 미남 군인과 만남으로 인해 앞부분에서 남진이 최고냐 나훈아가 최고냐 다투는 가운데 덕수가 유독 남진을 편들었던 까닭을 알 수 있다. 또 영화 초반에 노인 덕수가 외국인 노동자를 희롱하는 젊은 학생들에게 야단치는 장면이 나오는데, 그가 나중에 독일과 베트남에 가서 서러운 생활을 하는 것을 보면서 그 이유를 짐작할 수 있다.

무엇보다 〈국제시장〉을 이끄는 것은 주인공 배우 황정민의 명품 연기이다. 경상도 출신답게 사투리를 자유자재로 구사하는 그는 장발의 청년 시절부터 머리가 하얗게 센 쭈그렁 노인에 이르기까지 주인공의 생애를 기막히게 그려낸다. 특히 이산가족 찾기 방송에서 화면에 비치는 누이동생을 향해 눈물이 뒤범벅된 낯으로 턱을 덜덜 떨어대며 "막순아!"를 외치는 모습은 감탄이 절로 나온다. 옛날 1983년 시절의 흥분과 감동을 불러일으키는 그 장면에서 과연 눈물을 훔치지 않을 사람이 어디 있으랴. 나는 이 〈국제시장〉 말고도 그가 나오는 〈신세계〉(2013)와 〈베테랑〉(2015), 〈아수라〉(2016)와 〈공작〉(2018) 등을 보며 황정민표 신들린 연기야말로 단연 대한민국 최고라고 엄지를 치켜들었다.

가수 나훈아가 부른 〈남자의 인생〉(2017)에 "전철 두 번 갈아타고 지친 하루 눈을 감고 귀는 반 뜨고 졸면서 집에 간다."라는

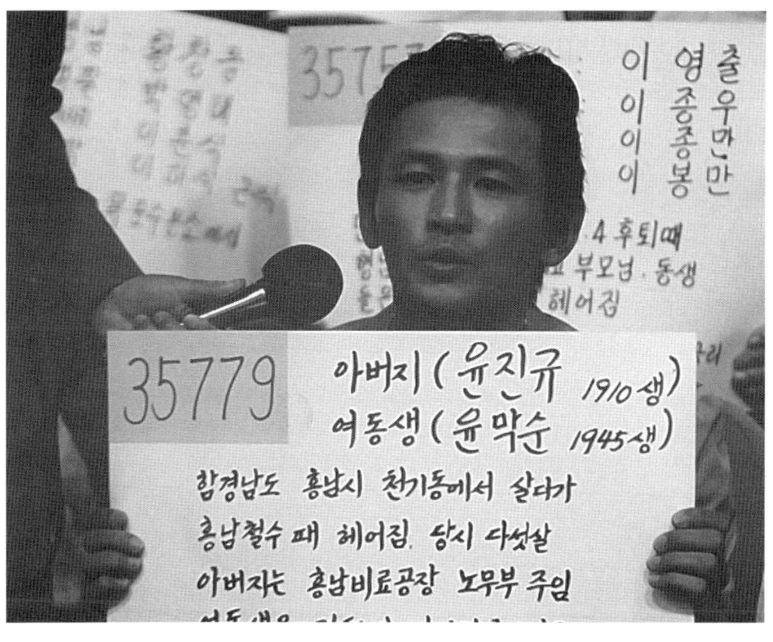

구절이 있다. 일과를 마치고 귀가하는 아버지의 고단한 모습이다. 그래서 가족의 버팀목인 아버지란 존재는 평범하지만 위대하다고 아니할 수 없다.

나는 주인공보다 조금 늦게 태어난 덕분에 전쟁이나 피란과 같은 고초는 겪지 않았다. 그래도 어린 시절 독일 광부나 간호사 파견, 월남 전쟁을 들으며 자랐고, 성인이 되어서 이산가족 찾기를 보았기에 영화의 모든 장면이 실감으로 다가왔다.

역시 공감이란 자기가 겪은 일을 보았을 때 커지는 것 같다. 감동 또한 공감의 바탕에서 비롯된다. 〈국제시장〉은 내 아버지의 이야기였고, 그동안 보고 들어왔던 이야기이기에 더욱 생생한 감동으로 모처럼 눈시울을 뜨겁게 했다.

Ode to My Father, 감독 윤제균, 출연 황정민, 김윤진, 오달수, 2014.

인종차별의 벽을 넘어서

_그린 북

무대 위에서는 박수갈채를 받지만

내려오면

똑같은 검둥이일 뿐이에요.

요즘 할리우드 영화는 대개 초인적인 능력을 지닌 인물이 나와서 악당을 때려잡는 내용이다. 주인공이 하늘을 마구 날아다니고 백주대로에서 총격전이 벌어지고 대형건물이 폭파되고 달리던 차량이 부딪치고 뒤집히는 등 신나는 볼거리들이 제공된다. 이른바 에스에프(Science Fiction)영화, 즉 공상과학 영화라는 것인데, 청소년들은 그런 오락물에 열광하는지 모르겠으나 나는 그다지 관심이 가지 않는다. 공짜로 보라고 해도 5분 이상은 버티지 못할 것 같다. 텔레비전 채널을 돌리다가도 그런 것들이 비치면 얼른 지나쳐 버린다. 뭔가 좀 현실적인 내용, 인간적인 숨결과 체취가 느껴지고 주제의식이 있는 영화는 없을까.

최근 취향에 맞는 영화를 하나 보았다. 제목이 〈그린 북(Green

Book)〉(2018)인데 감독과 주연배우가 전혀 안 보던 인물이다. 낯이 익지 않은 만큼 신선하게 다가온다.

때는 1960년대 초반, 배경은 미국 뉴욕이다.

주인공은 토니라는 중년 사내인데, 나이트클럽에서 일하다가 주먹을 휘두른 바람에 직장을 잃고 생계가 막막한 지경이다. 마침 운전기사를 구한다는 광고가 있어 찾아가 보니 어느 흑인 음악가 집이다. 그 음악가는 돈 셜리라는 피아니스트로서 두 달 동안 미국 남부 지역 순회공연을 다니려는데 운전을 해줄 수 있겠느냐고 묻는다. 토니는 아내와 오래 떨어지는 것이 내키지는 않지만, 보수가 괜찮아서 크리스마스 전날까지는 집에 돌아온다는 조건으로 일을 맡는다. 개가 사람을 물면 기사가 안 되지만 사람이 개를 물면 기사가 된다는 말이 있듯이 이 영화는 흑인이 백인을 부리는 설정이라서 자못 이색적이다.

여행하다 보니 두 사람은 안 맞는 게 너무 많다. 피부색만 다른 게 아니라 성격이나 취향도 정반대이다. 셜리는 교양 있는 신사로서 항상 반듯하고 점잖게 행동하지만, 토니는 수다쟁이에다 줄담배에다 폭식을 즐기며 툭하면 주먹이 나가는 버릇이 있다. 셜리는 운전 중에는 잡담하지 말고 담배도 피우지 말라고 한다. 그리고 토니가 어느 휴게소에서 판매대 아래 떨어진 옥돌 기념품 하나를 주워 오자 그것을 도로 갖다 놓으라고 말한다. 또 커피를 마시고 종이컵을 차창 밖으로 던지는 것을 보고는 그것을 다시 주워 오도록 한다. 반감이 솟지만 고용인의 처지라 그대로 따를 수밖에 없다.

토니는 흑인 음악가가 최고급 호텔에서 상류층 인사를 대상으로 공연을 하는 것을 보고 그가 보통사람이 아니라는 것을 깨닫는다. 그런데 남부는 인종차별이 심한 곳이어서 그들은 여러 가지 어려움을 겪는다. 호텔공연장에서 화장실에 다녀오려고 하는데 관리인이 셜리를 막는다. 아무리 항의해도 백인 전용이라며 건물 밖에 있는 간이화장실을 쓰라고 한다. 자존심이 상한 셜리는 30분을 차로 달려 자기가 묵는 호텔의 화장실을 사용한다. 어느 곳에서는 양복점에 들렀다가 피부색을 이유로 옷도 못 입어보고 내쫓김을 당한다.

밤길 운전을 하다가는 교통경찰에게 붙잡히기도 한다. 검둥이는 밤에 다니면 안 된다는 것이었다. 토니가 "이분은 유명한 피아니스트요. 공연하러 가야 해요." 하고 사정해도 막무가내다. 화가 난 토니가 손찌검하는 바람에 그들은 경찰서 유치장에 갇힌다. 다행히 셜리가 유력인사인 친구에게 전화해서 풀려나오는데, 그 친구는 다름 아닌 당시의 국무장관인 로버트 케네디였다.

마지막 공연장소인 버밍햄에서도 수모를 겪는다. 호텔 공연을 앞두고 구내식당에서 저녁 식사를 하려는데 지배인이 입장을 막는다. "오늘의 이곳 공연자예요."라고 해도 관례라고 하며 탈의실로 갖다주는 음식을 먹든지 아니면 다른 식당에 가서 먹고 오든지 하라고 한다. 셜리는 "여기서 식사를 못 하면 공연도 못 합니다." 하고 그곳을 나와 버린다. 그리고 흑인 식당에 가서 저녁을 먹고는 그곳 사람들을 위해 피아노 연주를 한다.

〈그린북〉에 그려지는 인종차별은 백인 우월주의에 따른 흑인의 아픈 역사를 되돌아보게 만든다. 미국은 1865년 남북전쟁이 끝나면서 노예제가 폐지되고 노예들에게 시민권이 주어졌다. 그렇지만 그로부터 일백 년이 지난 뒤인 1960년대까지도 흑백 차별이 상존했음을 알 수 있다. 그 시절 스탠리 크레이머 감독의 〈초대받지 않은 손님(Guess Who's Coming To Dinner)〉(1967)도 흑인 사위를 맞는 백인 가정의 충격을 그린 바 있다.

토니는 셜리와 여행을 시작하면서 녹색 표지의 책자 한 권을 챙긴다. 그것은 흑인 전용 숙박업소와 식당을 수록한 남부 여행안내서이다. '그린 북'이라 부르는 그 책자야말로 흑백 불평등의 상징이 아니겠는가.

"무대 위에서는 박수갈채를 받지만 내려오면 똑같은 검둥이일 뿐이에요."

천재음악가일 뿐만 아니라 그 나라의 국무장관을 친구로 둔 셜리지만 인종차별의 장벽 앞에서는 어쩔 수 없었다. 그러나 그런 어려움을 겪으면서도 결코 흥분하거나 비굴한 모습을 보이지 않는다. 그는 함부로 손찌검하는 토니에게 말한다. "품위를 잃지 않아야 이길 수 있어요."

인상적인 장면이 하나 있다.

차가 고장이 나서 길가에 잠깐 멈췄을 때의 일이다. 토니는 차를 손보고 돈 셜리는 차에서 내려 바깥바람을 쐬는데, 이때 길옆 농장에서 흑인 농부들이 일하고 있다. 그들이 말 없는 가운데 서로 눈을 마주치는 장면은 묘한 대조를 보인다.

영화의 마지막 부분은 잔잔한 감동을 준다.

공연 일정을 마무리한 날이 바로 크리스마스 전날이다. 애초 토니에게 크리스마스이브 때는 집에 가게 해준다고 약속했던 터라 그들은 귀가를 서두른다. 그런데 공교롭게도 폭설 때문에 빨리 달릴 수가 없다. 더욱이 토니가 졸음 때문에 운전을 못 하겠다며 귀가를 단념하고 중간에서 자고 가자고 한다. 그때 토니의 집에서는 그의 가족과 친지들이 성탄 파티를 열면서 그가 돌아오기를 기다리고 있었다. 다행히도 토니는 제 때 집에 도착한다. 그가 눈

을 붙이는 동안 셜리가 대신 운전대를 잡은 덕분이었다. 그렇게 귀가 약속을 지킨 셜리는 자기 집에 가서 짐을 푼 다음, 다시 토니의 집에 나타난다. 그들의 성탄 파티에 피아노를 연주해주기 위해서였다. 영화는 거기서 끝나지만, 그날 밤 토니의 집에 모인 사람들은 최고의 시간을 보냈으리라.

이 영화는 인종차별 시대를 배경으로 피부색이 다른 두 사람의 인간적 유대를 그리고 있다. 상반된 삶을 살아온 두 사람은 처음에는 서로 뜻이 맞지 않지만, 차츰 시간이 지나면서 서로를 받아들이고 끈끈한 우정이 싹튼다. 특히 글이 서툰 토니가 아내에게 편지를 쓰는 것을 셜리가 도와주어 나중에는 혼자서도 멋진 문장을 구사할 수 있게 된다든지, 셜리가 백인 불량배들에게 봉변을 당할 때 토니가 그를 구해주는 장면은 가슴을 흐뭇하게 한다.

이때 그는 뒷주머니에서 총을 꺼내려는 동작을 취하며 위기에서 벗어나는데, 나중에 차량털이 좀도둑을 쫓을 때 정말 총을 꺼내 쏘는 것을 보고 비로소 그가 전에 총을 꺼내려고 하던 동작이 거짓이 아니었음을 깨닫게 된다. 이 밖에도 토니가 권하는 켄터키 프라이드치킨을 마지못해 받아먹은 셜리가 차츰 그것에 맛을 들이게 된다든지, 셜리가 도로 판매대에 갖다 놓으라고 했던 옥돌 기념품이 그대로 토니의 수중에 남아서 폭설 속에서 무사 귀가를 기원하는 행운의 마스코트가 되고 결국 셜리의 사무실에 놓이게 되는 부분도 반전의 묘미를 자아낸다.

이렇게 미국 사회의 고질인 흑백 갈등이라는 무거운 주제를 밝은 색깔로 유쾌하게 그려낸 〈그린 북〉은 2019년 제91회 아카데미 시상식에서 최고상인 작품상을 비롯하여 각본상과 남우조연상 등 세 부문의 상을 받았다. 과연 고개가 끄덕여지는 성과가 아닐 수 없다. 나는 두 번 세 번 봐도 질리지 않는 이 영화를 누구에게든 자신 있게 권하고 싶다.

Green Book, 감독 피터 패럴리,
출연 비고 모텐슨, 마허샬라 알리, 2018.

제3부
강인한 남성상의 구현

진심이 외면당할 때

_ 암흑가의 두 사람

사람을 믿어주지 않고

죄인 취급을 한다면

가만히 있을 사람이 어디 있겠는가.

사람이 제일 화가 날 때는 언제일까?

자기가 하는 일이 뜻대로 풀리지 않을 때, 누구한테 욕을 먹을 때, 감쪽같이 속았을 때, 업신여김을 당했을 때, 부당한 일을 강요받았을 때 화가 날 것이다.

내 경우에 가장 화가 많이 날 때는 무엇보다 진심이 통하지 않을 때이다. 진정으로 말했는데도 상대가 그것을 믿어주지 않고 의심의 눈초리를 보인다. 그럴 때면 가방을 열 듯 속마음을 열어 보일 수도 없고, 목소리를 높이며 해명을 해봤자 그게 모두 변명으로 받아들여지는 것 같고, 답답한 나머지 열이 바짝 오른다.

어린 시절 이런 일이 있었다.

우리 이웃에 빙수 장수가 살았다. 어느 날 아침에 보니까 아저씨가 장사를 나가기 위하여 빙수 기계에 얼음을 끼우고 있었다. 얼음을 끼워 넣고 기계를 돌리면 얼음이 잘게 깎이며 컵으로 빙수가 떨어지는 것이었다. 나는 그게 신기하여 가까이 가서 구경했다.

그러다가 빙수 통 옆에 빙수 떠 담는 숟가락 같은 것이 놓여 있기에 무심코 집어 들고 만져보았다. 그때 아저씨가 갑자기 "이 도적놈의 새끼! 왜 그걸 훔쳐 가려고 해?" 하며 눈을 부라리는 것이 아닌가. 나는 그냥 호기심으로 만져본 것뿐인데, 그는 훔치는 것으로 오해하였다.

졸지에 도둑으로 몰린 나는 황당하고 억울하여 그만 울음이 터져 나왔다. 물건 좀 만져본 것을 가지고 도둑 취급을 하니 너무나 기가 막혔다. 나는 엉엉 울면서 집으로 돌아왔고, 그 뒤로 빙수장수 집 근처에는 얼씬도 하지 않았다.

프랑스 영화 〈암흑가의 두 사람(Deux Hommes Dans La Ville)〉(1973)은 개과천선한 사람을 전과자라고 색안경을 끼고 바라보는 상황을 그렸다. 영화를 보고 나서 나의 어린 시절이 떠올랐다.

영화의 줄거리는 이렇다.

주인공 지노는 은행 강도 혐의로 10년간 옥살이를 하고 보석으로 출소한다. 그는 헌신적인 아내와 호의적인 보호 감찰관 제르망의 관심 속에 어두웠던 과거를 청산하고 새로운 삶을 살고자 마음먹는다.

그러나 예전의 일당들이 다시 자기들과 어울릴 것을 요구하고, 과거에 그를 검거했던 형사 그와트로는 의심의 눈초리를 버리지 않고 늘 주위를 맴돈다. 그는 지노의 주변 사람에게 조심하라고 주의 줄 뿐만 아니라, 직장에까지 찾아와 무슨 모의를 하느냐고 추궁하는 등 계속 지노의 신경을 건드린다.

급기야 어느 은행에 강도 사건이 일어나자 그것을 지노의 소행으로 넘겨짚고 집요하게 캐묻는가 하면 지인에게 거짓 증언을 강요하기도 한다. 이에 격분한 지노는 형사를 목 졸라 죽인다.

잘못된 과거를 뉘우치고 새로운 삶을 시작하려는 사람에게 자꾸 옛날의 과오를 들먹이며 죄인 취급을 한다면 참을 수 있는 사람이 얼마나 있을까. 주인공은 자동차 폐차장에 달려가서 폐기물을 때려 부수며 화를 풀기도 하지만 계속되는 괴롭힘을 견디지 못하고 결국 살인을 저지르고 마는 것이다. 착하고 평범한 사람도 자극을 거듭하면 폭발할 수 있음을 보여 준다.

빅토르 위고의 〈레미제라블〉에 장 발장을 뒤쫓는 자베르가 나오듯이 이 영화에서 주인공에 대한 고정관념을 버리지 않는 그와트로 형사 역시 그에 못지않은 인물이다. 그래도 자베르는 선량한 장 발장에게 용서를 받지만 그와트로는 화가 난 주인공의 분풀이 대상이 되어버린다.

영화의 마지막 장면은 매우 충격적이다. 사형 언도를 받은 주인공이 단두대 앞에 서는데, 몸이 묶인 채로 입에 담배를 물리고, 목 주위의 와이셔츠 깃이 가위로 잘리고, 동그랗게 파인 구멍에 목

이 놓인다. 그리고 위쪽에 매달려 있던 육중한 칼날이 아래로 떨어진다. 그렇게 한 생명이 단두대의 이슬로 사라지는 것이다.

영화 제목 〈암흑가의 두 사람〉의 '두 사람'은 누구인가. 그것은 바로 주인공 지노와 그를 바른길로 인도하고자 애쓰는 보호 감찰관 제르망이다. 지노의 살인을 두고 제르망은 "인내심에서 졌다."라고 술회하지만 마음잡고 참된 삶을 시작한 사람을 믿어주지 않고 죄인 취급을 한다면 가만히 있을 사람이 어디 있겠는가.

이 영화를 본지도 어느덧 마흔 해가 넘었다. 세기의 미남 배우 알랭 들롱(Alain Delon)의 분노에 떠는 모습과 백발신사 장 가방(Jean Gabin)의 묵직한 연기가 인상적이었다. 특히 처형 직전에 알랭 들롱의 겁에 질린 눈빛은 아직도 뇌리에 선명하다. 흉악범만이 살인하는 것이 아니다. 아무리 선량한 사람이라도 자제할 수 없는 상황에 놓이면 의도하지 않았던 일을 저지를 수 있음을 알 수 있다.

Deux Hommes Dans La Ville, 감독 호세 지오반니,
출연 알랭 들롱, 장 가방, 1973.

영화의 상업성과 비인간화

_ 원초적 본능

아무 죄의식도 없이 살인을 저지르는
잔혹한 영화가 관객의 호응을 얻는 현상을
어떻게 보아야 할까.

영화에서 상업성은 배제할 수 없는 것인가.

이 문제는 영화가 처음 만들어졌던 19세기 말부터 여태까지 예술성과 결부되어 끊임없이 논란이 되어온 문제라 할 것이다. 물론 흥행에 관심을 두지 않고 오로지 장인정신으로 예술영화를 만드는 경우도 없지 않다. 그러나 영화 한 편을 만드는 데는 적잖은 제작비가 소요되고, 투자한 만큼의 효과를 기대하는 것이 경제원칙인 만큼, 상업성을 고려하지 않을 수 없는 것이 영화계의 형편이다.

영화를 만들 때 감독과 제작자는 그 작품이 흥행하기를 바란다. 어떻게 하면 관객을 많이 끌어 모을까 골몰하게 되며, 결국 관객의 구미에 맞는 소재에 초점을 맞추게 된다. 그러다 보니 영화의 예술성은 늘 상업성의 눈치를 살펴야 하는 결과를 낳는다. 예술성과 상업성의 마찰은 여기서 비롯된다.

할리우드로 대표되는 오늘날의 영화 산업을 두고 상업성이니 뭐니 하고 떠드는 것은 이미 철 늦은 일인지도 모른다. 영화의 상업성 문제는 진부한 주제가 된 지 오래다. 그런데 문제가 되는 것은 상업성 자체의 옳고 그름이 아니라 상업성으로 인해 빚어지는 폐해에 관해서이다.

오늘날 상품화로 치달은 탓으로 영화가 안게 된 문제점 가운데서 가장 심각한 것이 비인간화 현상이 아닌가 한다. 다시 말해 영화 속에 그려지는 인간의 삶의 양상이 너무 잔혹하고 부도덕하여 실제 인간의 삶과는 거리가 멀다는 것이다. 이러한 비정상적인 삶의 묘사는 자극적인 것을 좋아하는 관객의 취향을 노린 것이고, 그것은 바로 영화의 상업성과 맞닿아 있는 것이 문제라고 하겠다.

우리나라에서 120만이라는 경이적인 관객을 동원한 폴 버호벤 감독의 〈원초적 본능(Basic Instinct)〉(1992)은 바로 이러한 비인간화 현상의 측면에서 볼 때 상당한 논란거리를 안고 있다. 이 영화는 개봉되기 이전부터 그 외설성과 가위질의 정도를 놓고 언론 매체에서 관심이 컸던 작품이다. 신체 노출과 동성애, 노골적 정사 장면 등이 검열을 어떻게 통과하느냐가 문젯거리라고 신문과 방송에서 떠들어댈 때, 도대체 어떤 영화이기에 그런가 하고 누구나 솔깃하지 않을 수 없었을 것이다. 더욱이 칸영화제 개막작이란 소문까지 흘러나와 영화에 대한 기대를 잔뜩 높여 주었다. 그러니까 〈원초적 본능〉은 그 제목이 풍기는 야릇한 외설성과 더불어 언론의 홍보 덕분에 이미 상영 전부터 호기심 많은 영화 관객을 상당수 예약해 놓고 있었던 셈이다.

사실 이 영화는 살인사건을 수사하는 추리물로서 줄거리는 특별한 것이 없다. 어느 돈 많은 사내가 여자와 정사를 하다 살해당하면서 막이 열리고, 수사관들이 현장 검증을 하면서 사건이 전개된다. 이어서 몇몇 용의자를 찾아다니며 단서가 잡힐 듯 말 듯 오락가락하는 가운데 또 다른 범행이 발생하며 긴장이 고조되다가 막판에 이르러 범인의 정체가 드러난

다. 몇 가지 눈속임 장치를 해놓고 관객을 현혹하는 추리극의 전형적인 방식을 답습한 점에서 기존 영화와 차이점을 찾기 힘들다.

그런데 이 영화가 폭발적인 흥행을 한 까닭은 무엇인가.

그것은 〈원초적 본능〉이라는 제목이 풍기는 외설성과 더불어 주연배우의 빼어난 연기와 농도 짙은 정사 장면 때문이 아닌가 싶다. 주인공 닉으로 분한 배우 마이클 더글러스의 쏘는 눈빛은 그의 악착같은 저돌성과 함께 좌충우돌하는 수사관의 모습을 잘 보여준다. 여주인공 캐서린 역할을 맡은 배우 샤론 스톤이 흘리는 비밀스러운 미소 또한 일품이다. 특히 심문실 의자에서 짧은 치마에 다리를 꼬고 앉은 채 담배를 붙여 무는 여유작작한 모습은 지극히 뇌쇄적이다. 이따금 다리를 바꿔 꼬면서 온몸으로 발산하는 그의 관능적 매력은 영화 속의 취조관들뿐만 아니라 관객들의 혼까지 빼앗기에 충분하다. 샤론 스톤은 과거 몇몇 영화에서 얼굴을 보이긴 했지만 〈원초적 본능〉에 와서 비로소 관객들의 눈도장을 확실히 찍은 셈이다.

그런데 여기서 내가 주목하는 것은 앞서 말한 비인간적 요소이다.

이 영화에서 남자들은 다들 정사를 나누다가 살해된다. 그리고 사용되는 흉기는 얼음을 깨는 송곳이다. 정사 중 절정의 순간에 침대 아래 숨겨둔 송곳을 꺼내 남자를 찌르는 여자. 여왕벌과 교미를 한 수벌처럼 영문도 모른 채 목숨을 잃는 남자. 참으로 고약한 일이다. 살인 도구는 왜 송곳이며, 살인 장소는 왜 하필 침대인가. 또 그렇게 죽일 상대라면 정사는 왜 하는가. 남녀 간의 정사는 최소한의 호감이나 애정의 바탕에서 이루어질 텐데, 이렇듯 살의를 품고서도 정사를 할 수 있는 것일까.

가만 보면 남자에게 특별한 원한이 있는 것도 아니다. 대개 살인극은 돈이나 치정 문제로 일어나지만 여기서는 그것도 아니다. 이유가 있다면 여자가 추리작가라서 자기가 쓰는 소설의 줄거리대로 범행을 저지르는 것이다.

무엇보다 여자는 사람을 죽여 놓고도 죄의식을 느끼는 법이 없다. 도스토옙스키의 〈죄와 벌〉처럼 살인을 저지르고 죄책감에 시달리는 라스콜리니코프의 고뇌 같은 것은 찾아볼 수가 없다. 생명에 대한 존엄성 따위도 안중에 없고, 마음 내키면 앞뒤 가리지

않고 송곳을 휘두를 뿐이다. 그러고도 태연하기 짝이 없다. 살인이 무슨 심심풀이 오락 정도로밖에 보이지 않는다. 아무리 가공의 영화 세계라고 하더라도 인간의 삶을 다루는 한 공감할 수 있는 보편성과 개연성이 있어야 하지 않겠는가.

〈원초적 본능〉은 어떻게 하면 다른 영화보다 더 자극을 줄까 하고 무던히도 애쓴 영화이다. 음흉한 미소를 흘리면서 수사관을 욕정의 포로로 삼을 만큼 배짱 두둑한 여자를 내세워 악랄한 살인범이 할 수 있는 극단적인 행위들을 집약적으로 보여준다. 사람을 파리 목숨같이 하찮게 여기고, 아무 죄의식도 없이 살인을 저지르는 잔혹한 영화가 관객의 호응을 얻는 현상을 어떻게 보아야 할까. 이것은 혹시 오늘날 우리 사회에 만연한 인간의 존엄성 추락과 생명 경시 풍조를 보여주는 증거물이 아닐까. 이렇게 인간성을 배반하는 영화에 열광하는 사람이 많다는 사실은 소름 끼치는 일이 아닌가. 솔직히 나는 이 영화를 보고 인간성 말살의 막다른 골목에 이른 것 같아 섬뜩한 느낌이 들었다. 〈원초적 본능〉과 같은 영화가 만들어지는 시대는 불행한 시대가 아닐 수 없다.

Basic Instinct, 감독 폴 버호벤,
출연 마이클 더글러스, 샤론 스톤, 1992.

감쪽같은 탈옥, 통쾌한 복수

_ 쇼생크 탈출

감옥은 억압의 상징이요

탈출은 자유에 대한 희구이다.

인간이 정신적으로 가장 고통스러울 때는 언제일까?

사랑하는 사람을 잃거나 이루고자 했던 꿈이 좌절되었을 때, 또는 누구한테 모욕을 당하거나 배신을 당했을 때를 떠올려볼 수 있을 것이다. 그런데 무엇보다 고통스러운 것은 자유를 잃었을 때가 아닐까 생각해본다. 원래 인간은 속박을 싫어하고 자유롭게 살고 싶어 하는 속성을 지니고 있기 때문이다. 옛날부터 죄인을 벌할 때는 한군데에서 오도 가도 못 하게 가두어놓는 벌을 주었다. 그만큼 자유로움을 추구하는 인간의 속성을 잘 파악한 결과가 아니었겠는가.

제목이 말해주는 대로 〈쇼생크 탈출(The Shawshank Redemption)〉(1994)은 한 탈옥수의 이야기이다. 철통같은 경비망을 뚫고 감옥을 빠져나가는 것만도 재미난데, 통쾌한 복수까지 더해져서 더욱더 후련하다.

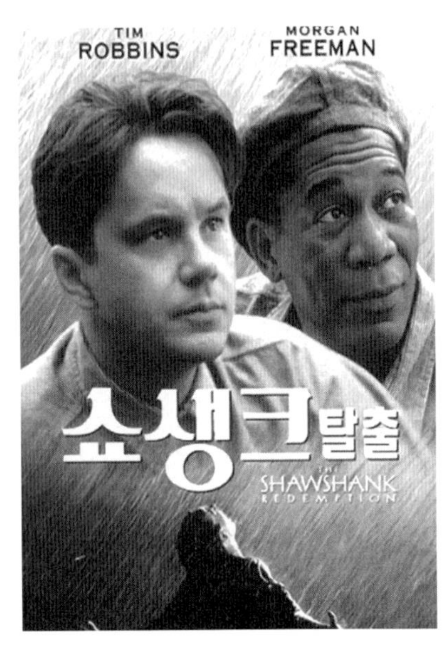

주인공 앤디는 아내와 정부를 죽인 죄로 종신형을 받고 쇼생크 감옥에 들어온다. 은행 간부였던 그는 처음에는 동료 수형자들에게 괴롭힘을 당하며 힘든 시간을 보내지만, 교도관들에게 세금 감면 요령을 알려주면서 실력을 인정받는다. 그로 인해 교도소장의 눈에 들어 그의 부정축재 예금 장부를 정리해주게 된다.

그러는 사이에 앤디는 한 젊은 수형자로부터 자기의 아내와 정부를 죽인 자가 따로 있다는 사실을 듣게 된다. 그는 교도소장에게 자신의 무죄를 호소하며 누명을 벗겨 달라고 요청한다. 그러나 교도소장은 자신의 예금 장부를 정리해 줄 사람이 필요한 까닭에 그의 청을 들어주지 않는다. 오히려 앤디에게 진범이 따로 있음을 일러준 수형자를 살해해버리고, 앤디를 독방에 가두기까지 한다.

독방생활을 마친 앤디는 다시 교도소장의 장부 관리를 계속해준다. 그러던 어느 천둥 치는 날 감방의 벽을 뚫고 하수도관을 통해서 탈출에 성공한다. 그리고 다음 날 은행을 돌며 교도소장의 돈을 모조리 찾아서 멕시코로 떠난다. 그에 앞서 한 일이 한 가지 더 있다. 교도소장의 비리를 적어 언론사에 보낸 일이다.

주인공은 대단한 머리꾼이다. 각종 탈법을 저지르는 교도소장이 제 욕심만 차리고 자기의 억울함에 나 몰라라 하자 앙갚음을 하려고 마음먹은 것이다. 그래서 이중장부를 만들어 교도소장의 비자금을 다른 통장으로 들어가게 하고 자기가 인출한 것이다. 결국 언론에 비리가 공개된 교도소장은 경찰이 오자 스스로 목숨을 끊는다. 자기 이득을 위해 남을 이용해먹은 이기주의자에 대한 시원한 복수가 아닐 수 없다.

앤디는 여러 면에서 매력이 많다.

상속세 부담을 걱정하는 간수장에게 면세 방법을 알려주고 그 대가로 동료 수형자들에게 맥주를 마시게 해주는가 하면, 교도소 도서관의 장서 확충을 위하여 주 정부에 매일 편지를 보낸다. 처음에는 응답이 없었지만 포기하지 않고 계속 편지를 보내자, 마침내 책이 도착하고 돈도 부쳐온다. 한번 시작하면 끝을 보는 끈질긴 성격을 알 수 있다.

도서와 함께 음반도 들어 있었는데, 그는 방송실에 몰래 들어가 노래를 튼다. 교도관들이 쫓아와 아우성을 쳐도 그는 문을 잠근 채 노래가 울려 퍼지도록 놓아둔다. 그로 인해 그는 보름 동안 독방생활을 하게 되지만 덕분에 교도소의 수형자들은 생명수 같은 여가수의 아리아에 삭막해진 영혼을 달랠 수 있었다. 나는 영화를 볼 때는 그 곡목을 몰랐는데, 나중에야 모차르트의 가극 〈피가로의 결혼〉에 나오는 '저녁 산들바람 부드럽게'임을 알게 되었다.

이 영화에서 가장 인상 깊은 장면을 꼽는다면 바로 꾀꼬리 같은 여가수의 음성이 교도소에 울려 퍼지는 장면과 더불어 탈옥에 성공한 주인공이 하수구에서 빠져나와 쏟아지는 빗물 속에 두 팔을 높이 쳐들고 환호하는 장면이다.

흑인 장기수 레드와의 각별한 우정도 가슴을 흐뭇하게 한다. 외부 물건 조달 솜씨가 좋은 레드는 평소 앤디가 필요로 하는 물건을 구해주면서 가까워지는데, 탈옥을 앞두고 앤디는 나중에 출소하면 자기를 찾아오라고 일러놓는다. 과연 레드는 감옥에 나와 한동안 서툰 사회생활을 하던 끝에 앤디의 말을 떠올리고 그를 찾아가 만나게 된다.

감옥은 억압의 상징이요 탈출은 자유에 대한 희구이다. 관객들은 주인공의 탈옥을 숨죽인 채 바라보며 제발 그가 아무 탈 없이 성공하기를 한마음으로 염원한다. 그리고 마침내 그 지옥 같은 세계에서 벗어났을 때 안도의 한숨을 쉬면서 박수를 보낸다. 그

렇게 극중 인물과 호흡을 함께 하는 것은 우리 모두의 가슴에 자유에 대한 본능적인 애착이 잠재되어 있기 때문이 아닐까.

옛날부터 탈옥 영화는 많았다. 윌리엄 홀든의 〈제17 포로수용소(Stalag 17)(1953)를 비롯하여 존 스터지스 감독의 〈대탈주(The Great Escape)〉(1963)와 폴 뉴먼의 〈폭력탈옥(Cool Hand Luke)〉(1967)이 눈길을 끌었고, 스티브 매퀸의 〈빠삐용(Papillon)〉(1973)과 클린트 이스트우드의 〈알카트라즈 탈출(Escape From Alcatraz)〉(1979), 실베스터 스탤론의 〈탈옥(Lock Up)〉(1989)이 뒤이어 주목을 받았다. 일상에 갇혀 노예처럼 살아가는 현대인에게 이처럼 속박에서 벗어나는 이야기는 대리만족과 카타르시스의 구실을 하는지도 모른다.

"자유가 없다면 살아 있을 이유가 없다."

시베리아 강제노동 수용소를 탈출하는 애드 해리스 주연의 영화 〈웨이백(The Way Back)〉(2010)의 광고문구가 새삼 가슴에 와 닿는다.

The Shawshank Redemption, 감독 프랭크 다라본트,
출연 팀 로빈스, 모건 프리먼, 1994.

무참히 깨어진 소박한 삶의 꿈

_ 초록물고기

일이 끝나면 한몫 주겠다는 약속이었으나
뜻밖에도 그에게 주어진 것은 태곤의 칼이었다.

"큰성, 생각나? 빨간 다리? 빨간색 철교. 우리 어렸을 때 빨간 다리 밑으로 물고기 잡으러 많이 다녔었잖아. 내가 언젠가 초록색 나는 물고기 잡으려다가 슬리퍼 잃어버려가지고 큰성이랑 영숙이랑 하루 종일 놀지도 못하고 슬리퍼 찾으러 다녔었잖아."

사람은 감당하기 어려울 만큼 큰일을 당하거나 막다른 골목에 처했을 때 이처럼 어린 시절이 떠오르는 것일까. 주인공 막동이는 두목의 지시를 받고 껄끄러운 상대파 두목을 살해한다. 그리고 집으로 전화를 걸어 형에게 옛날을 들먹이며 함께 놀던 때를 이야기한다. 전화기를 부여잡고 눈물이 그렁그렁한 채 웃었다 울었다 반복하며 지난 일을 늘어놓는 모습이 처절하고 안쓰럽기 그지없다.

〈소지(燒紙)〉와 〈녹천에는 똥이 많다〉 등을 쓴 소설가 이창동이 영화감독으로 변신하여 처음 내놓은 〈초록물고기〉(1997)는 조직폭력배의 세계를 통해 냉혹한 산업사회의 어두운 모습을 보여준다. 그들의 세계는 의리를 앞세우지만 한낱 허울뿐이고 철저히 이기적이고 돈에 좌우되는 착취와 비정과 배신이 지배한다.

막동이는 군 복무를 마치고 귀가하는 열차에서 우연히 한 여자의 스카프를 습득한다. 그리고 그 주인을 찾아가 유흥업소 가수인 미애를 만난다. 미애는 조폭 두목 배태곤의 여자지만 막동이의 순수함에 마음이 끌린다. 태곤은 처음 막동이에게 주차요원을 맡겼다가 그가 제법 근성이 있는 것을 알고 다른 일을 시킨다. 막동이가 손가락까지 자해하며 일을 성사시키자 비로소 정식 부하로 인정하고 패거리에 끼워준다.

이때 과거 태곤의 선배였던 김양길이 출소하여 그를 위협한다. 이에 위기감을 느낀 태곤은 막동이로 하여금 김양길을 제거하도록 한다. 일이 끝나면 한몫 주겠다는 약속이었으나 뜻밖에도 그에게 주어진 것은 태곤의 칼이었다.

"막동이 너는 꿈이 뭐냐?"

"가족들이랑 같이 살며 작

은 식당 하나 하는 거요."

이 영화는 가족들과 오순도순 살아보려는 꿈을 가진 순박한 청년이 한밑천 잡아볼까 하고 범죄조직에 들어가 충성을 다하다가 파멸하는 이야기이다. 막동이의 죽음은 채 피어나기도 전에 강풍에 떨어져 버린 꽃처럼 안타깝다. 한번 일어나보려고 애쓰던 스물여섯 살 청년은 악의 무리에게 이용만 당하고 처참히 희생된다. 단물을 빨아먹다가 쓸모가 없어지면 헌신짝처럼 버리는 지하세계의 생리를 미처 알지 못했던 것이다. 충성을 바쳤던 두목의 칼을 맞은 그가 어둠 속에서 비칠비칠 걸어 나와 차창에 얼굴을 박고 쓰러지는 장면은 자동차 속의 미애가 터뜨리는 오열과 함께 비애감을 증폭시킨다.

이 영화에서 돋보이는 것은 등장인물에 대한 치밀한 성격묘사와 배우들의 사실감 높은 연기이다.

막동이는 순진하기는 하지만 억울한 일을 당하고는 못 배기는 성격이다. 제대군인으로 돌아오는 열차에서 여자를 희롱하는 불량배들에게 "왜 가만있는 사람을 괴롭혀요?" 하고 대들었다가 두들겨 맞는데, 그는 그대로 주저앉지 않고 그들이 열차에서 내리자 전역 기념패로 뒤통수를 때려주고 도망친다. 또 나중에 주차요원을 하다가 "야! 이리 와봐. 임마. 너 나 알아 몰라?"하는 판수와 드잡이를 할 때도 잠시 틈을 보이는 순간 각목으로 판수의 머리를 가격한다. 두들겨 맞고는 못 사는 그의 면모가 드러나는 대목이다.

조폭 두목 태곤의 차가운 성격 또한 전율을 느끼게 한다. 잔뜩

화가 난 그가 부하들을 한 줄로 세워놓고 차례로 주먹질을 하는 장면이나 서열에 불만을 표출한 판수를 무릎 꿇리고 발로 다스리는 장면은 주먹세계의 독특한 생리를 보여준다.

그가 막동이를 어두컴컴한 건물로 데려가서, "옛날에 말이야. 새까만 양아치새끼가 하나 있었어."라면서 자기가 김밥 훔쳐 먹다 유치장에 갔던 이야기를 들려준다.

"그 김밥집이 어딘지 아냐? 바로 여기야. 그때 김밥 훔쳐 먹은 양아치새끼는 지금 뭐가 되었을 것 같냐? 이 건물 전체 재개발권을 따내서 여기다가 멋진 건물을 지을라고 그러지. 감방 갈 때 이를 박박 갈면서 작심한 게 있었거든."

불우했던 과거를 딛고 일어나 어떻게든 한몫 잡아 어깨 펴고 살고 싶은 그의 욕망이 드러나는 대목이다.

무엇보다 빛나는 것은 신인배우 송강호가 맡은 판수의 역할이

다. 조폭 똘마니인 그는 막동이에게 주먹을 휘두른 다음 실실 웃으며 코피 터진 그에게 실실 웃으며 담뱃불을 요구하고 담배 연기를 그의 낯에 뿜어댄다. 그런가 하면 주차장에서 막동이를 애송이로 얕잡아보고 갖고 놀려다가 머리가 터지기도 하고, 신참 막동이를 추켜 주는 두목에게 불만을 표시했다가 발길질을 당하기도 한다. 결국 그는 태곤을 배신하고 김양길의 똘마니가 되어 태곤의 승용차를 박살내는 데 동참한다. 그의 천연덕스러운 연기에 관객들이 진짜 양아치를 데려온 것으로 착각했다는 전설이 생겨났다.

미애 또한 이 영화에서 상당한 비중을 차지한다. 그는 태곤의 완력에 의해서 거미줄에 걸린 나방이처럼 자유롭지 못한 신세지만 내심으로는 순수한 막동이에게 기대고 싶어 한다. 어느 날 막동이와 여행을 가서 하룻밤 함께 보낼 기회가 있었지만 주저하다가 그냥 되돌아오고 만다. 두고두고 아쉬움을 주는 대목이다.

나중에 만삭의 몸으로 태곤과 함께 삼계탕을 사 먹는 장면은 막동이의 죽음을 다시 한번 떠올리게 만든다. 식사를 마치고 식당을 나와 보니 큰 버드나무가 서 있는 풍경이 언젠가 막동이가 보여주었던 사진 속의 집이 아닌가. 놀람 끝에 그는 차에 들어가 눈물을 터뜨린다. 마음속에 눌러둔 채 끝내 이루지 못한 비련의 아픔을 느낄 수 있다.

〈초록물고기〉는 조폭의 세계를 그렸지만 마냥 치고받으며 세력을 다투는 일반 조폭 영화와는 격이 다르다. 결투 장면은 많지 않아도 조폭들이 보여주는 강탈과 비열로 점철된 약육강식의 세계가 너무 적나라하고 냉혹하여 소름이 끼칠 정도이다. 짜임새 있는 구성과 밀도 높은 심리 묘사, 사실감 높은 대사와 적절한 배역 등 이창동 감독의 녹록지 않은 역량을 예고한 작품이다.

막동이는 어쩌다 어둠의 세계에 발을 디뎠지만 그가 바랐던 것은 어디까지나 가족 간의 따뜻한 정이 흐르는 소박한 세계이다. "넌 꿈이 뭐야?" 하는 태곤의 물음에 "온 가족이 식당이나 하면서 모여 사는 거요."라고 대답했던 그의 평범하지만 간절한 소망이 애잔하게 여운으로 남는다.

Green Fish, 감독 이창동, 출연 한석규, 심혜진, 문성근, 1997.

진실성이 감동을 낳는다

_ 쉬리

영화 속의 남북관계는
과거 냉전 시대의 시각에서
한 발짝도 나아가지 못하고 있다.

난데없는 물고기 한 마리가 온 나라를 들끓게 하였다.

한국 토종 민물고기의 이름을 제목으로 한 강제규 감독의 〈쉬리〉가 1999년도 한국 영화계를 뜨겁게 달구었다. 1999년 2월 13일 개봉한 이 영화가 종전 한국 영화 관객 동원의 신기록이었던 〈서편제〉(1993)의 103만 명을 넘어선 것이 불과 20일 만의 일이었다. 그런데 더욱 놀라운 것은 이것이 할리우드 영화의 국내 흥행 기록에 도전장을 내어, 개봉 한 달 열흘 만에 〈사랑과 영혼〉(1990)의 168만을 가볍게 제치고, 급기야 개봉 두 달이 되자 국내 최고 기록이었던 〈타이타닉〉(1997)의 197만을 뛰어넘어 200만의 관객을 돌파한 것이다.

"쉬리가 타이타닉호를 침몰시켰다."라고 표현되듯이 이는 한국

영화사에 기록될 만한 사건이 아닐 수 없다. 흔히 우리 영화와 할리우드 영화의 흥행 대결은 다윗과 골리앗의 싸움으로 빗대어져 왔다. 그동안 우리 영화는 엄청난 돈과 기술을 퍼부어 만드는 미국의 물량주의(物量主義)를 도저히 이겨낼 수가 없었다. 그런데 국산영화 한 편이 내로라하는 할리우드 영화의 국내 흥행기록을 모두 깨뜨리고 말았으니, 이거야말로 눈 비비고 다시 볼 일이 아니고 무엇인가.

한국영화 최다 관객 동원이라는 〈쉬리〉의 신기록을 대견하게 생각하면서, 과연 이 영화의 어떤 점이 이 같은 돌풍을 불러일으켰는지 생각해보지 않을 수 없다. 영화가 관객들의 호응을 얻는 데에는 필시 그만한 까닭이 있을 터이기 때문이다.

예컨대 한국영화 사상 처음으로 관객 50만을 끌어들인 〈겨울여자〉(1977)는 여주인공의 자유분방한 성도덕과 장미희라는 신인 배우의 등장에 힘입은 바가 컸고, 100만 관객 돌파를 자랑했던 〈서편제〉(1992)는 신토불이(身土不二)를 강조하던 시대 풍조와 맞아떨어진 데다 판소리 장르의 첫 도입이라는 새로움이 빛났기 때문이다. 할리우드 영화 〈사랑과 영혼〉은 생사를 초월한 인간과 혼령의 사랑 이야기가 참신했고, 〈쥬라기 공원〉(1994)은 멸종된 공룡을 되살려낸 기술과 상상력이 신기한 볼거리를 제공했으며, 〈타이타닉〉은 호화 유람선의 침몰이라는 엄청난 재난(災難)과 신분을 뛰어넘는 남녀 간의 사랑이 조화되어 관객의 입맛을 충족시켰다고 볼 수 있다.

그렇다면 〈쉬리〉의 흥행 비결은 무엇인가. 무엇이 한국 관객으

로 극장 앞에 긴 줄을 서게 하였을까. 아쉽게도 나는 이 영화의 흥행 요인을 쉽게 발견하기가 어려웠다. 내가 보기에 주인공 배우의 연기(演技)가 남달랐던 것도 아니고, 소재나 줄거리가 그다지 기발한 것도 아니었으며, 영화 내용이 특별히 감동적인 것도 아니었다.

〈쉬리〉는 남북한 첩보원들의 대결을 그린 활극이다. 특수훈련을 받고 남파된 북한 여자공작원이 남한의 대공 첩보원에 접근하여 연인관계를 맺고 정보를 빼내다가 사랑을 느끼게 된다는 이야기다. 나중에 여자는 연안에게 북한의 테러계획을 일러주어 위기를 모면케 하고, 자신은 그의 총을 맞고 죽는다. 활극과 애정이 적절히 혼합되었는데, 나는 아무래도 이러한 공식이 외국영화에서 가져온 게 아닌가 하는 의구심을 떨쳐 버릴 수 없다.

이 영화는 첩보물인 만큼 감독이 가장 공들인 부분은 속도감 있는 추적 장면과 총격전 대목이라 할 수 있다. 그런데 이것들은 이미 홍콩이나 미국의 폭력물에서 너무나 익숙히 보아온 것들이다. 살기등등한 두 적수가 서로 권총을 뽑아 들고 마주 겨누는 장면은 일찍이 홍콩영화에서 본 것이고, 건물 폭파 기도나 기습적인 차량 탈취 같은 것은 할리우드 영화에서 눈에 익은 것이다. 그리고 믿었던 사람이 알고 보니 남의 편이더라는 인간관계의 설정도 여느 영화의 단골 소재가 아니던가.

〈쉬리〉는 사실성의 측면에서도 뒤떨어지는 부분이 보인다. 특히 북한 여자공작원의 변신이 억지스럽다. 북한에서 특수훈련을 받은 여전사가 얼굴 수술을 했다고 해서 그리 쉽사리 얌전한 여자로 바뀔 수가 있을까. 유흥가의 여자로 변장하여 잠시 남자를 현혹하는 정도라면 몰라도 살인 전문가인 냉혈녀(冷血女)가 남녀간의 미묘한 감정의 교류가 있어야 가능한 연인관계를 그토록 감쪽같이 유지해 갈 수 있을까. 또한 이 여자가 나중에 자기 임무를 저버리고 폭파 비밀을 애인에게 알려 준다는 결말구조도 어설프다. 얼굴까지 바꿔 가며 임무 수행에 물불을 가리지 않는 여자가 별다른 갈등도 없이 순정파(純情派)로 돌변하는 것은 개연성이 약하다.

더욱이 북한 공작원들의 테러행위도 앞뒤가 맞지 않는다. 그들이 폭탄을 설치한 장소가 수만의 관중이 모인 축구 경기장인데, 그 경기가 다름 아닌 남북한 친선 축구대회가 아닌가. 만약 거기서 폭탄이 터진다면 남한 군중뿐만 아니라 북한 선수들도 피해를 입을 텐데, 아무리 테러에 광분한 집단이라지만 자기네 팀이 경기하는 곳에 폭발물을 설치한다는 것도 무모하지 않은가.

물론 〈쉬리〉에 미덕이 없는 것이 아니다. 남북한 경계의 임진강에 사는 민물고기를 통해 남북통일을 상징하는 암호명으로 내세웠다든지, 탈북자들의 증언으로 재현했다는 북한 특수부대의 지옥훈련 모습, 그리고 특수부대장 역할을 한 배우 최민식의 강렬한 표정 연기 등은 자신 있게 내세울 만한 부분임이 틀림없다.

그런데도 이 영화가 그리는 남북의 대결상황은 국내 현실과 동떨어져 있다. 지금 정부에서는 꾸준한 '햇볕정책'으로 북한과 말문을 트기 위해 힘쓰고 있다. 인도적 차원에서 소를 보내고 식량과 비료를 지원하고 있고, 금강산 관광의 뱃길도 열린 상태다. 그런데 이 영화에서 북한은 오로지 무력으로 남한을 파괴하려는 폭력주의자로 그려진다. 영화 속의 남북관계는 과거 냉전 시대의 시각에서 한 발짝도 나아가지 못하고 있다. 이 영화가 우리에게 주는 북한에 대한 전언(傳言)은 오로지 "때려잡자, 공산당"일 뿐이다.

좋은 영화란 어떤 영화일까? 물론 재미나고 감동적인 영화일 것이다. 그런데 단순한 소재의 차용(借用)이나 볼거리를 통한 흥미는 생명이 길지 못하고 울림도 약하다. 좋은 영화는 세밀한 부분까지도 사실적이어야 하며, 관객을 현혹함이 없이 정직해야 한다. 더욱이 정치이념을 소재로 한 영화는 현실을 왜곡하지 않아야 하고, 관객의 올바른 가치관 형성에도 이바지할 수 있어야 한다. 영화의 참된 감동은 그러한 진실성에서 우러나온다.

유감스럽게도 〈쉬리〉는 재미난 영화는 될지언정 좋은 영화라고는 보기 어렵다. 박진감 있는 싸움 장면과 추리적(推理的)인 사건 전개는 흥미진진하기는 하지만 별다른 여운이 없다. 볼거리도 북한 특수부대 훈련 장면을 제외하고는 빼어난 것이 없다. 등장인물의 배역도 북한 특수부대장 역할을 한 배우 최민식을 제외하고

는 어울리지 않는다. 유중원과 이장길 역을 맡은 두 배우의 기용은 그들의 개인적 인기에 편승한 것이지 적역은 아니라고 본다. 아무리 봐도 〈쉬리〉의 흥행은 이변에 가깝다.

〈쉬리〉를 폄하할 생각은 없지만 그 흥행이 작품성에서 비롯된 것인가 하는 것에 의문을 품는 것이다. 이 영화에 관객이 줄 서주는 것은 대단히 감사하고 다행스러우나 앞으로 이런 유형의 영화가 계속 호응을 얻으리라고 단정할 수 없다. 관객은 늘 새로운 것을 원한다. 남의 것을 본뜨기보다는 새로운 발상으로 우리 것을 개발하려고 노력할 때 관객의 호응도 계속 이어질 것이다.

Swiri, 감독 강제규, 출연 한석규, 최민식, 김윤진, 1999.

날것의 섬뜩함

_ 친구

하와이로 가라.

거기 가서 좀 있으면 안 되겠나.

니가 가라. 하와이.

세상에서 가장 재미있는 구경거리를 세 가지가 불 구경, 물 구경, 싸움 구경이라고 한다. 그중에 첫 번째로 재미난 것을 꼽으라면 어떤 것일까? 아무래도 싸움 구경이 최고가 아닌가 싶다.

폭력영화는 사람들이 싸우는 모습을 구경거리로 보여준다. 그래서 폭력영화 등장인물들은 웬만한 일은 말 대신 주먹으로 해결한다. 그들은 걸핏하면 주먹다짐이다. 식당에서 밥 먹다가도 주먹이 날아가고, 노래방에서 노래를 부르다가도 발길이 날아오며, 술집에서 술 마시다가도 맥주병이 깨지는가 하면, 야간 업소에서 춤추다가도 어느 순간 탁자가 뒤엎어진다. 각목이 날고 회칼이 춤을 추는 경우도 허다하다.

그런데 이들 영화는 대개 시간을 죽이는 오락물이라 뒤에 여운

같은 것이 없다. 그저 주인공이 나쁜 놈들 때려주는 것을 통쾌하게 바라보며 박수 치다가 극장 문을 나서면 그것으로 끝이다. 그러다 보니 얼마쯤 지나면 '내가 저 영화를 봤었나?'하고 고개를 갸우뚱거리는 일도 없지 않다.

그런데 내가 아주 선명한 인상을 받은 영화가 있다. 영화를 보고 나서도 오랫동안 몇몇 장면과 등장인물들의 대화가 되살아나곤 했다. 곽경택 감독의 〈친구〉(2001)라는 영화이다. 왜 다른 영화는 곧바로 잊히는데 유독 오랜 시간 지워지지 않는 것일까?

이 영화에는 준석, 동수, 중호, 상택 등 네 명의 젊은이가 나온다. 부산에서 태어난 그들은 어린 시절 골목길에서 소독 연기를 뿜어대는 방역차를 쫓아다녔고, 바다에서 물장구를 치면서 "조오련이 하고 바다거북이 하고 둘이서 헤엄치기 시합하모 누가 이길거 같노?" 하는 이야기를 나누며 자랐다.

중학생 때 흩어졌던 그들은 고등학교에서 다시 만나는데, 싸움대장 준석과 그를 따르는 동수는 늘 사고를 쳐서 문제를 일으킨다. 그들은 롤러스케이트장에서 자기네 여자 친구에게 집적대는 건달패를 패주는가 하면, 남의 학교 영화 단체관람에 끼어들어

극장에 갔다가 유리창틀을 빼 들고 대판 싸움을 벌이기도 한다.

결국 둘은 학교에서 제적을 당하고 조직폭력배가 되는데, 공교롭게도 소속이 같지 않다. 친구 사이지만 서로 경쟁 관계가 되어 결국 우정이냐 조직이냐를 선택해야 하는 상황에 놓인다.

모범생 친구 상택이 유학을 떠나는 날, 준석이 동수를 찾아온다.

경쟁 관계에 있는지라 마주 앉은 둘 사이에 팽팽한 긴장감이 돈다. 그래도 준석은 학창 시절의 우정을 소중히 여기고 있다.

"상택이 오늘 미국 간다더라. 내캉 배웅 갈래?"

"배웅? 그런 것도 하고 사나?"

동수가 코웃음을 친다. 준석의 속이 뒤틀릴 법하다.

"많이 컸네. 동수."

"원래 키는 내가 더 컸다 아이가. 니 시다바리할 때부터."

말투에 가시가 돋쳤다.

"간단하게 말할게."

"복잡하게 말해도 된다."

준석은 속이 뒤집어지지만 내색하지 않고 담담히 말한다.

"하와이로 가라. 거기 가서 좀 있으면 안 되겠나."

"니가 가라. 하와이."

말이 먹히지 않자, 준석은 밖으로 나와 차에 오르기에 앞서 피우던 담배를 빗물 고인 땅바닥에 떨어뜨린다. 그것을 신호 삼아 부하들이 동수를 덮친다. 무수히 칼을 맞은 동수는 "많이 뭇다 아이가. 고마 해라."는 말을 남기고 절명한다. 그가 앞서 준석을 보내고 나서 부하에게 "공항까지 얼매나 거리노?" 하며 마음을 돌

린 터이기에 그의 죽음은 안타깝기 그지없다.

재판정에 선 준석은 "제가 지시했습니다." 하고 범행을 순순히 자백한다. 나중에 면회를 온 상택이 눈물을 흘리며 "뭐 땜에 그랬노?" 하고 자백한 까닭을 묻자 "동수나 내나 둘 다 건달 아이가. 건달이 쪽팔리면 안 된다 아이가." 하고 대답한다. 자기가 저지른 일에 대해 구차히 변명하지 않고 솔직담백하다. 그게 사내다운 그의 멋이다.

〈친구〉에서 가장 생생히 떠오르는 부분은 고등학교 교실 장면이다.

엉터리 발음으로 수업하던 영어 교사가 질문을 피하고자 책상 줄을 바꾸는 중호에게 "어이, 맨 뒤에 쥐 같은 새끼! 이사 댕긴다고 욕본다."라며 그의 가방을 쏟고는 "이 자식 이거 학생 맞나?" 하고 발바닥을 몽둥이로 내리친다.

또 다른 교사는 성적이 좋지 않은 학생들을 세워놓고 "아부지 뭐 하시노?" 하면서 빰을 친다. 준석이 "건달입니다." 하고 사실대로 대답하자, 그것을 달리 받아들인 교사가 손목시계를 풀어놓고 본격적으로 주먹을 날린다. 영화의 배경이 되는 1980년대 무렵에 학교에서 흔히 볼 수 있었던 광경이다. 나는 앞머리가 벗어진 그 교사가 진짜 학교 선생님인 줄 알았는데, 한참 지난 뒤에 텔레비전에 나온 것을 보고서 비로소 배우인 줄 알았다.

또 한 사람 강렬한 인상을 주는 인물이 있다. 그는 "인간이 은혜를 알아야 인간이 아이가. 호로자슥아." 하며 준석을 나무라고, 동수를 불러놓고는 "원래 건달의 역할이 뭐꼬? 그것은 바로 자신들은 비록 음지에서 살면서도 양지를 더욱 밝고 환하게 해주는 기 건달 아이가?" 하며 조폭론을 강의한다. 그도 이 영화에서 초면이었는데, 그 뒤 부쩍 성장하여 널리 얼굴이 알려진 배우가 되었다.

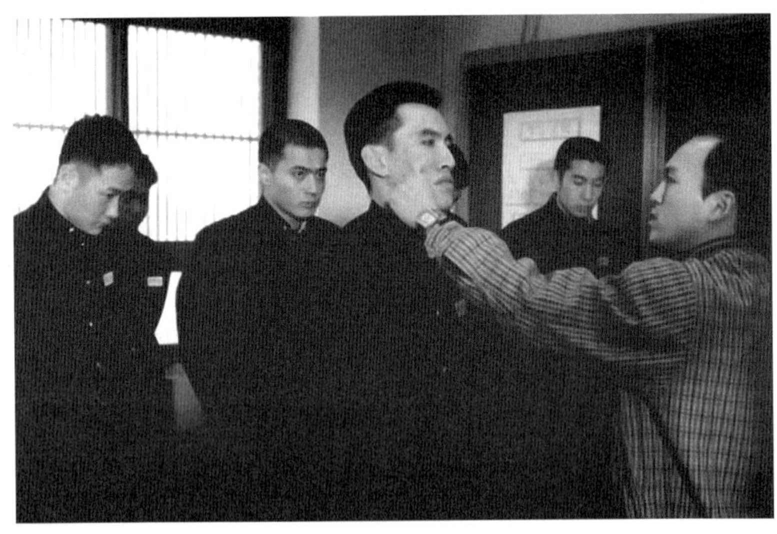

〈친구〉가 나에게 깊은 인상을 준 것은 다른 무엇보다도 이야기가 주는 사실감 때문이 아닌가 싶다. 영화를 보면서 나는 그게 꾸민 이야기라는 생각이 들지 않았다. 등장인물들의 말이며 표정이며 행동들이 실제 있는 그대로를 보는 것 같아 오싹 소름이 돋곤 했다. 특히 날것 그대로의 경상도 사투리가 그리 섬뜩할 수 없었다. 일반사람들의 사투리는 한없이 정겨운데, 폭력배들이 내뱉는 한 마디 한 마디는 어쩌면 그리도 무시무시한가.

"내가 우리 집이 제일 좆같다고 생각할 때가 언젠 줄 아나? 어릴 때 우리 집에 삼촌들이 많아서 참 좋았거든. 우리 엄마 입원하고, 내가 중학교 때 한 번 가출하고 돌아오니까 내가 삼촌이라 부르던 새끼들 중에 한 놈이라도 내를 뭐라 하는 새끼가 없는 기라. 씨발, 그때 한 놈이라도 내를 패주기라도 했으모 혹시 내가 그때 정신 차릴 수 있을지도 모르는데."

준석이 내뱉는 험악스러운 말투가 지금도 귀에 생생하다.

Friend, 감독 곽경택, 출연 장동건, 유오성, 2001.

강인한 남성상의 구현

_ 실미도

기대가 물거품이 되었을 때

남은 것은 정부에 대한

배신감과 저항심뿐이었다.

강우석 감독의 〈실미도〉(2000)는 과거 정권에 의해서 덮여있던 현대사의 어두운 부분에 카메라를 들이댔다는 점에서 일단 혁명적으로 받아들여진다.

이 영화가 아니었다면 우리가 어찌 소문으로만 듣고 반신반의했던 북파공작원 훈련부대의 실체를 알 수 있으랴. 1960년대를 살았던 사람은 북한의 124군 부대를 기억할 것이다. 1968년 서른한 명의 북한 무장간첩단이 청와대를 위협했던 1·21사태의 주동자들이 바로 남파공작원을 훈련하는 124군 부대 출신들이었다.

1968년 창설되어 1971년까지 존속되었던 684부대, 일명 '실미도부대'는 바로 북한의 124군부대에 대응하여 우리 쪽에서 만든 비밀부대였다. 이러한 이야기는 옛날 같으면 감히 엄두도 내지 못할 소재인데, 영화로 만들어진 것을 보면 이제 우리나라도 경색된 반공 이념의 굴레에서 상당히 자유로워졌음을 알 수 있다.

〈실미도〉는 줄거리는 간단하지만 매우 극적인 면이 있다.

북한 무장간첩단의 청와대 습격 사건으로 혼쭐이 난 국가 권력기관에서는 실미도라는 외딴 섬에 비밀리에 북파공작원 훈련부대를 창설한다. 그리고 그 부대원은 일반 군인이 아니라 사회에서 흉악범죄를 저질러 더는 용납되기 어려운 사형수나 장기수들로 이루어진다.

부대원의 목표는 오직 하나, 평양의 주석궁에 침투하여 '김일성의 목을 따오는 것'이다. 이래 죽으나 저래 죽으나 죽기는 매한가지인 그들에게는 이 일은 마치 복권 당첨처럼 잘만 하면 사형수에서 국민적 영웅으로 신분이 뒤바뀔 기회이기도 하다. 그것만이 인간사회에 다시 나갈 수 있는 유일한 길이기에 그들은 목숨을 걸고 혹독한 훈련을 견뎌낸다.

그런데 1972년 한반도의 평화 정착을 약속한 74 남북공동성명을 발표하면서 남북의 화해 분위기가 형성됨에 따라 정부의 대북정책 방향이 바뀌게 된다. 부대 양성의 필요성이 없어지자 권력기관에서는

부대의 존속에 부담을 느끼고 그들을 제거하라는 명령을 내리게 된다.

그러나 이 정보를 사전에 탐지한 그들은 폭동을 일으켜 부대장과 기간병을 사살하고 섬을 나온다. 그리고 버스를 탈취하여 청와대를 향해 돌진하다가 방어막을 친 국군과 교전 끝에 장렬한 최후를 맞는다.

사회적으로 흉악범으로 취급되는 존재였으나 그들에게도 강렬한 갱생 의지가 있었다. 그래서 그들은 국가에 공을 세워 과거의 죄를 면제받고 떳떳한 삶을 살고자 하는 일념으로 국가의 명령에 순종하였다. 그러나 그 기대가 물거품이 되었을 때 남은 것은 정부에 대한 배신감과 저항심뿐이었다. 그것은 당연히 촉발될 수밖에 없는 원초적인 감정이리라.

〈실미도〉는 우리나라 최초로 1천만 관객 동원이라는 기록을 세

웠다. 이 영화의 흥행 비결은 무엇일까. 영화의 어떤 점이 우리나라 4분의 1에 해당하는 인구로 하여금 영화관을 찾게 하였을까. 나는 이 영화의 미덕을 다음 몇 가지로 생각해 보았다.

우선 이 영화는 감추어졌던 역사적 사실을 들추어냈다는 점을 높이 평가할 수 있다. 앞서 언급한 대로 이 영화는 과거 독재정권에 의해 철저히 은폐되었던 사실을 건드린 만큼, 일단 금기의 사실에 대한 호기심이 관객들을 끌어들이는 요인으로 작용하였을 것이다. 물론 극적 효과를 위하여 허구적인 요소를 가미한 부분이 없지는 않았겠으나, 기본 뼈대는 역사적 사실이고 숨겨왔던 내용인 만큼 비장미까지 곁들여져 호소력을 발휘했다고 본다.

다음으로 사회적으로 소외된 부류의 저항을 들 수 있다. 아무리 사회적으로 지탄받는 중죄인이라 할지라도 인간적인 삶을 향한 근원적인 욕구가 있다. 그들에게 "낙오자는 죽인다."고 윽박지르며 비인간적인 훈련을 시킨 것까지는 좋았다고 치자. 그런데 나중에 쓸모가 없어지니까 쥐도 새도 모르게 제거해 버리려는 국가권력의 횡포는 마땅히 공분을 일으킬 만한 부분이다. 인간을 하나의 소모품으로 대하는 비정한 국가권력에 대한 저항과 분노가 관객의 공감대를 자극했다고 볼 수 있다.

또한 이 영화가 전형적인 남성영화라는 점도 주목할 만하다. 오늘날 남성의 권위가 점차 추락하면서 여성에게 휘둘리는 왜소해진 남성을 그린 영화가 힘을 얻고 있는 추세이다. 중국과 일본에까지 인기를 얻은 〈엽기적인 그녀〉(2001)나 〈나의 여자친구를 소개합니다〉(2004) 따위가 그 보기라고 할 수 있다.

그런데 이 〈실미도〉는 거친 언어와 억센 행동이 난무하는 남성의 세계를 다룸으로써 영화 전편에 강인한 남성적인 에너지가 폭발하고 있다. 이처럼 박력 넘치는 남성의 세계를 통해 오늘날의 잃어버린 남성성을 되찾아주고 있는 점도 이 영화가 지닌 미덕의 하나가 아닐까.

특히 이 영화에서 눈여겨볼 부분은 개성적인 인물 창조이다. 부대장 김재현 준위와 조 중사의 카리스마 넘치는 매력을 보라! 부대장의 철저한 책임감과 사명감 넘치는 군인정신, 조 중사의 냉철하고 단호하면서도 한편으로 부하를 아끼는 인간애는 남성다운 매력을 한껏 증폭시킨다.

더욱이 이 영화는 인물 간의 갈등 관계를 대립적으로 잘 살리고 있다. 사사건건 부딪치며 으르렁거리는 주인공 인찬과 상필의 자존심 대결, 부대장의 참모인 조 중사와 박 중사의 상반된 가치관과 상황인식, 상부 기관의 부당한 명령에 굴하지 않고 당당히 맞서는 부대장의 항의 등은 이 영화의 극적 긴장을 강화하는 역할을 한다. 젊은 기간병이 나이 든 훈련병을 아저씨라 부르면서 서로 인간적인 친분을 쌓게 되지만, 나중 거사 때는 눈물을 머금고 방아쇠를 당겨야만 하는 대목 따위는 영화가 인간 내면의 미세한 감정까지도 놓치지 않으려고 애썼음을 보여준다.

아쉬운 부분도 없지 않다.

이를테면 부대원들의 북한 공작 훈련이 오로지 체력훈련으로 일관하고 있다는 점이다. 어려운 임무를 수행하려면 강도 높은 체력훈련이 필수적이겠지만 어찌 북파공작원의 활동이 체력만

가지고 성공할 수 있겠는가. 북한의 민간 생활풍습을 익힌다거나, 북한의 말투를 연습한다거나, 북한에 관한 지리 공부나 주석궁을 침투하는 데에 필요한 모의훈련 같은 것도 필요하지 않겠는가. 그런데 이 영화는 오로지 산악달리기, 철조망 꿰기, 줄타기, 수중 훈련 등으로 일관할 뿐 기타의 다양한 훈련을 보여주지 못한다.

그리고 훈련 과정을 모두 마치고, 비바람이 몰아치는 밤에 북한으로 출동하는 장면도 무척이나 무모해 보인다. 별다른 장비도 없이 보트에 나눠 타고 출동하는데, 그렇게 엉성하게 떼로 몰려 침투했다가는 북쪽 해안에 닿기도 전에 발각되어 모조리 물귀신이 되고 말지 않을까 싶다.

특히 아쉬운 점은 영화의 마지막 부분이다.

실미도 부대 사건이 종료된 후, 이 사건에 대한 보고서가 중앙

정보부 기밀실에 깊숙이 보관되는 것으로 영화가 끝이 난다. 그런데 보고서가 그렇게 보관되는 것으로 끝나는 장면은 그들의 억울한 삶이 거기서 완전히 묻혀버리는 의미로 보이기 쉽다.

그것보다는 당시 실미도 부대원의 생존자가 그들의 어두운 과거사에 대해 진실을 밝히려고 노력한다든지, 그들의 명예회복을 위해 외로운 투쟁을 한다든지, 아니면 당시에 희생된 부대원의 가족들이 그들의 죽음에 대한 진상을 밝히려고 항의 시위를 한다든지 하는 방향으로 그렸다면 관객들에게 더 큰 문제의식을 심어줄 수 있지 않을까.

그렇게 함으로써 옛날의 비극적 사건이 그 자체로 종결된 것이 아니라, 30년의 세월이 흐른 지금까지도 우리의 삶에 그림자를 드리우고 있음을 보여줄 수 있는 것이다. 다시 말해 실미도 사건은 단순한 과거사가 아니라 아직껏 현재진행형으로 남아 있는 것이며, 이는 오늘날 우리가 새로이 풀어야 할 과제임을 좀 더 명확히 인식하게 해줄 수 있어야 한다고 본다.

Silmido, 감독 강우석, 출연 설경구, 정재영, 안성기, 허준호, 2003.

다시는 울지 않겠다

_ 해바라기

울고 있는 태식이를 보니까
이놈은 나이가 어려서 세상 물정을 몰라서 그렇지
나쁜 놈은 아니라는 생각이 들더라.

"니네 그러면 안 됐어. 꼭 그렇게 다 가져가야만 속이 후련했냐? 이 새끼들아!"

오빠가 조판수 회장에게 찾아가 내지른 소리지요. 얼마나 그놈들이 미웠으면 욕설까지 섞어가며 울부짖었을까요.

다시는 싸우지 않겠노라고 다짐했던 오빠, 그것만큼은 꼭 지키려고 이를 악물고 참고 참았던 오빠, 그러나 더는 그대로 있을 수 없었지요. 자기네 욕심을 채우기 위해 약한 사람들을 괴롭히고 빼앗고 못살게 구는 놈들, 그런 피도 눈물도 없는 놈들을 그대로 두고 볼 수 없었지요.

그렇지만 어찌 그렇게까지 했나요? 제가 병실에 누워있을 때 "내가 죽어도 널 지켜줄게." 하고 말했던 것을 행동으로 옮긴 것인가요? 착한 오빠, 바보 같은 오빠, 가엾은 오빠, 오빠를 생각할 때마다 나는 가슴이 미어진답니다.

오빠가 처음 우리 집에 오던 날을 떠올려봅니다.

그날 웬 남자가 주춤거리며 문을 들어설 때만 해도 사실 나는 아무것도 모르고 있었지요. 엄마가 "우리 태식이 왔구나?" 하며 반갑게 맞이하는 것도 웬일인가 싶었고, 우리 덕자씨에게 '엄마'라고 부른 것도 뜻밖이었지요.

나는 오빠가 마음에 안 들었어요. 엄마가 유난히 호들갑스레 챙겨주는 것도 눈꼴사나웠지만 그보다는 오빠가 되게 미련스러워 보였거든요. 엄마가 듬뿍 싸서 먹여주는 상추쌈이 아무리 크다고 어쩜 그렇게 뱉지도 못하고 삼키지도 못하고 쩔쩔매고 있어요? 저런 미련곰탱이가 오빠라니!

그래서 내가 오빠를 따로 불러놓고 따끔하게 충고를 한 번 했지요.

"야! 내가 너 인생사는 데 도움 되라고 한마디만 해주겠는데, 멍청한 건 불쌍한 게 아니라 나쁜 거야. 주변 사람들 힘들어지니까. 알았냐?"

그래도 여자 둘만 살던 우리 집에 남자가 들어오면서 활기가 돌기 시작했어요. 사실 우리 집은 도필이 오빠가 죽고 나서 십 년 동안은 죽은 세상이나 마찬가지였거든요. 엄마의 신세타령과 땅이 꺼질 것 같은 한숨 소리만 들리는 사막 같은 곳이었지요. 그렇다고 내가 아무한테나 오빠라고 부를 수는 없지요. 그래서 미리 오금을 박았어요.

"나한테 오빠 대우 같은 건 기대하지 않는 게 좋을 거야."

내가 오빠를 함부로 대하자, 마침내 어느 날 엄마가 오빠에 대한 사실을 털어놓더군요. 나는 엄마에게 따졌어요.

"어떻게 그런 생각을 할 수 있어? 어떻게 친자식을 죽인 사람을 아들로 삼을 생각을 할 수 있냐고?"

엄마는 도필이 오빠 장례를 치르고 나서 면회를 하러 갔었다고 하네요. 도대체 무슨 원수가 졌기에 우리 아들을 죽였느냐고 따지러 갔다는 거예요.

"잘못했다고 애처럼 울더라. 내 생전 그렇게 서럽게 우는 놈은 못 봤어. 그렇게 울고 있는 태식이를 보니까 이놈은 나이가 어려서 세상 물정을 몰라서 그렇지 나쁜 놈은 아니라는 생각이 들더라. 그래서 며칠을 더 찾아갔다가 정이 들어서 십 년을 지켜봤다. 괜찮은 녀석이더라. 그래서 아들 삼기로 한 거고."

오빠는 세차장에 들어가 일을 시작했어요. 그리고 첫 월급을 타서 엄마의 선물을 사 왔지요. 예쁘장한 신발이었습니다. 엄마가 얼마나 감동했는지요. 오빠는 내게도 선물을 내놓았어요. 이게 웬일입니까? 내가 그토록 갖고 싶어 하던 피앤피가 아니겠습니까.

고맙기는 하지만 그렇다고 당장 자존심 내려놓을 수는 없지요. 그 정도에 마음이 흔들릴 희주가 아니지요. 어림도 없다고요.

오빠는 참 덩칫값도 못 했어요. 용기도 없고 싸움도 못 하고 불량배들한테 두들겨 맞기만 했잖아요. 언젠가 동네 불량배 상철이가 나를 붙잡고 성가시게 할 때, 오빠는 조심조심 말했지요. "희주 그냥 놔두면 안 될까?" 그렇게 점잖은 말이 녀석한테 통하겠어요? 오빠는 그날 수도 없이 맞았지요. 아무 대항을 못 하고 때리는 대로 맞은 오빠. 다행히 오빠를 살려준 것은 문신이었지요. 찢어진 옷 사이로 드러난 용 비늘무늬를 보고 녀석들은 겁에 질려 슬금슬금 꽁무니를 뺐지요. 내 참 그게 뭐라고. 나는 어쭙잖게 나를 구하려다 봉변을 당한 오빠가 가엾어서 상처에 바를 약을 사다 주었지요.

오빠는 참 주제파악도 못하더군요. 어느 날 학원에서 오빠가 어슬렁거리는 것을 보았지요. 왜 왔냐고 했더니 대학에 가기 위해서 영어를 수강하겠다는 거예요. 참 어이가 없었지요. 그래서 내가 영어만 가지고는 안 되고, 다른 과목도 들어야 한다고 훈수를 두었지요. 그러니까 오빠가 하는 말이 다른 과목은 준비가 되어 있다는 거예요. 도대체 무슨 말인지?

알고 보니 오빠는 교도소에 있는 동안 대입 준비를 했던 거예요. 특히 내가 가장 어려워하는 수학을 잘했어요. "거기 있을 때 수학 선생님 한 분이 오셨거든." 교사 출신 수형자에게 개인 교습을 받았다면서, 골치 아픈 적분 문제를 척척 풀어주는 데는 놀라지 않을 수 없더군요. 이거 봐라 싶었지만 그렇다고 호락호락 호칭을 바꿔줄 수는 없지요.

"그냥 오빠라고 부르지. 내가 좋은 오빠 될 자신 있는데."

"미안한데, 난 좋은 동생이 될 자신이 없거든?"

오빠는 수첩을 하나 갖고 다녔어요.

어느 날 그것을 빼앗아 읽어보니 웃음이 나오더군요. 맨 첫 장에는 "다시는 술을 마시지 않겠다. 다시는 싸우지 않겠다. 다시는 울지 않겠다."라고 다짐이 적혀 있었지요. 어린애도 아니고 그게 뭐예요.

그리고 그다음이 더 웃겼지요. "호두과자 먹기, 대중목욕탕 가서 목욕하기, 길거리에서 오줌 누기, 배 터지게 콜라 마시기, 머리에 염색하기, 선물하기, 소풍 가기, 숨 막힐 때까지 여자하고 뽀뽀하기, 방송국 녹화 구경" 따위가 적혀 있었지요. 아마 교도소에 있을 때부터 희망 사항들을 그렇게 적어놓은 거겠지요. 그 가운데 '호두과자 먹기'와 '대중목욕탕 가서 목욕하기', '선물하기'는 가위표가 그어져 있더군요. 벌써 이루었던 모양이지요.

"뭐가 이렇게 시시하냐? 기분이다! 이건 내가 해준다."

나도 수학 문제 도와준 것도 있고 해서 선심을 한 번 써주기로 했지요. 그게 '소풍 가기'였지요. 그래서 엄마 모시고 야외에 나가 바람 쐬면서 수박도 깨 먹고 노래도 부르며 단란한 시간을 보냈지요. 그날 엄마는 말했지요. "우리 아들 대학 가면 등록금은 이 엄마가 책임진다. 파이팅!"

그 무렵 엄마는 나쁜 놈들에게 시달림을 받고 있었어요.

지금 운영하는 식당을 내놓고 나가라는 것입니다. 자기네가 거기다가 큰 상가건물을 지으려는 것이었지요. 그러나 그 식당은 엄마가 도필이 오빠와 함께 힘들게 마련한 것이라서 조금도 그만둘 생각이 없었지요.

어느 날 그놈 패거리들이 식당에 행패를 부리러 왔다가 태식이 오빠가 있는 것을 보고 기겁을 하고 달아나지요. 오빠에게 잘못 걸리면 어떻게 된다는 것을 잘 알기 때문이었지요. 그들은 나중에 오빠가 세차장에 나가고 없는 틈을 타서 식당을 난장판으로 만들어 버립니다. 그리고 나도 하굣길에 오토바이 괴한의 벽돌에 얼굴을 맞고 쓰러지게 됩니다.

마침내 오빠는 조판수 회장에게 찾아가서 고개를 숙였지요.

"제 식구들을 데리고 여길 떠나겠습니다."

"죄를 지었으면 벌을 받아야 되는 게 세상의 이치 아니던가? 팔 하나만 내놓으면 보내줄 생각도 있지. 어쩌겠는가?"

결국 오빠는 가족을 지키기 위해 팔을 내놓지요. 놈들은 오빠가 주먹을 쓰지 못하도록 손목의 힘줄을 끊어버리지요. "숟가락은 들 수 있을 거다." 그런데 그때 칼질을 한 사람이 다행히도 오빠와 친분이 있던 병진이 형이었지요. 그는 오빠를 데려다주며 말했습니다. "태식아. 네 팔 괜찮으니까 너무 걱정하지 마라. 무슨 뜻인지 알겠지? 그리고 여기 떠나서 잘 살아라. 내가 너에게 주는 마지막 선물이다."

그런데 놈들의 행패가 거기서 끝나지 않았어요. 집에 찾아와 엄마의 목을 조른 것이지요. 엄마는 이미 "그래 떠나자. 까짓것 내가 어디 가선들 못 살겠냐." 하고 마음을 굳히고 있었지요. 엄마는 오빠가 사준 신발을 방에 모셔놓은 채 한번 신어보지도 못하고 목숨을 잃고 말았어요. 오빠는 엄마의 시신을 안고 펑펑 울었지요. 그리고 술도 마셨지요. 희망 수첩에 써놨던 세 가지 다짐을 이제는 지켜야 할 이유가 없어졌습니다.

오빠는 조판수의 유흥업소 개장식에 나타났습니다.

"내가 십 년 동안 울면서 후회하고 다짐했는데, 꼭 그랬어야 했니? 사람이 죄를 지었으면 벌을 받는 게 세상 이치라더라. 알아들었냐? 지금부터 내가 벌을 줄 테니까 달게 받아라."

오빠는 언젠가 조판수가 했던 말을 되돌려주며 물었어요.

"우리 희주 얼굴 그렇게 만든 놈 누구냐?"

"왜? 새끼야. 내가 그랬다. 꼽냐?"

그는 뜻밖에도 예전에 나를 쫓아다니던 상철이었지요. 그 얄미운 새끼가 어느새 조판수의 똘마니가 되어 있었던 거예요. 칼을 들고 덤비는 녀석을 오빠는 단숨에 팔을 꺾어버리지요.

오빠는 병진이 형을 나가게 한 뒤, 휘발유가 뿌려진 바닥에 담뱃불을 던지고는 조판수 부하들과 격투가 벌어지지요. 신들린 듯 보이는 오빠의 주먹과 발차기 앞에서는 누구도 상대가 되지 않았습니다. 식당에 와서 행패를 부린 창우와 엄마의 목을 조른 양기도 달려들지만 오빠의 적수가 아니었습니다. 물론 그들이 휘두르는 칼과 각목에 오빠도 피투성이가 되지요. 오빠는 도망치는 조판수까지 쫓아가서 엄마의 원수를 갚습니다. 그리고 불구덩이 속에서 마지막 말을 남깁니다.

"엄마야. 희주야. 미안해."

착하게 살아보려고 애쓰던 오빠, 지난날의 과오에 대해 속죄하며 웬만해서는 참고 지내려고 했던 오빠, 죽은 친구를 대신하여 아들 노릇을 하려고 했던 오빠, 내가 그토록 멸시하고 구박했어도 얼굴 한 번 찡그리지 않고 응석을 받아주던 오빠, 내가 오히려 미안해요. 오빠의 진심을 좀 더 일찍 깨닫고 잘해줄 걸 내가 너무 철이 없고 짓궂었어요. 그래도 내가 얼굴을 다쳐 병원에 누워있을 때 "오빠!"라고 한번 불러주긴 했지요. 그런데 그것이 처음이자 마지막이 될 줄이야!

오빠는 우리 집에 살면서 수첩에 희망 사항, 하나를 더 추가했지요. 그것은'희주와 같은 대학 가기'였어요. 좋지요. 오빠와 같은 대학에 다닐 수 있다면 그보다 좋은 일이 어디 있겠어요? 그렇지만 이제는 모든 것이 물거품이 되어버렸네요.

엄마의 식당 이름인 해바라기, 그 꽃말이 '애모'와 '숭배'라고 하네요. 줄곧 해를 바라보며 살아가는 습성 때문에 그런 꽃말이 생겼겠지요. 오빠는 우리 집에서 누구에 대한 해바라기였나요? 엄마? 아니면 나 희주? 괜한 질문을 했네요. 물어보나 마나 오빠는 엄마와 나 모두에 대한 해바라기였지요. 엄마와 나도 모두 오빠를 향한 해바라기였고요. 그런데 이제는 엄마도 가고 오빠도 가고, 나 혼자서 해바라기가 될 수 없는 형편이니 눈물만 나네요.

참, 오빠가 모르고 있는 사실을 하나 알려줄게요.

나 대학을 수학과로 갔어요. 그리고 지금은 대학원에서 수학과 조교를 하고 있고요. 고등학교 때 수학 때문에 골치를 앓던 내가 이렇게 수학 전공자가 될 줄이야 오빠도 뜻밖이지요? 내 그토록

골치아파하던 수학을 왜 이렇게 공부하게 되었을까요?

오빠, 나는 지금 가족사진을 보고 있어요. 엄마를 가운데 두고 오빠와 내가 활짝 웃고 있지요. 오빠가 선물로 사준 피앤피로 찍은 유일한 사진이지요. 오빠가 그리울 때마다 꺼내 본답니다. 오늘은 이만 줄일게요. 오빠의 안녕을 빌어요. 보고 싶은 엄마 덕자씨께도 안부 부탁해요.

Sunflower, 감독 강석범, 출연 김래원, 김해숙, 허이재, 2006.

개성파 인물들의 잔치 한마당

_ 범죄도시

그가 큰 덩치로 말썽 피우는 무리를

한 방에 때려눕힐 때

관객들은 말할 수 없는 통쾌함을 느낀다.

근래에 본 영화 가운데 가장 인상 깊었던 것이 〈범죄도시〉(2017)이다.

서울 구로구 가리봉동을 배경으로 조선족 출신 폭력 조직들과 싸우는 강력반 형사의 이야기인데, 폭력배들의 주도권 싸움과 더불어 그들을 일망타진하고자 좌충우돌하는 주인공의 활약상이 볼거리이다. 경찰이 범인 쫓는 영화는 그동안 많이 보아온 터라 '빤한 내용이겠지!' 하고 별 기대하지 않았는데, 보다 보니 '어! 이거 대단한데?' 하는 생각이 들었다.

요즘 우리나라 영화 중에서 가장 흔한 것이 범죄를 다룬 영화가 아닌가 싶다. 과거 장동건이 나왔던 〈친구〉(2001)를 비롯해서 송강호의 〈살인의 추억〉(2003)과 박신양의 〈범죄의 재구성〉

(2004), 이병헌의 〈달콤한 인생〉(2005)과 조인성의 〈비열한 거리〉(2006), 김래원의 〈해바라기〉(2006)와 김윤석의 〈추격자〉(2008) 등이 범죄자를 그린 영화로서 꽤 관객들의 호응을 받았다.

근래에도 원빈 주연의 〈아저씨〉(2010)를 필두로 김윤석의 〈도둑들〉(2012)과 황정민의 〈신세계〉(2013), 유아인의 〈베테랑〉(2014)과 이병헌의 〈내부자들〉(2015), 그리고 정우성의 〈아수라〉(2016)와 설경구의 〈불한당〉(2017), 김주혁의 〈독전〉(2018) 따위가 모두 흉악범들과 치고 박고 싸우는 이야기였다. 아무래도 범죄영화는 선악의 대결 구도가 분명한데다가 숨막히게 쫓고 쫓기고, 피 터지게 때리고 맞는 활극 장면이 많아서 관객들이 재미있어하는 것 같다.

2017년 추석 무렵에 나온 강윤성 감독의 〈범죄도시〉는 주먹질과 칼부림이 난무하는 활극도 활극이려니와 무엇보다 등장인물의 성격을 잘 살린 점이 두드러져 보인다.

우선 강력반 형사 주인공 마석도를 보자.

우람한 체격을 가진 그는 웬만한 폭력배 따위는 휴대전화를 받으면서 한 손으로 때려잡을 만큼 막강한 완력의 소유자이다. 그는 칼 든 조폭들을 만나면 조금도 긴장하거나 두려워하는 기색이 없이 "니네들 내가 조용히 있으랬지?" 하며 만형이 코흘리개 막내아우 다루듯이 단숨에 제압해버린다. 그가 큰 덩치로 말썽 피우는 무리를 한 방에 때려눕힐 때 관객들은 말할 수 없는 통쾌함을 느낀다. 이 영화는 체격이나 인상 등 주연배우 특유의 개성을 최대한 활용하는 데 성공한 작품이다.

그런데 주인공은 마냥 인상만 쓰고 다니며 힘자랑만 하는 것은 아니다. 때로는 짠돌이 상사의 지갑을 슬쩍하여 후배 형사들 회식을 시켜주기도 하고, 길거리 포장마차에서 동료들 간식거리를 잔뜩 주워들고는 계산은 조폭에게 미루는 등 능청맞은 면을 지니고 있다. 폭력배들에게는 더없이 두려운 존재지만 동료나 약자들에게는 한없이 정겹고 부드러운 남자, 어려운 이웃들을 생각해주는 인정미 넘치는 모습에 관객 모두가 친근감을 느끼지 않을 수 없다.

이 영화에서 또 하나 인상적인 인물은 장첸이다.

하얼빈 출신 조선족 폭력배인 그는 훌쩍한 키에 치렁치렁한 코트를 걸치고 장발에 꽁지머리를 묶은 모습이 처음부터 험상궂은 인상을 풍긴다. 그는 빚을 갚지 못해 살려달라고 비는 조선족 동포에게 연변 말투로 "니는 그 돈 다 갚기 전까진 죽고 싶어도 못 죽는다."라며 한쪽 손을 쇠망치로 내리치는 잔인함을 보여준다. 그는 규칙이나 질서 따위는 안중에 없고, 욕심나는 것이면 아무 것에나 손을 뻗친다. 부하의 여자가 반반해 보이자 "장사를 할라믄 성깔 부리믄 안 되지, 니 성깔 좀 죽여야겠다."라며 건드리는가 하면, 다른 조폭이 운영하는 오락실에 들어가 기물을 때려 부수며 공포 분위기를 조성한 다음, 두목을 불러 "이제 여기는 얼씬도 하지 마라." 하며 그곳을 차지해버린다.

그런가 하면 청부업자로부터 일을 맡아 놓고는 "생각해보니까 계산 잘못했소. 5억은 너무 적소. 한 10억은 받아야겠소." 하고 제멋대로 말을 바꾼다. 그의 도발에 열을 받은 독사파 두목이 "내 누군 줄 아니?" 하고 묻자 "돈 받으러 왔는데 뭐 그것까지 알아야 되니?" 하고 맞받아치며 눈 깜짝할 사이에 칼침을 놓아버린다. 이처럼 그는 막가파식으로 기존 폭력조직들을 하나씩 손아귀에 넣어나가는데, 그가 신호등을 무시한 채 부하들을 이끌고 유유히 차도를 가로지르는 장면은 사회규칙 따위에 아랑곳하지 않는 그의 무법자적인 면모를 잘 보여준다.

장첸이 데리고 다니는 두 명의 똘마니 또한 행패가 그악스럽기

짝이 없다.

머리를 박박 깎고 표독한 눈길로 사람을 째려보는 위성락과 연신 비열한 웃음을 히죽거리는 양태가 그들인데, 연변 사투리에다 물불 가리지 않고 날뛰는 행동거지들이 영락없는 조선족이다. 오죽했으면 위성락 역할을 한 배우가 청룡영화상 시상식에 나와 "저 조선족 아니에요!"라며 해명했겠는가. 그는 남우조연상 수상 소감을 말하며 무명의 설움에서 북받쳐 오르는 감격의 눈물을 주체하지 못했다.

이 밖에도 장첸에게 약점을 잡혀 어쩔 수 없이 동지들에게 등을 돌리고 그의 수족이 된 도승우가 급기야 아내를 건드리는 것마저도 눈감아야 하는 딱한 처지라든지, 업무능력은 시원찮은 형사반장이 승진을 눈앞에 두고 실적을 올리고자 부하들을 극성스레 몰아대는 모습이라든지, 알량한 자존심으로 티격태격 기 싸움을 하는 이수파 두목과 독사파 두목의 모습은 잔재미와 함께 영화의 깊이와 넓이를 더해주는 역할을 한다.

〈범죄도시〉는 그동안 수많은 영화가 우려먹고 남은 소재인 형사와 조폭의 이야기를 담고 있다. 따라서 웬만해서는 관객의 눈높이를 맞추기 어려울 터임에도 불구하고 900만에 가까운 관객을 동원하였다. 그 비결은 무엇일까? 답은 딱 하나, 인물의 성격들을 탁월하게 살려낸 점일 것이다. 사람의 성격은 그가 취하는 태도나 말투, 표정 따위에 묻어난다. 이 영화는 살아 숨 쉬는 개성적인 인물들의 적절한 배치 덕분에 진부한 소재에도 불구하고 여느 조폭영화의 아류로 휩쓸리지 않고 우뚝 설 수 있었다. 영화의 기본은 인물의 성격 창조이며, 개성 있는 인물 창조가 영화의 성패를 좌우하는 열쇠임을 〈범죄도시〉는 웅변해주고 있다.

THE OUTLAWS, 감독 강윤성, 출연 마동석, 윤계상, 2017.

뽕쟁이의 찬란한 일대기

_ 마약왕

애국이 별 게 아이다.

일본에 뽕 팔믄 그게 바로 애국인기라.

우민호 감독이 내놓은 〈마약왕(痲藥王)〉(2018)의 포스터를 보면 구릿빛으로 달아오른 주연배우 송강호의 얼굴이 전면을 채우고 있다. 그것이 말해주는 대로 주인공이 종횡무진 활보하는 이 영화는 송강호 한 사람의 독무대로 보인다.

1970년대 초반 부산에서 금세공에 종사하던 이두삼은 밀수 조직에 고용되어 귀금속 밀수품을 감별해주는 일을 하다가 그쪽 세계에 발을 딛게 된다. 처음에는 금붙이를 취급하지만, 마약이 큰 돈이 되는 것을 알고는 마약 거래로 손을 뻗치게 된다.

그는 재빠른 눈치와 특유의 넉살, 처음 만난 사람도 금세 구워삶는 친화력이 장기이다. 때마침 정부에서 수출입국(輸出立國)을 부르짖던 터라 "우리나라는 수출밖에 답이 없다, 아입니까." "인

자 우리도 수출 금자탑을 세워야 할 거 아이가?" 하면서 외국에서 원료를 사들여다가 국내에서 제품을 만들어 일본으로 팔아넘기는 방식으로 큰돈을 만지게 된다. "애국이 별 게 아이다. 일본에 뽕 팔믄 그게 바로 애국인기라." 이것이 그의 주장이다.

그는 이름마저 바꾸고 신분을 위장, 서울로까지 진출하여 고위층과도 줄을 대며 마약계의 큰손이 된다. 대신 가정은 깨지고 그를 돕던 조카는 마약중독으로 폐인이 된다. 이때 부산에 새로 부임한 김인구 검사가 그의 뒤를 쫓는다. 검사는 이두삼의 아내와 사촌 동생을 끄나풀로 하여 포위망을 좁혀오고, 마침내 그는 은신처에서 엽총으로 저항하던 끝에 붙잡힌다. 그리고 그를 둘러싼 마약밀매 조직과 비호 세력이 모두 쇠고랑을 찬다.

〈마약왕〉은 뇌물이면 모든 것이 통하던 시절 밀수로 승승장구했던 마약업자의 일생을 담고 있다. 폭력배들의 오줌까지 마셔가며 밑바닥에 뒹굴던 주인공이 돈 냄새에 대한 남다른 감각과 능란한 사업수완으로 밤의 황제로 등극하는 이야기는 매우 속도감이 있고 흥미진진하다. 마약 밀수로만 성이 차지 않은 그는 전문기술자를 불러다가 돼지 축사로 위장한 비밀공장에서 마약을 제조하고, 급기야 몸소 기술을 배워 자기 집 밀실에다 제조시설을 차린다. 그렇지만 끝내 자신도 마약중독에 빠지면서 내리막길을 걷기 시작한다.

마약으로 일어났다가 마약으로 무너지는 송강호의 연기는 그의 능란한 경상도 말씨에 힘입어 실제 인물을 방불케 한다. 허울 좋게 무역업자로 행세하며, 각종 협회장과 후원회장의 직함으로 그럴듯하게 포장하고 "이 나라는 내가 믹이 살렸다 아이가." 하고 애국자로 자처하는 능청스러움을 그보다 잘 구사해낼 배우가 또 있을까. 마약을 투약하며 몽롱한 환각에 빠져든다든지, 벌거벗은 몸에 가운만 덜렁 걸친 채 경찰에게 총을 쏘아대는 광기에 찬 모습은 너무나 사실적이어서 연기라는 생각이 전혀 들지 않는다.

이 영화는 조연들도 그 면면이 화려하다. 경상도 말씨가 가능한 배우는 총동원한 듯싶게 다들 토박이 사투리를 날것으로 구사하며 개성 넘치는 연기를 펼친다.

특히 온몸에 문신하고 마약에 잔뜩 절은 검은 낯빛을 한 성강

파 두목의 존재감이 대단하다. 배우 조우진이 역할을 맡은 그는 마약 밀수에 도움을 청하는 주인공에게 "이두삼 씨는 고마 금은방 하는 것이 안 낫겠나. 아아들 돌 반지 만들어주고 딱 아이가." 하며 짐짓 떠보는 소리를 한다. 국내 마약 시장을 넓히겠다는 말을 듣고서는 "뽕쟁이가 나라 걱정도 다 하고 애국자 나셨네." 하며 비아냥거린다. 또한, 주인공이 승승장구하며 올라서자 "오줌물 받아 묵던 껄뱅이 새끼가 키워놨더만" 하며 소름 끼치는 적의를 드러낸다. 그는 사우나에서 투약하다가 이두삼의 졸개들에게 살해된다.

다음으로 주인공의 아내로 나오는 배우 김소진의 악에 받친 모습도 인상적이다. 그는 남편이 다른 여자와 놀아나자 여자를 찾아가 쥐어뜯으며 대판 싸운다. 그리고는 집에 돌아와 남편에게 "눈에 비는 기 없나. 니 우짤라꼬 그리 꼬라박노? 니는 다시는 니 새끼 못 본다. 알겠나." 하며 패악을 부린다. 그의 불꽃 튀는 연기는 정말 간담이 서늘할 정도다.

배두나의 연기 또한 빼놓을 수 없다. 고위층과 선이 닿는 로비스트 김정아로 분한 그는 처음 주인공이 접근하자 "분수에 맞게 사셔야지. 그게 장수의 비결이지." 하고 몸을 빼는 시늉을 하지만 결국 그의 스포츠카 뇌물공세에 넘어간다. 이두삼의 아내가 쫓아와 머리채를 잡자, "남편이 고상하게 돈 버는 거 아니잖아요? 괜히 제 앞에서 위세 떨지 말고 애들이나 잘 키우세요." 하고 내쏜다. 이두삼의 팔에 바늘 자국이 있는 것을 보고는 "약 끊어! 내가 약으로 망가진 놈들을 여럿 봤거든." 하며 충고한다. 또 유신반대

시위가 극심해질 때는 "나라가 개판이 되고 있어요. 하여간 요즘 남자들은 나라 걱정을 안 해." 하며 냉소를 흘린다.

이처럼 〈마약왕〉의 매력은 등장인물들의 맛깔난 대사다.

마약단속반을 지휘하는 김인구가 이두삼의 조카를 잡아 놓고 "피는 약보다 진할까요, 어떨까요?" 하고 묻는 것은 촌철살인이다. 헤실헤실 웃음을 흘리며 소름 끼치게 하는 폭력배 윤강식은 죽을죄를 지었다며 무릎을 꿇은 이두삼에게 "죽을죄를 지었으면 죽어야지."라고 하며 오줌을 마시게 한다. 이창동의 〈초록물고기〉(1997)에 한 번 나왔던 대사이지만 되씹는 맛이 있다.

그리고 동업자 최진필이 던져준 이익금의 배분이 공평하지 않은 것을 보고 주인공이 "니 학교 다닐 때 산수 시간에 분수 안 배웠제?" 하고 묻자, 최진필이 "그것은 국어 시간에 배우는 거 아니가? 지 분수를 알자!"라고 응답한 것은 절묘하기 짝이 없다. 또한 이두삼이 검사의 심문을 받으며, "개 같이 번 돈은 정승처럼 쓰는 것이 아니라 개 같이 번 돈은 정승한테 쓰는 것이다."라고 한 것도 뇌물로 살아온 그의 생애를 상기시키면서 대사의 묘미를 한껏 선사한다.

〈마약왕〉에는 노래가 몇 곡 등장한다. "진달래 피고 새가 울면은 두고두고 그리운 사람"이라는 정훈희의 〈꽃길〉과 "바람같이 날아 아무도 몰래 그를 지켜보며 날아가고파"라는 콧소리 섞인 김정미의 〈바람〉은 1970년대의 유행가로서 영화의 시대적 배경을 나타낸다. 그뿐만 아니라 영국 밴드 직소(Jigsaw)의 〈스카이하이(Sky High)〉도 같은 시기의 곡으로서 주인공이 한창 잘나가는 장면에서 흘러나온다. 반면에 마약 중독에 빠진 이두삼이 아방궁 같은 저택에 외로이 남아 종말로 치달을 때는 슈베르트의 〈마왕〉과 도니체티의 〈남몰래 흐르는 눈물〉이 깔리며 비장미를 더해준다.

〈마약왕〉은 부정적 인물을 주인공으로 내세운 영화이다. 마약업자 이두삼은 사회적으로 지탄받아야 마땅한 범죄자이다. 그런데 그 인물이 좀처럼 밉지 않은 것은 무슨 까닭일까. 가난한 사람은 무슨 수를 써서라도 가난에서 벗어나고 싶은 열망을 갖는다. 방법이 잘못되긴 했지만 이두삼은 가난을 떨치고 어깨를 한 번

펴고 살고 싶어 하던 1970년대 무렵 한국인의 꿈을 대변해주는 것이 아닐까. 그의 꿈에 나 자신을 대입하였기에 우리는 그의 몰락을 보며 증오감보다도 측은지심에 사로잡혀 착잡한 심정을 떨치지 못하는 것인지도 모른다.

〈마약왕〉은 참 정성 들여 만든 작품임에도 불구하고 흥행실적은 보잘것없었다. 안타깝지만 영화의 질이 꼭 흥행을 담보하는 법은 없으니 어찌하랴. 누가 뭐래도 배우들의 명품 연기와 맛깔난 대사만으로도 이 영화는 수작임에 틀림이 없다. 〈내부자들〉(2015)에 이은 우민호 감독의 탁월한 연출에 박수를 보내지 않을 수 없다.

THE DRUG KING, 감독 우민호, 출연 송강호, 배두나, 조정석, 2018.

제4부

감독의 장인정신이 빛난다

사랑이냐 조국이냐?

_ 대장 부리바

내가 너에게 생명을 주었으니

내가 너의 목숨을 거두겠다.

영화사상 말[馬]이 가장 많이 등장하는 영화를 꼽는다면 어떤 것이 있을까?

아무래도 나는 〈대장 부리바(Taras Bulba)〉(1962)가 아닌가 싶다. 먼지바람을 일으키며 우크라이나 대평원을 달리는 수천수만의 기마족, 포탄이 터지는 가운데서도 돌진을 멈추지 않는 용맹스러운 전사들, 영화를 본 지 반세기가 지났지만 화면을 가득 채우던 그 압도적인 장면들을 잊을 수 없다. 오늘날은 컴퓨터 그래픽 기술이 있어서 얼마든지 대규모 군중 장면을 조작해낼 수 있지만, 이 영화를 만들 때만 해도 실제로 인마를 동원해야 하는 형편이었기 때문에 대단하다고 아니할 수 없다.

이 영화에는 '코사크(Cossack)'라는 족속이 나온다. 그들은 동양의 몽골족과 유사해 보인다. 앞머리를 깎고 뒷머리만 기른 변발이 그렇고, 말을 타고 유목 생활을 하는 것이 그러하다. 용맹스럽고 호전적인 점도 닮았다. 톨스토이나 도스토옙스키와 같은 러시아 작가의 소설에 '카자크(Kazak)'라는 인종이 나오는데, 그들은 러시아로도 많이 흡수되었던 모양이다. 읽어보지는 못했지만 노벨문학상을 받은 미하일 숄로호프(Michail Sholokhov, 1905~1984)의 대하소설 〈고요한 돈강〉(1940)도 러시아혁명을 배경으로 카자크족의 비극을 그렸다고 한다. 1991년 독립 국가가 된 중앙아시아의 카자흐스탄(Kazakhstan)이라는 나라 이름에도 그들의 흔적을 볼 수 있다.

이 영화의 주인공 타라스 부리바는 코사크 부족을 이끄는 추장이다. 그는 폴란드가 터키의 침공을 받을 때 폴란드를 도와 전쟁을 승리로 이끈다. 그런데 폴란드가 약속을 어기고 그들의 영토를 점유하자 동맹이 깨지고 그는 훗날의 설욕을 벼르게 된다.

부리바는 두 아들을 폴란드로 유학을 보낸다. 그들 형제는 야만족이라는 멸시를 받으면서도 학교생활에 적응하고자 노력한다. 그런데 형인 안드레이가 폴란드 귀족 처녀 나탈리아와 사랑에 빠지면서 말썽이 생겨 그들은 고향으로 도망쳐온다.

때마침 부리바는 잃어버린 땅을 되찾기 위해 폴란드로 진군하는데, 이때 두 아들도 동행한다. 그들이 폴란드의 성을 포위하고 투항을 기다리는 사이, 안드레이는 연인을 만나러 성에 잠입한다. 어렵사리 여자를 만날 수는 있었지만, 함께 탈출하다 발각되어 체포되고 만다. 그리고 여자는 적과 내통한 죄로 화형대에 오른다. 안드레이는 성주에게 여자를 살려주는 조건으로 성 밖에 나가 소 떼를 몰고 오겠노라고 말한다.

그러나 부리바가 그것을 용납할 리가 없다. 소를 훔치다 발각된 안드레이는 아버지의 총탄에 쓰러진다. 이때 폴란드군도 코사크족의 유인작전에 속아 성 밖으로 나왔다가 싸움에서 패하고 부리바는 개선장군이 된다.

〈대장 부리바〉는 전쟁 영화이면서 애정 영화이다. 말을 달리고 칼을 휘두르는 사내들의 거친 숨소리와 함께 국경을 뛰어넘는 청춘남녀의 애틋한 사랑이 가슴을 적신다. 부족을 이끌고 적과 싸우는 부리바가 주인공인 것 같지만 이야기가 흘러가다 보면 어느새 그의 아들 안드레이와 처녀 나탈리아의 사랑이 영화의 중심에 놓인다.

부리바 역을 맡은 배우 율 브린너는 날카로운 눈매와 호탕한 야성미로 과단성 있는 지도자의 모습을 보여준다. 그는 자신의 상징이라고 할 수 있는 특유의 민머리로 〈십계〉(1956)와 〈왕과 나〉(1956)에서 보여주었던 카리스마 넘치는 존재감을 다시 한번 과시한다. 그가 사랑하는 아들을 향해 총을 겨누

어야 하는 상황은 참으로 비장하다.

"조국만큼이나 너를 사랑했다. 너는 나의 자랑이었다. 내가 너에게 생명을 주었으니 내가 너의 목숨을 거두겠다."

총을 쏘고 난 뒤에 그의 얼굴에 스치는 낙심한 표정은 안쓰럽기 그지없다. 역시 아버지로서 자식에 대한 부정(父情)은 어쩔 수 없었다.

아들 안드레이 역을 맡은 배우 토니 커티스는 푸른 눈동자가 매력이다. 그는 사랑하는 여인과 조국을 놓고 어느 하나를 선택해야 하는 얄궂은 운명에 놓인다. 결국 여자를 살리고 조국을 등진 그는 아버지 손에 최후를 맞는다. 영화에서 가장 가슴 저리는 장면이다.

안드레이의 연인으로 나오는 배우 크리스티네 카우프만은 선녀가 강림한 듯 눈부신 미모를 자랑한다. 그의 청순하고 우아한 모습은 〈로마의 휴일〉(1953)의 오드리 헵번이나 〈로미오와 줄리엣〉(1968)의 올리비아 허시와도 어깨를 겨룰 만하다. 오스트리아 출신인 그는 이 영화를 인연으로 토니 커티스와 결혼을 했다고 한다. 영화에서 못 이룬 사랑을 현실에서 이룬 셈이다.

사실 〈대장 부리바〉는 제목이 잘못되었다. 주인공 이름을 제대로 발음하면 부리바가 아니고 '불바(Bulba)'이다. 그리고 '대장'이라는 호칭도 당치 않다. 코사크 부족을 이끄는 추장인데 일개 대장이라니 말이 되는가. 아마도 일본에서 지은 '隊長ブリバ'라는 제목을 그대로 가져왔기 때문이 아닐까. 폴 뉴먼과 로버트 레드포드가 은행털이범으로 나오는 〈내일을 향해서 쏴라(Butch Cassidy And The Sundance Kid)〉(1969)가 원제목과 달라 이상하다 싶었는데, 나중에 보니 일본에서 '明日に向って撃て!'라는 제목을 붙인 것이 아닌가. 우리는 일본을 혐오하면서도 실제로는 영화 제목 하나까지도 그들을 본뜨고 있었다.

이 〈대장 부리바〉는 러시아 작가 고골(Nikolai Gogol, 1809~1852)의 소설을 바탕으로 하였다는데, 원작을 읽어보고 싶지만 번역본을 찾지 못했다. 서로 뜻이 맞지 않은 두 용사가 결투를 하는 대신 말을 타고 협곡을 뛰어넘으며 자웅을 겨루는 장쾌한 코사크족의 이야기가 소설에서 어떻게 그려졌을지 자못 궁금하다.

Taras Bulba, 감독 J. 리 톰슨,

출연 율 브린너, 토니 커티스, 크리스티네 카우프만, 1962.

감독의 장인정신이 빛난다

_ 개벽

붉은 산이 검어지고, 온 길에 비단이 깔리고,

만국의 군대가 우리 국토를 쓸고 간 후에

개벽은 이루어질 것이오.

베스트셀러가 반드시 명작이 아닌 것처럼 흥행에 대박을 터뜨린 영화라고 해서 모두 잘된 영화는 아니다. 영화의 흥행은 그 질적 수준과 관계없이 특정한 시대 상황이나 분위기에 편승하는 경우가 많기 때문이다. 오히려 관객의 입맛에 상관없이 감독이 자신의 철학과 작가정신을 담아 만들어낸 영화들 가운데 손가락을 꼽을 만한 작품들을 종종 만나곤 한다.

사실 대박 영화는 일정한 공식 같은 것이 있다. 대개 이름 높은 미남미녀가 등장하여 애절한 사랑을 펼치거나, 아니면 전에 보지 못한 기발한 소재를 가져와 극적인 사건을 전개함으로써 대중의 눈길을 끌고 흥미를 유발하는 것이다. 이를테면 고전의 반열에 오른 〈바람과 함께 사라지다〉(1939)나 〈누구를 위하여 종은 울리나〉(1943), 〈로마의 휴일〉(1953)을 비롯해서 〈러브 스토리〉(1970)나 〈타이타닉〉(1997)이 주연배우의 매력에 기댄 것이라면, 〈태양은 가득히〉(1960)나 〈사운드 오브 뮤직〉(1965), 〈졸업〉(1967)을 위시하여 〈E.T.〉(1982)나 〈사랑과 영혼〉(1990), 〈쥬라기 공원〉(1993) 등은 색다른 소재나 파격적인 이야기로 눈길을 끌었던 것들이다.

피땀 흘려 만든 영화가 대중들로부터 외면당할 때 감독으로서 그보다 맥 빠지는 일이 없으리라. 그렇지만 개중에 눈썰미 있는 소수의 사람은 그것을 놓치지 않고 응분의 평가를 해준다. 동학 2대 교주 해월(海月) 최시형(崔時亨, 1827~1898)의 생애를 그린 임권택 감독의 〈개벽(開闢)〉(1991)은 관개몰이에는 재미를 못 봤지만 감독의 작가의식과 장인정신만큼은 충분히 인정할 만한 영화가 아닌가 싶다.

도올 김용옥이 각본을 쓴 이 영화는 동학의 창시자 수운(水雲) 최제우(崔濟愚, 1824~1864)의 죽음으로부터 시작된다. 그의 법통을 이어받은 해월은 곳곳을 다니며 포교 활동을 펼치는데, 늘 관군에게 쫓기는 신세이다. 외딴 마을 골방에 숨어 교리를 설파하다가 포졸들의 기습을 받고 뒷담을 넘어 피신하는 일을 밥 먹듯 되풀이한다. 이때 대구 감영 소속의 박 포교라는 인물은 아예 소임을 내려놓고 해월을 쫓는 일을 필생의 업으로 삼는다. 해월의 아내와 어린 딸들도 거처를 옮겨 다니며 숱한 고초를 겪는다.

"우리는 언제까지 이렇게 쫓기면서 살아야 해요?"

오랜만에 상봉한 그의 아내가 묻는다.

"개벽된 세상이 올 때까지요."

"그게 언제인데요? 너무 까마득해요."

"지금 까마득하게 보이는 것도 어느 땐가 느닷없이 가까워질 수 있소. 수운 선생께서 이미 개벽의 운세가 이 땅에 와 있다고 말씀하셨소."

해월은 만나는 사람마다 동학의 포교에 힘쓴다. 영화는 수시로 그의 교리문답을 소개한다.

"개벽이란 무엇입니까?"

어느 도인의 물음에 그는 이렇게 대답한다.

"성인이 태어나 도리를 밝히고 문물을 새로 펴서 사람답게 살 수 있고 새로운 세상을 만들었습니다. 이것이 바로 개벽입니다."

그가 꿈꾸는 세상은 현재와 같은 수탈과 핍박에 찌든 고통의 세상이 아니라 인간이 인간답게 살 수 있는 안락과 평화의 세상으로 풀이된다.

해월은 인간 평등을 역설한다. 일부 양반 출신 도인들이 천민을 접주로 임명한 데 반발하자 "모든 사람은 한울님처럼 존엄합니다."라고 하면서 이렇게 설득한다.

"수운 선생은 양반 출신이지만 득도 후 제일 먼저 하신 일이 데리고 계시던 두 하녀를 하나는 수양딸로 삼고, 또 하나는 맏며느리로 삼으셨소. 우리의 도는 적서(嫡庶)의 구분과 반상(班常)의 차별을 타파하는 도올시다. 양반과 쌍놈의 구별은 사람이 정한 것이지 한울님이 정한 것이 아니외다."

해월은 온건주의자이자 비폭력주의자이다.

영해 접주 이필제가 "언제까지 수탈만 당하고 살아야 합니까? 백성의 힘이 얼마나 무서운지 보여줍시다."라며 과격한 발언을 하자 "우리는 아직 드러낼 때가 아닙니다. 아직도 밑바닥을 다져야 합니다." 하며 봉기보다는 우선 교세 확장에 치중하기를 권한다.

그는 보은집회에서도 "우리가 여기 모인 것은 수운 선생의 억울한 죽음을 신원해 개벽을 믿는 우리들의 신앙의 자유를 획득하고자 함이지 누구와 싸움을 하고자 함이 아닙니다. 일시적인 흥분으로 폭력 봉기를 일삼는다면 그 뒤에 일어나는 사태를 어떻게 감당할 수 있겠습니까?" 하고 평화적 저항을 강조한다. 그리하여 "우리들의 창의는 백성의 본능입니다. 우리는 죽을 대로 죽어왔기 때문에 여기서 더 죽을 수는 없습니다."라고 반발하는 전봉준과 견해 차이를 보인다.

마침내 전봉준이 고부에서 기포했다는 소식을 접하고는, "도는 세상의 질서를 세우기 위해서 있는 것인데 도로써 세상을 어지럽히다니 말이 되는가?" 하고 탄식하며 간절히 당부한다. "녹두에게 이르시오. 항복을 할지언정 휘하의 선남선녀를 도륙하지 말라고 말이오." 해월의 시각으로 그리다 보니 전봉준의 존재와 갑오

농민전쟁의 의의를 제대로 살리지 못했다고 지적받는 대목이다.

결국 봉기는 진압되고 전봉준은 붙잡혀 처형된다. 그 뒤로 해월 또한 원주에서 도인의 밀고로 체포되어 교수형에 처해진다.

"선생님 개벽은 언제 오리까?"

도인과의 문답으로 영화는 막을 내린다.

"붉은 산이 검어지고, 온 길에 비단이 깔리고, 만국의 군대가 우리 국토를 쓸고 간 후에 개벽은 이루어질 것이오."

평생 쫓겨 다니며 가시밭길을 걸었던 해월이 꿈꾸던 개벽의 세상은 인간의 의식개혁과 현실적 삶의 변화를 통해 이루어지는 것으로 해석된다. 그 전제조건으로 외세가 물러가고 나라가 바로 서는 것이 중요하며, 그러한 세상은 어디까지나 비폭력적으로 추구되어야 한다고 믿는다.

이 영화가 공력을 많이 들여 만들어졌다고 생각되는 것은 해월의 생애를 뼈대로 하면서 수많은 부수적인 내용이 잔가지를 뻗고 있는 점이다.

이를테면 해월의 아내가 배가 부른 셋째 부인과 매화 숲을 거닐며 태교에 관해 이야기하는 봄 풍경부터 해월이 흩날리는 눈발 속에서 풍찬노숙하며 주먹밥을 먹는 겨울 장면에 이르기까지 춘하추동을 고루 영상에 담아 세월의 흐름을 나타낸 것이라든지, 새로운 교도를 맞아 동학 입도 의식을 거행하는 장면이라든지, "가련하다. 가련하다. 이내 가운 가련하다. 나 또한 출세 후로 득죄부모 아닐런가." 하는 용담유사(龍潭遺詞)의 가사가 불린다든지, "스치는 바람은 오현금을 울리는데, 저 티끌 저세상은 언제나

저 티끌을 벗으려나.” 하는 해월의 시가 눈밭에서 읊어진다든지, 전봉준의 압송 장면에서 “운이 가니 영웅이라 한들 어찌해볼 도리 없다. 나라 위한 이 붉은 마음 그 누가 헤아리리오.”라는 그의 유시(遺詩)가 배경에 깔리는 것들을 들 수 있다.

특히 감동적으로 엮이는 것은 해월의 뒤를 쫓던 박 포교의 사연이다.

해월의 뒤를 추적하던 그는 평복으로 동학교도에 잠입하여 활동하다가 관군에게 붙잡혀 고문 끝에 억울한 죽임을 당한다. 그 아들 계동이 아비의 원한을 풀고자 해월을 쫓다가 되레 그로부터 감화를 받아 동학교도가 되고, 우금치 전투에서 일본군의 총탄에 숨을 거둔다.

또 하나 돋보이는 장면이 있다.

“시호! 시호! 시호!”라는 우렁찬 군중들의 노래와 함께 검정 두

루마기 차림의 한 사내가 칼춤을 춘다. "때가 왔네. 때가 왔어. 다시 못 올 때가 왔네. 만세일지 장부로서 오만 년 만에 때가 왔네. 용천검 드는 칼 아니 쓰고 무엇 하리." 하고 소리 높여 노래하던 그는 칼춤을 마치고 해월 앞에 얼굴을 드러낸다.

"어디서 칼춤을 배웠는가?"

"수운 선생께서 남원 교룡산성 은적암에 계실 때 가르친 것이 전라도 일대에 전해 내려오고 있습니다."

"어디에 사는가?"

"고부군 이평면 장내리에 살고 있습니다."

"그대 이름은 무엇인가?"

"전봉준이라 하옵니다."

배우 김명곤이 역할을 맡은 그는 해월과 대립하는 보은집회와

포승줄에 묶인 채 압송되는 장면에서도 강렬한 인상을 남긴다.

이 영화에서 주인공 역할을 맡은 배우 이덕화의 위엄에 찬 연기를 빼놓을 수 없다. 그는 갓 결혼한 젊은 시절부터 앞머리가 빠진 채 수염이 성성한 일흔의 모습까지 주인공의 전 생애를 보여준다. 특히 처형 직전 피골상접한 모습으로 서양 사진사 앞에서 몸을 제대로 가누지 못하여 다른 사람이 뒤에서 부축하여 사진을 찍는 장면은 실제 전해오는 해월의 사진과 닮은꼴을 보이며 심한 비애감을 불러일으킨다.

해월의 아내 손 씨 역할을 맡은 이혜영 또한 풋풋한 젊은 색시 때부터 남편의 처형 장면을 망연히 지켜보는 노파의 모습까지 폭넓은 연기를 보여준다. 새색시 시절의 어느 봄날 그는 나무 아래 서 있는 남편에게 "뭐 생각하세요?" 묻는다. 해월은 "나뭇가지가 부러진 것도, 밭을 일구다 지렁이가 상처를 받는 것도 왜 이렇게 가슴이 아픈지 모르겠소." 하고 대답한다. 그 말을 들으며 밝게 웃는 모습은 고혹적이기까지 하다.

그리고 그들 부부가 갯벌에서 조개를 잡다가 네 아이를 앞세우고 돌아오는 장면 또한 여간 멋지지가 않다. 어린 딸이 "조개는 왜 만지면 오그라들어?" 하고 묻자 해월은 "한울님이라서 그래." 라고 대답하며, 사람이 조개를 먹는 것은 한울님을 죽이는 것이 아니고, 한울님을 살리는 것이라고 이야기한다. 이때 아내는 "난 한울님보다 우리가 사람이길 원해요. 더더욱 나는 여자이기를 원하고요." 하며 평범한 인간으로서 살고 싶은 속마음을 드러낸다. 이에 해월은 "이 사람, 우리 식구 중에서 제일 바보야." 하며 너

털웃음을 웃고 마는데, 그들 부부가 다정스레 팔짱을 끼고 갯벌을 걷는 모습이 오래도록 기억에 남는다. 이혜영은 〈땡볕〉(1985)과 〈여왕벌〉(1986), 〈성공시대〉(1988)와 〈명자, 아끼꼬, 소냐〉(1992) 등 여러 영화에 출연했지만 나는 〈개벽〉을 그의 최고작으로 꼽고 싶다.

나는 이 영화를 겨울철에 보았다. 난방도 제대로 되지 않고 관객도 몇 되지 않는 썰렁한 삼류극장이었다. 추위에 떨면서 잔뜩 웅크린 채 보았지만 두 시간이 넘는 상영 시간동안 꼼짝없이 몰입되었고, 한 장면 한 장면에 감독의 피와 땀이 느껴졌다. 보석을 주운 기분이었다. 수다한 역사적 순간들을 오밀조밀하게 화면 속에 저며 넣은 임권택의 예술적 감각은 뒤이어 나올 〈서편제〉(1993)와 〈축제〉(1996), 〈춘향뎐〉(2000)과 〈취화선〉(2001)의 예고편이 아니었을까.

Fly High, Run Far, 감독 임권택, 출연 이덕화, 이혜영, 김명곤, 1991

두려움을 용기로 바꿀 수 있다면

_ 명량

장수 된 자의 의리는 충을 좇아야 하고,
충은 백성을 향해야 한다.

세월호 사건으로 온 국민을 슬프게 했던 2014년은 영화계에서는 '명량의 해'로 기억될 수 있지 않을까 싶다. 김한민 감독의 〈명량〉(2014)은 그해 7월 30일 개봉하여 열흘 만에 우리나라 열 번째이자 최단기간 1천만 관객 동원 영화가 되었으며, 그 기세를 몰아 1천 7백만 6천 명의 관객을 끌어들임으로써 역대 최다 관객 동원이라는 대기록을 수립한 것이다.

사람들은 영화 흥행 요인으로 당시의 사회적 분위기를 꼽았다. 그해 4월 세월호 참사를 겪으며 엄청난 상실감을 느꼈고, 무능한 정부에 대해서도 실망감이 컸기 때문에 다수의 국민이 위안을 얻고 자긍심을 되찾고자 극장을 찾았다는 것이다. 일부러 시기를 맞춘 것은 아니겠지만 개봉 시기가 국민 정서와 맞아떨어졌다고

보는 것이다.

그렇다고 해서 이 영화가 시사성에만 기대 것이냐 하면 그것은 결코 아니다. 그동안 우리나라에 천만 관객을 돌파한 영화는 〈실미도〉(2003)를 시작으로 〈태극기 휘날리며〉(2004)와 〈왕의 남자〉(2006), 〈괴물〉(2006)과 〈해운대〉(2009), 〈도둑들〉(2012)과 〈광해, 왕이 된 남자〉(2012)에 이어, 〈7번방의 선물〉 (2013)과 〈변호인〉(2013) 등이 있었지만 제각기 작품성을 지닌 것들이었다. 〈명량〉 또한 마찬가지다.

우선 이 영화는 이순신 장군을 전면에 내세운 것부터가 대단하다. 대개 유명한 역사 인물은 영화의 선호대상이 아니다. 누구나 알고 있는 인물은 신선도가 떨어지기 때문이다. 사람은 호기심의 동물이라 늘 새로운 것에 눈을 반짝인다. 과거 김진규(1923~1999) 주연의 〈성웅 이순신〉(1971)과 〈난중일기〉(1977)가 대박을 노렸다가 쓴맛을 본 사례가 있다. 열두 척의 배로 왜적을 무찌른 울돌목의 명량해전 또한 모르는 사람이 얼마나 있겠는가. 이렇듯 다들 빤히 알고 있는 사실로 영화를 만든다는 것은 상당한 모험이자 도전이 아닐 수 없다.

〈명량〉에서 가장 볼 만한 것은 주인공 배우의 비장감 넘치는 연기라고 하겠다.

이순신 장군 역할로 배우 최민식을 기용한 것은 매우 잘했다고 본다. 그는 우리나라에서 둘째가라면 서러워할 연기파 배우가 아닌가. 그는 고뇌에 찬 지도자의 모습을 잘 보여준다. 결단력과 용기, 엄격한 군율이 그의 무기이다. 그는 영화에서 한 번도 웃지 않는다. 태풍처럼 닥쳐오는 위기 앞에서 웃음이 나올 리가 없다. 그를 사로잡는 것은 극심한 불안과 긴장이다. 그러나 흔들리지 않는다. 한번 옳다고 믿는 바에 대해서는 부하 장수들이 무슨 말을 해도 물러서지 않는 강단 있는 모습을 보여준다.

"장수 된 자의 의리는 충을 좇아야 하고, 충은 백성을 향해야 한다. 백성이 있어야 나라가 있고 나라가 있어야 임금이 있는 법이지."

"두려움은 필시 아군과 적을 구별치 않고 나타날 수가 있다. 저들도 지난 육 년 동안 나에게 줄곧 당해온 두려움이 분명 남았기 때문이다. 만일 그 두려움을 용기로 바꿀 수만 있다면 말이다. 그 용기는 백배 천배 큰 용기로 배가되어 나타날 것이다."

"지금 수군을 파하시면 적들이 서해를 돌아 바로 진하께 들이닥칠까 신은 다만 그것이 염려되옵니다. 아직 신에게는 열두 척의 배가 남아 있습니다. 죽을힘을 다하여 싸우면 오히려 할 수 있는 일입니다."

"더 이상 살 곳도 물러설 곳도 없다. 살고자 하면 죽을 것이고 또한 죽고자 하면 살 것이다."

그가 뱉어내는 한 마디 한 마디는 거저 나오는 말이 아니다. 모진 고통과 분노와 한숨 속에서 쥐어짠 끝에 나온 용기와 소신과 의지의 언어이다.

대규모 해상전투 또한 볼거리가 아닐 수 없다.

빗발치듯 화살을 쏘고 연기를 뿜으며 포를 발사한다. 적들이 조총으로 맞선다. 적선이 깨어지고 배 안으로 물이 쏟아져 들어와 적들을 덮친다. 선박들끼리 부딪쳐 적선이 박살이 난다. 수많은 배가 소용돌이 물살에 휩쓸려 바다에 잠긴다. 복면한 적의 사수가 표적 사격을 하다가 우리 장수가 쏜 화살을 맞고 비명 속에 바다로 떨어진다. 적들이 갈고리가 달린 밧줄을 던지며 우리 배로 넘어오고 그들을 맞아 우리 군사들이 용감히 싸운다. 승군들도 합세하여 창을 휘두른다. 선실 바닥에서 격군들이 사력을 다하여 노를 젓는다. 영화는 아수라장이 된 전투 장면을 한 시간 가까이 다채롭게 보여준다.

물론 이 영화에 아쉬운 점도 없지 않다.

이 영화는 이순신을 제외하고는 인물들의 개성이 약하다. 휘하 장수들을 비롯하여 수많은 인물이 등장하지만 그들의 성격이 구체적으로 드러나지 않는다. 보이는 것은 이순신 한 사람뿐이고 나머지는 모두 스쳐 지나가는 그림자에 지나지 않는다. 탐망꾼 임준영의 죽음이 애절하려면 산 위에서 울부짖는 벙어리 아내와의 애틋한 사연을 관객이 알 수 있어야 한다. 첩보원 노릇을 하는 준사라는 왜인이 어떻게 아군을 돕게 되었는지도 설명이 필요하다.

적장들도 그렇다. '大道無門'을 휘갈겨 쓰는 도도 다카도라(藤堂高虎)는 그 정도로 되었다 치고, 한산도의 치욕을 씻고자 하는 와

키자카 야스하루(脇坂安治)와 구루지마 미치후사(來島通總)는 잔뜩 눈에 힘을 준 채 무게만 잡고 있지 별다른 역할을 하지 못하고 있다.

해전 장면도 답답한 부분이 보인다.

백화점식 싸움 장면의 나열만 있고 구체적 정황이 보이지 않는다. 숲만 보여주고 나무가 보이지 않는 꼴이다. 전투에 임하는 특정한 몇몇 인물의 표정과 움직임을 몇 발 더 가까이 다가가서 조명해주었더라면 훨씬 박진감이 커졌을 것이다. 네덜란드 영화 〈제독 : 미힐 드 로이테르(Admiral)〉(2015)의 해전 장면과 견주어보면 구체적인 면에서 차이가 많이 난다.

그리고 어찌 된 일인지 이순신 장군이 탄 대장선 하나가 일당백으로 전쟁을 치르고 있다. 물론 난중일기를 보면 개전 초기에 아군 장수들이 겁을 먹고 뒤로 빠지려고 하여 장군이 군율을 내세우며 꾸짖는 부분이 있다. 장군은 그렇게 부하들을 독려하여 함께 적을 쳐부수지 않았겠는가. 그런데 영화에는 대장선이 적에 둘러싸여 고군분투하고 있는데, 나머지는 멀찍이 떨어져서 구경만 하고 있다. 그야말로 처형감이 아닌가. 사료에 충실하려고 한 것이 엉뚱한 꼴이 되고 만 것이 아닐까.

〈명량〉의 마지막 부분에 한산도싸움이 예고된다. 김한민 감독은 이번 명량에 이어 한산도에서 노량까지 이순신 장군의 3대첩을 모두 영화화해볼 심산이라고 한다. 다음 영화에서는 해전 장면이 좀 더 박진감이 있었으면 좋겠다. 후속작 〈한산, 용의 출현〉과 〈노량, 죽음의 바다〉가 벌써 기대된다.

Roaring Currents, 감독 김한민,
출연 최민식, 류승룡, 조진웅, 김명곤, 2014

조선인의 얼, 그 마지막 자존심

_ 대호

호랑이와 일본군의 대결은

곧 조선과 일본의 대결을 은유한다.

박훈정 감독의 〈대호(大虎)〉(2015)는 조선 호랑이에 관한 영화이다. 그런데 포스터를 보면 호랑이 모습은 보이지 않고 시꺼멓게 그을린 주연배우 최민식의 얼굴만 크게 부각되어 있다. 그나마 얼굴 전체도 아니고 이마 아래 반쪽 부분만 나와 있다. 감독은 왜 호랑이 대신 주인공의 얼굴을 그리 크게 확대해놓았을까?

이 영화는 일제강점기인 1925년 무렵의 지리산이 배경이다. 호랑이 가죽을 탐내는 일본군 대장이 호랑이 사냥에 혈안이 되어 부하 장교에게 호랑이를 잡아 오라고 지시한다. 장교는 부하들을 이끌고 지리산에 와서 조선인 사냥꾼들을 앞세워 사냥에 나선다. 조선인 사냥꾼을 이끄는 도포수(都砲手) 구경은 옛날 대호에게 얼굴에 흉한 상처를 입은 터라 그에 대한 복수심이 가득하다. 그

는 지리산에 사는 명포수 천만덕을 찾아와 도와주라고 요청했다.

그러나 총을 놓은 지 오래된 천만덕은 "잡을 놈만 잡는 것이 산에 대한 예의인 겨. 뭐든 쓸데없이 욕심 들믄 안 되는 겨." 하며 그의 청을 거절한다. 그는 옛날에 사냥하다 아내를 잃고 지금은 늦둥이 아들 석이와 약초를 캐며 살고 있다.

일본군이 눈독을 들이고 있는 대호는 외눈박이 호랑이다. 그런데 그 호랑이는 주인공 천만덕과 특별한 인연이 있다. 옛날 천만덕이 호랑이 한 마리를 잡고 보니 외눈박이 개호주가 딸려 있었다. 젖먹이가 딸린 줄 알았다면 잡지 않았을 것인데, 실수를 깨달은 그는 어린 것을 가엾이 여겨 굴속에 먹이를 잡아다 주며 어미 노릇을 한다. 그 개호주가 자라서 지금의 대호가 된 것이니 그것을 잡자는 말이 귀에 들어올 턱이 없다.

드디어 일본군의 대공세가 시작된다. 그러나 대호가 어찌나 날래고 사나운지 그들은 총도 제대로 쏘아보지도 못하고 혼비백산한다. 이에 분개한 일본군 대장은 자신이 직접 철포부대를 이끌고 사냥에 나선다. 이때는 천만덕의 아들 석이도 합세한다. 그는 자기 아비가 사냥에 나서지 않은 것이 못마땅할뿐더러 장차 아랫마을 처녀와 혼인할 돈을 마련해야겠다는 생각으로 아비 몰래 사냥꾼들 틈에 끼어든 것이다.

철포까지 동원한 일본군의 두 번째 작전도 결과는 마찬가지였다. 대규모의 병력이 신출귀몰한 대호에게 물려서 내동댕이쳐지고, 도포수 구경과 석이마저도 목숨을 잃는다. 대호 또한 여러 발의 총탄을 맞는다.

영화의 마지막 장면은 비장감이 흐른다. 늑대들의 먹잇감이 되려는 석이의 시신을 대호가 구해내어 아비에게 가져다준다. 하나뿐인 혈육을 잃은 천만덕은 자기가 살던 초가집과 함께 아들을 화장시킨다. 그리고 눈이 쌓인 산정에 올라가 대호와 만나 얼싸안고 절벽에서 몸을 던지며 최후를 맞는다.

우리나라에서 예부터 호랑이는 산군(山君), 즉 산의 임금으로 불리며 신성시했다. 산신당(山神堂)에 가보면 산신령이 호랑이를 끼고 있는데, 이렇듯 호랑이는 민간에서 경외와 숭배의 대상이었다. 영화 〈대호〉에서도 호랑이는 여느 짐승과는 다른 영물(靈物)로 나온다. 그는 어린 자기를 키워준 천만덕의 은혜를 알고 있다. 그래서 다른 사람은 해쳐도 그만큼은 해치지 않으며 말은 못 해도 눈빛으로 서로 통한다. 이 영화는 단순한 사냥꾼 이야기를 뛰어넘어 인간과 맹수의 정신적 교감을 그리고 있기에 감동을 준다.

무엇보다 호랑이를 잡으려는 것이 일본군이라는 사실은 또 다른 의미를 생각하게 한다. 일본인은 유독 조선 호랑이에 욕심을 냈다. 임진왜란 때 가토 기요마사(加籐淸正)의 호랑이 사냥은 익히 알려진 사실이고, 일제강점기에도 해로운 짐승을 없앤다는 해수구제(害獸驅除) 정책으로 호랑이 씨 말리기에 열을 올렸다. 〈대호〉에서 호랑이와 일본군의 대결은 곧 조선과 일본의 대결을 은유한다. 그들이 조선 호랑이에 눈독을 들인 것은 삼천리 금수강산에 쇠말뚝을 박아 민족정기를 말살하려 했던 것과 마찬가지로 단순히 그 가죽을 탐내서라기보다는 호랑이로 상징되는 조선인의 얼을 짓밟으려던 것이 아니겠는가.

그러므로 이 영화에서 가장 통쾌한 장면은 대호가 번개처럼 날고뛰며 벼락 치듯 일본군을 작살내는 대목이다. 두 차례에 걸쳐 조선 호랑이의 위력을 과시하는 그 눈부신 장면은 이충무공의 명량대첩과 김좌진의 청산리 전투, 홍범도의 봉오동전투를 보는 것처럼 후련한 카타르시스를 느끼게 한다.

그에 반해 천만덕과 대호가 얼싸안고 죽는 마지막 장면은 적이 불만스럽다. 어떻게든 살아남아 조선 호랑이의 명맥을 이어가야 하는데 그렇게 죽어버린다면 우리의 민족정신은 어떻게 되는가. 아마 감독은 우리의 자존심을 지키고 비장미를 극대화하기 위하여 그렇게 처리했는지는 몰라도 일제의 폭압 아래서도 결코 잃지 않았던 우리 민족의 얼을 생각할 때 아쉬움이 남는 대목이다.

이 영화에 등장하는 대호는 길이 잘든 호랑이를 데려다 찍은 듯 연기가 아주 훌륭하다. 특히 그가 바위 위에 올라 일본군 앞에 첫 위용을 드러내는 장면이나 종횡무진 일본군을 무찌르는 장면, 마지막에 두 마리의 새끼들이 물가에서 나비를 쫓고 물을 마시며 노니는 앙증맞은 회상 장면은 다시 보고 싶을 만큼 인상적이다. 그런데 이는 실제 호랑이가 아니라 컴퓨터 그래픽 효과라고 한다. 우리의 빼어난 미디어 기술이 놀라울 뿐이다.

〈대호〉의 포스터에 왜 호랑이 대신 주연배우의 얼굴을 내놓았을까. 아마 그것은 주인공 천만덕을 대호와 동일시했기 때문이 아닐까. 대호와 천만덕은 서로 마음이 통하고 생사를 함께 나누는 공동운명체로 나오지 않는가. 어떻게든 대호를 잡으려는 일본군에 맞서 그것을 끝까지 지키려고 했던 주인공의 의지야말로 조국을 지키려는 민족자존의 의로운 행위가 아니겠는가.

The Tiger, 감독 박훈정, 출연 최민식, 정만식, 김상호, 성유빈, 2015.

재현 불가의 웅장함

_ 벤허

두 시간짜리로 줄이다 보니
필수적인 부분만 살리고 나머지는 과감히 생략했다.
그 결과 압축미와 속도감이 커진 것은 사실이다.

'그 영화를 어찌 다시 만들었단 말인가?'

지난 가을 〈벤허(Ben Hur)〉(2016) 신작이 개봉된다는 소식을 듣고 얼른 믿기지 않았다.

이 영화가 처음 나온 것은 1959년이다. 따져보면 지금으로부터 까마득한 57년 전 일이다. 당시는 흑백영화에서 막 천연색영화로 옮겨가던 무렵으로 영화 제작기술이 지금과는 비교할 수 없을 정도로 열악하던 시절이었다. 그런데도 이 영화가 규모나 배역이나 기술이나 완성도 면에서 너무나 탁월했기 때문에 다시 누가 만든다고 하더라도 이를 뛰어넘을 수는 없으리라는 생각을 해오고 있었다.

〈벤허〉야말로 세계 영화사에 남는 기념비적인 작품이 아닌가.

이 영화 한 편을 만드는데 당시 보통 영화 제작비의 다섯 배에 달하는 1,500만 달러가 들어간 점도 그렇고, 10년간의 제작 기간에 10만 명의 출연자가 동원된 점도 그러하며, 한 마디 이상의 대사가 있는 출연자만도 496명에 달한다고 하니 대작 중의 대작이 아닐 수 없다.

더욱이 이 영화는 1960년도 아카데미 작품상과 감독상을 비롯하여 남우주연상과 남우조연상 등 무려 11개 부문을 독차지했다. 아울러 70밀리 대형화면에 장장 세 시간 42분에 달하는 상영시간도 다른 영화의 추종을 불허하는 기록이다.

특히 압권이라고 할 수 있는 전차경주 장면을 찍기 위해 1만 5천 명의 인원이 4개월간 연습을 했다는 이야기가 있는데, 시사회를 마친 윌리엄 와일러 감독이 감격에 찬 나머지 "하나님! 정녕 제가 이 영화를 만들었습니까?" 하고 외쳤다는 일화는 충분히 고개가 끄덕여질 만한 일이었다.

나는 스무 살 무렵이던 1970년대 초반에 이 영화를 보았는데, 그때의 벅찬 감동은 아직도 어제 일처럼 생생하다. 노예로 끌려간 주인공이 함선 밑바닥에서 노를 젓다가 파손된 배에서 벗어나와 위기에 처한 사령관을 구하는 장면과 전차경기에 출전하여 네 마리의 백마가 끄는 전차를 몰며 옛 친구의 흑마 전차와 흑백대결을 펼치는 장면은 어찌나 박진감이 넘치든지 조마조마한 가슴을 부여잡고 숨을 제대로 쉴 수 없을 정도였다.

그뿐만 아니라 주인공이 목마를 때 한 바가지의 물로 목을 축여주던 생전의 그리스도와 은혜를 주고받는다든지, 그리스도가 십자가에 못 박히는 모습을 안타깝게 지켜보던 모친과 누이가 때마침 쏟아지는 빗물에 씻겨 나병이 치유되는 기적적인 장면도 신비감과 경이로움으로 다가왔다.

그 밖에도 영화 초반부에 오랜만에 만난 두 친구가 창을 던져 한 자리에 꽂아 넣는 장면이라든지, 상대의 팔을 감고 우정의 축배를 드는 장면이라든지, 우람한 몸매로 노를 젓는 주인공의 시퍼렇게 이글거리던 분노의 눈빛이라든지, 얼굴을 보여주지 않으면서도 뒷모습만으로도 존재감이 빛나던 예수의 모습 같은 것도 참 인상 깊었다. 그래서 나는 〈벤허〉를 내가 보아온 영화 가운데 최고의 작품으로 엄지를 꼽아 왔다.

그런데 바로 이 영화가 2016년 새로 제작되었다고 하니 어찌 관심이 가지 않겠는가! 앞서 나온 작품과 어떻게 다르게 만들었을까? 나는 맞선 보는 총각처럼 설레는 가슴을 안고 극장으로 달려갔다.

새 영화 〈벤허〉는 감독이 티무르 베크맘베토브(Timur Bekmambetov)라는 사람인데, 처음 듣는 이름이다. 잭 휴스턴이라는 주연배우와 나머지 인물들도 생소하기는 마찬가지다. 눈에 익은 얼굴이라고는 유일하게 아프리카인 족장으로 나와 주인공의 전차경주를 후원하는 모건 프리먼뿐이다. 감독과 배우의 지명도가 영화의 질을 따지는 기준은 아니지만 어딘지 무게감이 떨어지는 느낌이 있다. 대개 우리는 감독이나 배우의 역량을 지명도로 가늠하는 경우가 많지 않은가.

이번 영화도 대단히 짜임새 있게 만들어졌다. 되도록 전작(前作)을 답습하지 않으려는 노력이 눈에 띈다. 이를테면 도입부에서 벤허와 메살라가 말을 타고 달리며 우정을 쌓는다든지, 낙마한 주인공이 회복될 때까지 메살라가 극진히 정성을 쏟는다든지, 벤허의 여동생과 메살라와 애정 관계가 두드러지게 묘사된다든지, 또는 한미한 가문 출신인 메살라가 출세를 위해 로마행을 자원하고, 전쟁터를 전전하며 공을 쌓는 장면 따위는 앞선 작품에서는 나오지 않았던 것들이다.

특히 전작과 달리 그려진 것은 주인공이 로마군에게 끌려가는 계기가 되는 부분이다. 전작에서는 누이가 옥상의 기왓장을 떨어뜨려 부임하는 총독에게 상해를 입히는데, 여기서는 점령군과 싸우다 몸을 다쳐 주인공의 집에 피신해 있던 비밀결사 조직원이 총독을 공격하는 것으로 나온다. 사건의 필연성을 높였다고 보겠다.

생략된 부분도 눈에 띈다. 앞의 영화에서는 해전 중에 주인공이 함대 사령관을 구한 인연으로 그의 양아들로 들어가 신분 상승하는 내용이 있다. 새 영화에서는 그 부분이 통째로 빠지고, 대신 주인공이 끊어진 돛대를 붙잡고 표류하다 아프리카인 족장에게 구출되는 것으로 처리된다. 네 시간에 가까운 영화를 두 시간짜리로 만들기 위해서는 생략이 불가피했으리라.

사실 전작에서는 의아스러운 대목이 있었다. 해적의 공격을 받아 주인공 덕분에 목숨을 건진 함대 사령관이 느닷없이 개선장군으로 돌아오는 부분이다. 분명히 배가 박살나고 침몰하여 패전한 것으로 알았는데, 어떻게 승리를 했단 말인가! 이번 영화에서는 그런 옥에 티가 없다.

전작과 다른 부분이 또 있다. 새 영화에서는 예수가 정면으로 등장한다. 로드리고 산토로(Rodrigo Santoro)라는 브라질 출신의 배우가 맡았는데, 예수를 빼다 박은 모습이다. 그렇지만 전작과 같은 절대자로서의 신비감은 떨어진다. 많은 영화에서 그러하듯이 여자의 나신 같은 경우도 그것을 적나라하게 드러내기보다 은밀히 가림으로써 효과를 거두지 않는가.

새 영화에서 가장 차별화되는 것은 끝부분이다. 앞의 작품에서는 메살라가 전차경기에서 죽지만 여기서는 살아나서 주인공과 화해를 하고 예전의 우정을 되찾는다. 전차경주 때 그토록 목숨을 걸고 다투던 그들이 어찌 곧바로 앙금을 털고 친해질 수 있단 말인가. 억지스럽기는 하지만 기독교 정신을 바탕에 둔 영화로서 화해와 용서라는 주제를 구현하려는 방편이 아닌가 싶다.

앞서 보았듯이 새로 만든 〈벤허〉는 앞의 영화를 베꼈다는 말을 듣지 않으려고 상당히 애썼음을 알 수 있다. 두 시간짜리로 줄이다가 보니 필수적인 부분만 살리고 나머지는 과감히 생략했다. 그 결과 압축미와 속도감이 커진 것은 사실이다. 그러나 영화를 아무리 곱씹어 봐도 전작을 넘어섰다는 느낌은 들지 않는다.

우선 주연 배우들이 풍기는 중후한 무게감이 앞 작품에 훨씬 미치지 못한다. 친구이자 적수인 두 사나이 사이에 팽팽한 긴장감과 대결 의지가 그리 강렬하게 다가오지 않는다. 또한 함선 밑창에서 죽을 고비를 넘기며 빠져나오는 장면이나 생사를 걸고 싸우는 전차경주 장면에서도 가슴이 별로 조마조마해지지 않는다. 안타깝지만 아마 전작으로 인해 형성된 기시감(旣視感) 때문이 아닌가 싶다.

만약 요즘 세대의 젊은이들에게 이번 작품을 먼저 보게 한 다음 예전 것을 보여준다면 어떨까? 예술작품의 감상이란 대단히 주관적이기 때문에 어느 시기에 보았느냐에 따라 그 느낌이 달라질 수 있다. 스펀지가 물을 빨아들이는 것처럼 감수성이 예민하던 시절에 접했기에 〈벤허〉는 나에게 최고의 영화로 남았고, 찰턴 헤스턴과 윌리엄 와일러 감독은 최고의 배우와 감독으로 기억되어 온 것이다. 당시 내가 이 영화를 보고 나서 누가 시키지도 않았는데, 소설을 쓰듯 공책에 영화의 줄거리를 고스란히 적어봤던 것도 벅찬 감흥을 주체하기 어려웠기 때문이리라.

고난과 역경에 굴하지 않는 강인한 남성상을 보여주는 영화, 배신과 복수, 은혜와 보은, 화해와 용서, 믿음과 구원의 다채로운 주제를 아우르는 영화, 새로 나온 〈벤허〉를 보면서 옛날의 감동을 되새기는 시간은 그 나름대로 의미가 있었다. 그러나 앞 작품의 웅장함은 도저히 따라잡을 수 없는 것임을 확인하는 시간이기도 하였다.

Ben Hur, 감독 티무르 베크맘베토브,
출연 잭 휴스턴, 토비 켐벨, 모건 프리먼, 2016.

죽느냐, 사느냐? 불꽃 튀는 언어의 각축

_ 남한산성

삶이 있은 후에야 비로소
대의와 명분도 있는 것이 아니옵니까?

병자호란을 배경으로 한 영화 〈남한산성〉이 만들어진다는 소식을 듣고 오래전부터 기다려왔다. 김훈의 소설이 나온 지도 10년이 지나 이제는 책의 내용도 가물가물해진 상태이다. 드디어 2017년 추석을 기해 영화가 개봉되었다. 감독 이름이 생소한데, 황동혁이 누군가 했더니 예전에 〈도가니〉(2011)와 〈수상한 그녀〉(2013)를 만든 이다. 각본까지 겸한 것을 보면 상당한 실력자로 보인다.

영화는 임금의 가마 행렬이 눈길을 걸어 남한산성으로 들어가면서 시작된다.

"전하! 지금 칸에게 문서를 보내면 칸은 스스로를 황제라 칭하고 전하를 칸의 신하로 칭하라 요구할 것입니다. 명길은 전하를 앞세우고 적의 아가리 속으로 들어가려는 자이옵니다. 죽음에도 아름다운 자리가 있을진대 하필 적의 아가리 속이겠습니까?"

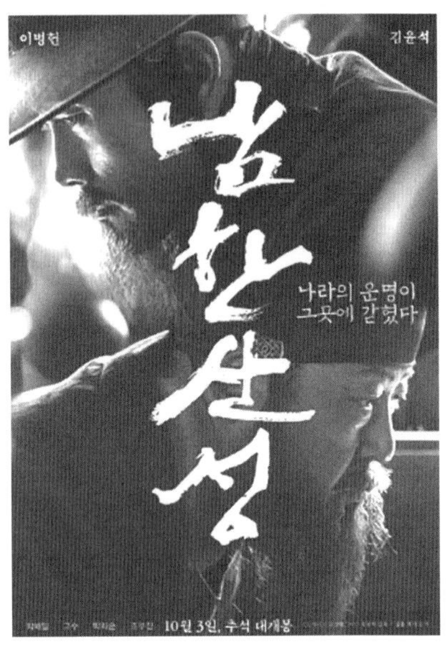

청과 화의를 반대하는 예조판서 김상헌은 명나라와의 의리를 중요시한다. 이에 반해 이조판서 최명길은 일단 화친을 통해 궁지에서 벗어난 다음 후일을 도모하자는 주장이다.

"적의 아가리 속에도 분명 삶의 길은 있을 것이옵니다. 상헌의 말은 지극히 의로우나 상헌이 말하는 죽음으로써 삶을 지탱하지는 못할 것이옵니다."

한 임금을 모시면서도 각기 신념이 다른 두 신하, 그들의 말싸움은 한 치의 물러섬도 없이 불꽃이 튄다. 현란한 수사를 자랑하는 김훈의 문체가 영화 속에서도 빛을 발한다. 활시위처럼 팽팽한 두 사람의 진언을 두고 임금은 어떻게 결단해야 할지 갈피를 잡지 못한다.

"척화를 하자니 오랑캐 손에 죽을까 두렵고, 오랑캐에게 살려달라는 답서를 쓰자니 만고의 역적이 될까 두려운 것이냐? 그럼 다들 이대로 주저앉아 성이 무너지길 기다려야 하는 것이냐?"

이도 저도 할 수 없는 진퇴양난의 상황, 한겨울 고립무원의 산성에 갇힌 채 접점을 찾을 수 없이 평행선을 달리는 두 인물의 각축은 영화의 갈등을 한껏 고조시킨다. 영화의 긴장과 몰입은 인물 간의 갈등 관계에서 극대화된다고 볼 때, 각기 다른 성격이 맞부딪치는 〈남한산성〉이야말로 가장 영화적 문법에 충실한 작품이 아닐까.

"한 나라의 군왕이 어찌 만백성이 보는 앞에서 치욕스러운 삶을 구걸하려 하시옵니까? 오랑캐에게 무릎을 꿇고 삶을 구걸하느니 사직을 위해 죽는 것이 신의 뜻이옵니다."

차라리 꺾일지언정 스스로 굽힐 수는 없다고 말하는 김상헌은 의리와 절개의 화신이자 대쪽 선비의 표상이다. 그 맞은편에 엎드린 최명길은 명분보다 실리를 추구하는 현실론자로서 목숨의 중요성을 역설한다.

"저들이 말하는 대의와 명분은 도대체 무엇을 위한 것입니까? 삶이 있은 후에야 비로소 대의와 명분도 있는 것이 아니옵니까? 오랑캐의 발밑을 기어서라도 죽음은 견딜 수 없고 치욕은 견딜 수 있사옵니다. 만백성과 더불어 죽음을 각오하지 마시옵소서."

역사상 가장 치열했던 47일, 나라의 운명이 그곳에 갇혔다!

영화의 홍보 문구대로 병자년 1636년 겨울 15만 오랑캐에 둘러싸여 독 안에 든 쥐 신세가 된 조정의 모습은 참담하기 그지없다. 추위와 굶주림 속에서 전전긍긍하며 버틴 치욕의 나날들, 왜란을 겪은 지 얼마나 되었다고 또다시 임금이 궁궐을 버려야 했단 말인가! 그렇지만 스스로 판 무덤 앞에서 누구를 탓하고 원망하겠는가. 명과 후금 사이에서 균형외교를 표방하던 광해군을 몰아낸 서인의 명분이 바로 중화사상이었고, 기울어가는 명에 기대어 새

로 일어난 청을 백안시한 시대착오의 결과였으니, 어찌 어리석은 조상들이었다고 혀를 차지 않을 수 있으랴!

오늘날 미국과 중국의 틈바구니에서 줄다리기하는 우리나라의 처지도 영화 속의 현실과 다르지 않다. 북한의 잇따른 핵실험 위협 속에서 사드(THAAD·고고도미사일방어체계) 배치를 놓고 두 나라의 눈치를 살펴야 하는 우리의 입장이 참으로 곤혹스럽다. 명분도 살리고 실리도 챙기는 해법은 없을까? 부끄러운 역사를 돌아보며 또다시 이 땅에 그와 같은 일이 재현되지 않도록 하는 것이 지금 우리가 할 일이 아닌가 싶다. 우리까지 나중에 후손들에게 어리석은 조상이었다는 소리를 들어서야 되겠는가.

The Fortress, 감독 황동혁, 출연, 이병헌, 김윤석, 박해일, 2017.

그때 너는 무엇을 했느냐?

_ 1987

그날 같은 거 안 와요.

꿈꾸지 말고 정신 차리세요.

새마을 노래가 울려 퍼지던 철권통치 시절에 대학을 다닌 나는 그때를 떠올릴 때마다 가슴 한쪽이 켕기곤 한다. 그것은 다름 아닌 독재정권을 향해 고함 한 번 질러보지 못하고 주먹 한 번 휘둘러보지 못한 채 학창 시절을 보냈다는 부끄러움이다. 얼룩무늬 교련복을 입고 국가가 시키는 대로 제식훈련을 하고 총검술을 배웠으며, 그 햇수만큼 군 복무 기간을 단축 받은 것만 감지덕지했으니, 그런 청맹과니가 없었다. 난데없는 총성으로 유신독재가 막을 내린 후 민주화를 외치며 화염병을 던지는 후배들을 보면서 비로소 깨달음이 왔다. 난 참 바보처럼 살았군요. 역사의식이 없이 젊은 시절을 보냈다는 뉘우침, 독재 타도를 외치며 거리에 나선 뜨거웠던 시절의 순결한 영혼들을 생각하면 지금도 얼굴이 따가워진다.

장준환 감독이 연출한 〈1987〉(2017)은 한동안 기억의 저편에 묻어두었던 나의 부끄러움을 잡아채어 바늘로 찔러댔다. 영화는 정확히 한 세대, 서른 해 전의 어지러운 국내 상황을 재현해낸다. 장갑차로 정권을 가로챈 독재자가 정권 연장의 야욕을 드러내고, 피 끓는 대학생들은 교정에서 뛰쳐나와 거리를 누빈다. 화염병과 최루탄이 난무하는 시가지는 전쟁터를 방불케 하고, 경찰들은 시위 주동자 검거에 열을 올린다. 그리하여 어떤 학생은 고문을 받다 숨지고 어떤 학생은 최루탄에 목숨을 잃는 사건이 발생한다.

영화는 한 대학생의 고문치사 사건을 놓고 그것을 덮으려는 경찰세력과 그것을 파헤쳐서 세상에 알리려는 사람들의 모습들의 밀고 당김을 보여준다. 경찰이 "책상을 탁하고 치니 억하고 죽었다."며 시신을 화장하여 증거를 인멸하려 하자, 어느 소신 있는 검사가 그에 불응하고 부검을 통해 물고문 질식사임을 밝혀내고, 결국 그 사실은 기자를 통해 언론에 공개된다. 총칼로 국민의 눈과 귀와 입을 틀어막으려고 눈이 벌겠던 야만의 시절에 진실과 정의를 위해 목숨을 걸고 싸우는 사람들의 이야기가 긴박하기 짝이 없다.

〈1987〉은 당시의 여러 부류와 군상을 잇달아 비춰준다. 정권의 입맛대로 폭력으로 모든 것을 눌러 대는 경찰 간부와 "받들겠습니다!"라며 지시에 따르는 하수인들, 원칙을 지키려는 검사와 진실을 파헤치려는 신문기자, 경찰에 쫓기는 민주인사와 비밀리에 그들을 돕는 민초들, 백골단의 무차별 폭력과 최루탄, 고문을 받다 죽은 자식의 재를 강에 뿌리는 아버지, 동아리 활동을 가장하여 광주항쟁 영상물을 숨죽여 시청하는 대학생 등 그 시대의 여러 모습을 만날 수 있다.

특히 눈에 띄는 대목은 여자대학생 연희의 의식변화이다. 구멍가게의 딸인 그는 학생운동에 아무런 관심이 없다. 교도관인 삼촌이 사찰에 도피중인 민주인사에게 전해달라는 편지 심부름에도 짜증을 내고, 동아리에서 만난 남학생이 시위에 나서는 것도 못마땅해한다.

"그런다고 세상이 바뀌어요? 왜 그렇게 다들 잘났어. 가족들 생각은 안 해요? 그날 같은 거 안 와요. 꿈꾸지 말고 정신 차리세요."

그러다 삼촌의 석방을 외치는 엄마를 찾으러 남영동에 갔다가 경찰에 끌려가면서 비로소 현실에 눈을 뜬다. 마침내 동아리의 남학생이 최루탄을 머리에 맞고 쓰러진 신문 보도를 보고는 그는 시청광장으로 달려가 "호헌철폐 독재 타도!"를 외치는 시위대의 버스에 올라선다. 평범한 여학생이 시대 현실에 눈을 뜨고 새로운 인물로 변모하는 과정을 통해 당시 민중들의 현실 대응 양상을 보여준다.

이 영화의 마지막에 흐르

는 〈그날이 오면〉(1989) 또한 큰 울림을 준다. 나는 예전에 '노래를 찾는 사람'들의 곡을 들었지만 별 감흥을 느끼지 못했다. 그러나 영화와 함께 노래를 접하니 감탄이 절로 나온다. 어느 노래가 이처럼 영화의 분위기를 절묘하게 담아낼 수 있을까.

한밤의 꿈은 아니리 오랜 고통 다한 후에
내 형제 빛나는 두 눈에 뜨거운 눈물들
한 줄기 강물로 흘러 고된 땀방울 함께 흘러
드넓은 평화의 바다에 정의의 물결 넘치는 꿈
그날이 오면 그날이 오면
내 형제 그리운 얼굴들 그 아픈 추억도
아아 짧았던 내 젊음도 헛된 꿈이 아니었으리
그날이 오면 그날이 오면

목숨을 걸고 어둠에 맞서던 젊은이들의 '그날'에 대한 소망이 절절히 스며있는 노래다. 고통을 참고 견디며 밝은 날이 오기를 염원하는 간절함이 가슴에 사무친다. 과연 피 흘리며 싸우던 그들이 꾸던 '드넓은 평화의 바다에 정의의 물결 넘치는 꿈'은 결코 '한밤의 꿈'도 '헛된 꿈'도 아니었다. 마침내 독재자는 정권 연장의 음험함 욕심을 거두고 대통령 직선제를 수용함으로써 국민 앞에 무릎을 꿇었으니 말이다. 그리하여 그때의 '뜨거운 눈물'은 서른 해가 지난 뒤에 무능한 대통령을 탄핵한 촛불혁명의 '그날'로도 꽃을 피웠던 것이 아니겠는가.

영화 〈1987〉은 나에게 준엄한 질문을 던진다. 젊은이들이 목숨을 내놓고 맹렬히 싸우던 시절 너는 무엇을 했느냐고. 나는 고개를 떨어뜨릴 수밖에 없다. 학생이 아니고 사회인이라는 핑계로 어지러운 정국을 팔짱을 끼고 바라만 보고 있었으니 말이다. 마음속으로야 어찌 청년들의 죽음을 안타까워하지 않고 군부독재에 종식을 바라지 않았으랴만 그것이 무슨 소용인가. 행동하지 않는 양심은 악의 편이라 하지 않았던가. 어지러운 시절을 용케 피해온 것은 행운이 아니라 영원한 마음의 빚일 뿐이다. 영화 〈1987〉을 보는 시간은 아물지 않은 부끄러움을 콕콕 찔러대는 고통의 시간이었다.

1987 : When the Day Comes, 감독 장준환,
출연 하정우, 김윤석, 강동원, 김태리, 2017.

또 하나의 독립운동, 우리 말 지키기

_ 말모이

도시락이든 벤또든
배만 부르면 되지
돈도 아닌 말을 왜 모으나?

일제강점기 때 조선어사전을 만드는 영화라는 소문을 듣고 고개를 갸우뚱했다. 사전 편찬이란 책상 앞에 모여앉아 줄곧 펜 놀리는 작업인데, 그게 어떻게 영화가 될까 의구심이 들었다. 그런데 막상 영화를 보니 순전히 선입견이고 기우에 불과했다. 충분히 아름답고 눈물겹고 흥미진진한 이야기로 만들어져 있었던 것이다.

엄유나 감독이 각본까지 쓴 〈말모이〉(2019)는 제목 그대로 우리 민족이 쓰는 말을 모아 사전을 만드는 사람들의 이야기이다. 내선일체(內鮮一體)라며 한글 사용을 금지하는 일제의 눈을 피해서 하는 일이기에 더욱 의미 있고 비장한 일이다.

류정환이라는 젊은이가 서점 지하에 작업실을 차려 놓고 동지

들과 사전 만드는 일을 시작한다. 허드렛일을 할 사람이 필요하여 심부름꾼을 하나 구했는데, 만나 보니 그 사람은 언젠가 경성역에서 자기 가방을 훔쳤던 소매치기가 아닌가. 한때 소매치기였던 김판수는 직장을 잃고 중학생 아들의 학비 때문에 류정환의 가방을 훔쳤다가 돌려준 일이 있다. 가방에는 돈 대신 사전 편찬 원고가 가득 들어있었다. 류정환은 그에 대한 반감이 있지만, 낯짝 두꺼운 판수의 넉살과 동지들의 두둔으로 마지못해 그를 받아들인다.

그런데 판수는 글을 모르는 까막눈이다. 더욱이 "도시락이든 벤또든 배만 부르면 되지. 돈도 아닌 말을 왜 모으나?" 하고 뇌까리듯 우리말의 중요성과 사전을 만드는 까닭을 전혀 알지 못한다. 그렇지만 류정환에게 글자를 배워 거리의 간판을 읽을 수 있게 되면서 비로소 글의 중요성을 깨닫게 된다. 아울러 일제의 탄압을 피해 비밀리에 일하는 동지들의 뜻도 이해하게 된다.

나중에 일본의 경찰의 수색으로 그들이 애써 작업한 원고를 모두 압수당한다. 게다가 그들을 이끌던 조갑윤 선생은 잡혀가서 고문 끝에 목숨을 잃는다. 류정환 또한 주모자로 지목되었으나 친일파 부친이 손을 써주어 무사할 수 있었다. 그러나 원고를 빼앗겨 망연자실하던 차에 조갑윤 선생이 만일의 사태에 대비하여 필사해놓은 원고가 그의 집에 남아있어서 다시 일을 시작한다. 이때는 판수도 옛날 교도소의 친구들을 불러 모아 전국의 사투리 정리에 힘을 보탠다.

류정환은 겉으로는 일본에 동조하는 척하면서 그들의 감시를 피해 일을 계속하지만 끝내 탄로가 난다. 밤중에 극장에 사람들을 모아 놓고 어휘 수집에 열을 올리던 그는 원고 가방을 안고 피하다가 총상을 입는다. 판수가 그것을 받아들고 도망치지만 그 역시 쫓기던 끝에 총에 맞고 숨을 거둔다. 다행히도 가방을 어느 건물 담벽 너머로 던져놓은 덕분에 원고를 보전할 수 있었고, 광복되어 출옥한 류정환이 그것을 찾아내어 작업을 마무리한다.

영화의 마지막 장면은 어느 초등학교의 교실이다. 이제 교사가 된 판수의 아들이 그의 누이와 함께 류정환이 보내온 '우리말 큰사전'을 펼친다. 그 사전은 아버지가 죽음으로 지켜낸 원고를 바탕으로 만들어진 것이다. 책갈피에는 뜻밖에도 아버지의 편지가 끼워져 있다. 옛날 사전 편찬을 돕던 판수가 겨우 익힌 솜씨로 어린 아들딸을 생각하며 썼던 글이다. 남매는 삐뚤삐뚤한 글씨에서 투박스럽지만 뜨거웠던 아버지의 정을 떠올리며 감회에 젖는다.

영화 〈말모이〉는 일자무식의 주인공을 내세워 그가 말과 글의 중요성을 깨달아가면서 의식의 변화를 겪고, 나중에 중요한 역할을 하게 되는 성장담을 담고 있다. 5.18 광주항쟁을 다룬 영화 장훈 감독의 〈택시 운전사〉의 주인공과 닮은 점이 있다. 그 영화의 주인공이 단순한 직업의식으로 외국인 기자를 태우고 광주에 갔다가 뜻하지 않은 봉변을 당하면서 비로소 잘못된 시국을 이해하고 투쟁에 동참하는데, 알고 보니 이 〈말모이〉를 만든 엄유나가 그 영화의 각본을 썼다.

"말은 민족의 정신이요 글은 민족의 생명입니다."라고 외치는 류정환 역할의 배우 윤계상은 〈범죄도시〉에서 보았던 흉악한 조선족 폭력배의 인상이 얼른 지워지지 않으나 이 영화에서는 친일파 아버지와 대립하며 우리말 모으기에 헌신하는 인물로 변신하였다. 외국 유학 갔다가 중도 귀국한 그는 "친일이 아니라 애국이다!"라고 강변하는 아버지를 등진 채 일경의 눈을 피해가며 사전 만들기에 안간힘을 쓴다. 한글학자이자 독립운동가인 이극로(1893~1978) 선생이 실제 모델이라고 한다.

사실 영화 〈말모이〉를 끌고 가는 것은 김판수 역할을 한 배우

유해진의 힘이다. 아들딸을 거느린 홀아비로서 밑바닥 삶을 사는 그는 때로는 비굴하기도 하고 뻔뻔스럽고 얄밉게도 행동하지만, 그 나름의 자존심과 고집이 있고 옳고 그름에 대한 분별력이 있다. 오해를 받거나 무시를 당할 때면 분연히 일어서서 싸울 줄 알고 의로운 일에는 기꺼이 몸을 바칠 줄 안다. 총만 안 들었지 그 또한 나라와 겨레를 위해 독립운동을 한 것이 아니겠는가.

또한 이 영화는 우리말을 주제로 한 작품답게 짬짬이 '호떡'이나 '민들레'의 말뿌리, '엉덩이'와 '궁둥이'의 차이 같은 어휘의 정보를 알려주는 잔재미도 지녔다. 우리말에 대한 엄유나 작가의 남다른 애정과 식견이 느껴진다. 무엇보다 지금 우리가 쓰고 있는 말과 글이 거저 주어진 것이 아니라 험난한 시절 선현들의 피와 땀으로 지켜진 것임을 깨닫게 해준 점에서 고마운 영화라고 하겠다.

MALMOE : The Secret Mission, 감독 엄유나,
출연 유해진, 윤계상, 2019.

훈민정음은 누가 만들었나?

_ 나랏말싸미

새 문자의 완성을 저들의 공으로 돌려야만
천년이 가도 돌이킬 수 없는 나랏일이 된다.

우리가 익히 알고 있는 사실을 손바닥 뒤집듯이 일백팔십도 뒤바꿔버린 영화가 나왔다. 바로 훈민정음 창제에 관한 이야기이다.

훈민정음은 누가 만들었는가?

이는 한국인이라면 삼척동자도 다 아는 사실이다. 세종대왕과 집현전 학자들이 만들었다는 것이 학계의 정설이다. 그런데 영화는 그것이 사실이 아니라고 말한다. 훈민정음을 만든 이는 따로 있고, 오늘날 우리가 역사적 사실로 알고 있는 것은 철저히 조작되었다는 것이다. 이야말로 폭탄선언이 아닌가. 한글학자들이 가만있지 않을 텐데 어찌 이런 영화를 만들 생각을 했나. 감독의 두둑한 배짱에 혀를 내두르지 않을 수 없다.

조철현 감독의 〈나랏말싸미〉(2019)는 한 마디로 혁명적인 영화라고 할 수 있다. 정찬주의 소설 〈천강에 비친 달〉을 영화화했다는데, 한글 창제에 관한 우리의 기존 관념을 단박에 부숴버린다.

새로운 문자를 만들려는 기획은 물론 세종대왕에게서 비롯되었다. 영화의 첫머리에 기우제 장면이 나온다. 제관이 한문으로 된 축문을 읽자, 임금은 "어찌 신령이 그것을 알아듣겠느냐?"면서 알기 쉽게 우리말로 읽으라고 이른다. 우리말에 대한 남다른 애착을 보여주는 대목이다.

그 무렵 일본의 승려들이 궁에 몰려와 팔만대장경을 요구하는 농성을 벌인다. 선대왕이 주기로 약속한 것인 데다가 유교 국가에서 불경이 필요 없을 터이니 자기들에게 넘겨달라는 주장이었다. 마땅한 대응책이 없어 난처해진 상황에 한 승려가 해결사로 나선다.

"팔만대장경의 주인은 임금도 신하도 중도 아니고 백성들이다. 굳이 가지고 가겠다면 주인의 허락을 받아오라."

스님의 유창한 범어(梵語) 실력과 당당한 논리에 압도당한 일본 승려들은 아무 소리도 못 하고 물러간다.

그는 신미(信眉, 1403~1480)라는 스님이었다. 그렇게 팔만대장경을 지켜낸 공로로 임금의 부름을 받는데, 그는 임금 앞에서 머리를 조아리지 않는다. 왜 절을 하지 않느냐는 물음에 그의 대답이 걸작이다.

"개가 절하는 것을 보셨습니까? 나라에서 중을 개 취급하니 국법을 따를 뿐입니다."

국가의 억불 정책에 대한 거침없는 항의이다. 그의 도발적인 행동과 대쪽 같은 논리에 임금은 말문이 막힌다.

임금은 그가 산스크리트어를 비롯한 티베트 문자나 파사파문자에 능통한 것을 알고, 새 문자를 만드는 일을 도와달라고 부탁한다.

"굳이 왜 문자를 만들려 하십니까?"

스님의 질문에 임금은 이렇게 대답한다.

"고려는 중들이 부처를 빙자하여 부와 권력뿐만 아니라 지식마저 독점했기에 썩어서 망했다. 조선의 유자(儒者)들이라고 다를까. 나는 새 문자로 그 독점을 깨버리고 세상의 모든 지식을 백성들에게 나눠주고 싶다."

그는 임금의 생각에 쾌히 공감한다. 그리고 수하 승려들을 비롯하여 수양과 안평 두 대군을 데리고 새 문자 만들기에 착수한다. 이 사업은 상당 기간 대신들이 모르는 가운데 진행된다. 뒤늦게 신하들이 알고 반발한다.

"그런 중차대한 일을 신하들과 상의도 없이 추진하다니요?"

그러나 임금의 생각은 흔들림이 없다. 결국 긴 산고 끝에 스물여덟 글자가 만들어진다. 그때 임금이 뜻밖의 명을 내린다.

"새 문자의 모든 것을 집현전 학자들에게 전수하라. 새 문자의 완성을 저들의 공으로 돌려야만 천년이 가도 돌이킬 수 없는 나랏일이 된다."

승려가 만든 문자라고 하면 전국의 유생들이 받아들이려 하지 않을 터이기에 그러한 계책을 내놓은 것이었다.

"이런 식으로 비열하게 태어난 문자가 과연 당당하게 살아남을 수 있겠소?"

신미 스님은 크게 분노하며 궁을 떠나지만, 결국 임금의 뜻대로 새 문자는 집현전 학자들이 만든 것으로 하여 반포된다. 이렇게 우리가 알지 못했던 훈민정음 창제의 비밀이 밝혀지는 것이다.

영화는 굉장히 설득력이 높다. 훈민정음 창제 과정을 잘 모르는 사람이 본다면 영화의 내용을 모두 사실로 받아들일 만큼 논리가 정연하다. 불교와 유교의 대립이나 왕권과 신권의 갈등 같은 것도 첨예하게 그려졌다. 나 또한 이 영화가 말하는 사실에 대하여 '설마 그러랴?' 싶으면서도 한편으로는 '정말 그랬는지도 모르지.' 하고 여겨졌다. 과연 어디까지가 진실이며, 어디까지 믿어야 할까.

이 영화의 신미 스님은 속성(俗姓)이 영동김씨(永同金氏)인데, 그 족보에 "집현전 학사로서 세종의 총애를 입었다(得寵於世宗)"라고 기록되어 있다고 한다. 그가 훈민정음 창제에 관여했다는 유력한 근거는 스님이 당대 최고의 범어 전문가였고, 범어의 제자원리와 훈민정음의 제자원리가 흡사하다는 데 있다. 최만리와 같은 유학자가 반대의견을 낸 것도 불교와의 긴밀한 관련성 때문이라고 한다. 더욱이 훈민정음이 창제되고 처음 지어진 것이 유학 서적이 아니라 〈월인천강지곡〉과 〈석보상절〉과 같은 불교 서

적이라는 점도 의구심을 자아낸다.

과연 영화 〈나랏말싸미〉는 나오자마자 역사 왜곡이라며 격렬한 공격을 받았다. 한글 창제의 주역이었던 세종대왕을 밀어내고 그 자리에 신미 스님을 올려놓았다는 것이 주된 비판이었다. 감독도 그것을 예상했는지 영화의 첫머리에 "훈민정음의 다양한 창제설 가운데 하나를 영화적으로 재구성했습니다."라는 문구를 넣어놓기는 했다.

그런데 역사적 사실과 다르다고 영화를 때리기만 할 것인가?

따지고 보면 지금 우리가 정사(正史)로 믿고 있는 것도 액면 그대로 받아들일 수 없는 부분이 얼마나 많은가. 역사는 승리자의 기록이라고 하듯이, 아무리 〈조선왕조실록〉의 기록이라 하더라도 당대의 상황에 따라 왜곡되거나 변조될 수가 있는 것이다. 그래서 역사를 연구하는 사람들은 역사 기록을 볼 때 그 행간에 더

주목하지 않는가.

이러한 점에서, 오늘날 우리는 역사적 근거를 고수하며 다른 견해를 배척하기보다는 다양한 가능성을 열어놓고 여러 가지 시각을 긍정적으로 수용하는 것이 역사의 진실을 찾는 바른 태도가 아닐까. 세상 사람 모두가 희다고 생각하고 있는 것을 과감히 검다고 주장한 감독의 패기와 임금 앞에서도 꼿꼿한 가부좌로 고개를 쳐들고 앉아 당당히 자기 목소리를 낸 신미 스님의 기개에 박수를 보내고 싶다.

THE KING'S LETTERS, 감독 조철현, 출연 박해일, 한석규, 2019.

항일무장투쟁의 빛나는 쾌거

_ 봉오동 전투

나라 뺏긴 설움이
우리를 북받치게 만들구 잡아 일으켜서
괭이 던지구 소총 잡게 만들었다 이 말이야.

일본군과 싸워 이기는 이야기는 언제 들어도 통쾌하다.

그만큼 그들에 맺힌 한이 큰 까닭이다. 임진왜란과 일제강점기에 저들에게 당했던 만큼 어떻게든 그 치욕을 되돌려주고 싶은 것이 우리 민족의 공통심리일 것이다. 그래서 한일 간에 벌이는 운동경기는 어느 종목이나 기를 쓰고 응원하며 필승을 기원하는 것이다. 과거 임권택 감독의 〈장군의 아들〉(1990)이나 김한민 감독의 영화 〈명량〉(2014)이 유례없는 관객을 동원한 것도 일본을 혼내준 내용이기 때문이 아니었을까.

2019년 일본 아베 총리가 느닷없이 반도체 핵심소재 수출규제를 선언한 것은 한국 경제를 타격하는 기습공격이 아닐 수 없다. "너희들 혼나 봐라!"하는 그 고약한 심보에 대응하여 우리 국민

은 “독립운동은 못 해도 불매운동은 한다!”라는 마음으로 일본 여행 안 가기, 일본 제품 안 사기 운동에 나섰다. 이와 때를 같이 하여 우리의 맺힌 가슴을 후련하게 씻어 주는 청량제 영화 하나가 나왔다.

원신연 감독의 〈봉오동 전투〉(2019)는 제목 그대로 일제강점기 독립군들의 무장투쟁 이야기이다. 국사 시간에 배운 바 있듯이 삼일운동 이듬해인 1920년 6월 북간도에서 벌어진 이 싸움은 같은 해 10월의 청산리 전투와 함께 항일독립투쟁사의 빛나는 성과로 손꼽힌다.

영화는 도입부에서부터 일본군의 만행을 보여준다. 독립군 토벌대인 그들은 두만강 국경지대에서 길 안내를 해준 소년 형제에게 답례로 먹을거리를 던져주는데, 그것은 음식이 아니라 폭발물이다. 보따리를 펴던 아우가 그 자리에서 목숨을 잃는다. 일본군은 또 옥수수를 가꾸는 조선인 민가를 급습하여 무차별 살육을 저지른다.

이때 월강추격대 야스카와 대장이 호랑이를 사로잡아 배를 가르는 장면은 무척이나 상징적이다. 죽어가던 호랑이가 고개를 쳐들고 포효하는 순간 대장은 칼로 목을 찔러 호랑이를 절명시킨다. 얼굴에 피를 둘러쓴 채 호랑이의 멱을 따는 그 무자비한 장면이야말로 조선을 삼키고 숨통을 조이던 당시의 상황에 대한 은유가 아니겠는가.

흔히 봉오동 전투라고 하면 홍범도(洪範圖, 1868~1943) 장군을 떠올린다. 그런데 이 영화의 전면에 활약하는 인물은 장군이 아니라 칼잡이 황해철이나 총잡이 이장하, 도둑질하던 마병구 같은 민초들이다. 그들은 말이 독립군이지 훈련된 군인들이 아니다.

"우리가 쪽발이 쪽수는 대충 알아도 전국의 독립군 수는 알 수가 없어. 왠 줄 알어? 어제 농사짓던 인물이 오늘은 독립군이 될 수 있다 이 말이야. 나도 원래 평안도에서 염소 키우던 인물이었어. 여기 군인이 한 마리라도 있으면 손들고 나와 보라우. 나라 뺏긴 설움이 우리를 북받치게 만들구 잡아 일으켜서 괭이 던지구 소총 잡게 만들었다 이 말이야."

황해철의 말대로 당시 독립군이란 이름 없는 백성들이 망국의 설움과 의분으로 뭉쳐 총칼을 잡은 사람들이 그 실체임을 알 수 있다. 그러나 왜놈들에 대한 적개심과 투지만큼은 물불을 안 가릴 만큼 뜨겁다.

영화는 독립군과 일본군의 쫓고 쫓기는 장면에 많은 시간을 할애한다. 그들은 산발적인 유격전을 펼치며 삼둔자(三屯子)와 후안산(后安山)을 거쳐 일본군을 봉오동(鳳梧洞) 골짜기로 유인한다. 그리고 험준한 지세를 활용한 매복 작전으로 그들을 궤멸시킨다. 기록에 따르면 이때 일본군은 157명의 전사자와 200여 명의 부상자가 나왔다고 한다. 이에 반해 아군은 사망자 네 명에 부상자가 약간 명에 지나지 않았다고 하니 그야말로 대승이 아닐 수 없다.

이 영화에서 아주 통쾌한 장면이 하나 있다.

일본군에 쫓기던 이장하가 산등성이에 올라 기관총을 난사하는 장면이다. 그는 미리 기관총을 땅속에 묻어놓고 적들을 그곳으로 유인한다. 개미 떼 같이 추격해 올라오던 일본군들이 난데없는 기관총 세례를 받고 태풍 맞은 수숫대처럼 우수수 쓰러진다. 십 년 묵은 체증이 단숨에 내려가는 대목이다.

이 영화에서 주목할 부분은 일본군 대장과 장교 및 독립군의 포로가 된 소년병의 역할에 일본인 배우를 기용한 점이다. 우리에게 낯선 일본인 배우와 그들의 생생한 일본어 발성을 통해 극의 사실성을 높이려는 전략이라 하겠다. 그리하여 "조선놈들을 산채로 잡아서 껍질을 벗기겠다!"라고 호언장담하던 일본군 대장과 그 부하 장교가 황해철이 휘두르는 칼의 제물이 될 때 관객이 느끼는 쾌감의 정도는 한국인 배역을 썼을 때와 확실히 다를 수밖에 없다.

특별히 흥미로운 배역은 아라요시 중위의 경우이다. 한국 배우가 그 역할을 맡았는데, 그는 독립군에게 부하를 잃은 뒤 일본군 대장에게 손가락을 잘리는 수모까지 당하고 다시 추격에 나선다. 그런데 그는 독립군을 쫓으며 몇 차례 죽을 고비를 넘기지만 용케 살아남는다. "내 저럴 줄 알았다."라며 약삭빠르게 몸을 사리며 목숨을 부지해가는 비열한 인간형이 우스꽝스러우면서도 생동감 있게 그려진다.

앞서 말했듯 이 영화는 별나게도 홍범도 장군이 전면에 등장하지 않는다. 봉오동 전투라면 당연히 그 주역이 나와야 할 터인데 왜 그림자도 비치지 않는가. 영화를 보다 보면 의아스러운 생각이 든다. 그러나 나오지 않은 것이 아니었다. 영화 초반 일본군이 지나가는 강변에서 삿갓을 눌러쓴 모습으로 잠깐 비치고, 독립군 참모 회의에서 뒷모습을 보이기도 한다. 봉오동에서 야스카와 대장의 말을 쏘아 쓰러뜨리며 사격의 시작을 알린 것도 바로 그였다. 그렇지만 얼굴을 내놓지 않아 누군지 알 수가 없다.

그는 전투가 끝난 뒤에야 비로소 얼굴을 드러낸다. 그만큼 관객들의 궁금증을 불러일으켜 장군의 존재감을 드높이려는 의도라 하겠다. 황해철이 절하며 전황을 보고하는 장면에서 모든 작전을 그가 뒤에서 주도해왔음을 알 수 있다. 그는 부하들과 함께 산정

에 올라가 독립군의 유골 가루를 먼 고향 땅을 향해서 뿌린다. 그리고 흰 가루가 묻은 태극기를 펼쳐 들며 조국을 향한 뜨거운 마음을 보여준다. 그 마지막 장면에서 그들이 목숨 걸고 싸운 것은 그 어느 것도 아니고 오로지 조국을 위한 충정이었음을 확인할 수 있다.

〈봉오동 전투〉는 참으로 고마운 영화이다. 우리는 그동안 봉오동 전투에 대한 역사적 사실만 알았지 그 구체적인 내용은 알지 못하였다. 영화를 통해 우리는 비로소 일백 년 전 선인들이 흘렸던 피와 땀을 생생히 볼 수 있었다. 물론 영화 매체의 특성상 얼마간의 허구적인 요소는 배제할 수 없었을 것이다. 그러나 말로만 듣던 역사적 사실을 개성 넘치는 인물들을 통해 실감나게 되살린 점에서 이 영화의 의의는 매우 크고 값지다고 하겠다.

The Battle : Roar to Victory, 감독 원신연,
출연 유해진, 류준열, 최민식, 2019.

제5부

난세를 살아가는 법

무협키드의 탄생

_ 의리의 사나이 외팔이

번개 같은 솜씨로 칼을 한 번 휘두르면

그를 둘러싼 적들이 우수수 낙엽처럼 쓰러졌다.

내가 중학생 무렵 중국 무협영화가 막 들어오기 시작했다. 사실은 대만이나 홍콩에서 만든 영화인데, 중국말 대사 때문에 나는 중국영화로 알았다. 당시 중국은 '중공(中共)'이라 불리며 우리나라와는 적대관계라서 영화를 수입하고 말고 할 사이가 아니었다. 어쨌든 무협영화는 나에게 무척이나 경이롭고 신비로운 경험이었다. 이전에 한 번도 들어보지 못했던 중국말의 강한 억양이며, 머리를 하얀 댕기로 동여 묶은 검객들이 칼을 등에 비껴차고 다니는 모습이며, 상대의 공격을 귀신같이 막아내는 현란한 칼솜씨와 날렵한 몸동작은 열다섯 살 소년의 눈길을 사로잡기에 충분했다.

내가 처음으로 무협영화를 접한 것은 대만에서 나온 호금전(胡金銓, 1931~1997) 감독의 〈용문의 결투〉(1967)였다. 칼을 들고 대결하는 긴장된 순간 또그르르 방울이 구르는 음향효과가 특징이었는데, 무술이 저리도 멋진 것인가 감탄이 절로 나왔다. 영화를 보고 나서는 검술 장면에 취해 벗들과 허구한 날 칼싸움 놀이를 했다. 그다음에 본 영화가 학교에서 단체 관람한 〈의리의 사나이 외팔이(獨臂刀)〉(1967)였는데, 흰 눈밭에 뿌려지는 붉은 피처럼 선명한 충격과 짜릿한 감동은 그야말로 파천황의 신세계를 보는 듯했다.

영화의 줄거리는 그리 복잡하지 않다.

강호에 한 문파가 있었는데, 밤중에 적의 습격을 받는다. 그 집 하인이 위기에 처한 사부를 구출하고 대신 싸우다 죽자, 사부는 하인의 충정을 생각하여 그의 어린 아들을 제자로 받아들인다. 그가 주인공으로 성장하는데, 무예가 뛰어나서 사부의 총애를 받는 관계로 동료들의 질시가 심해진다. 사부의 딸도 그를 연모하지만 짐짓 모른 체하므로 반감을 갖기에 이른다.

이에 괴로움을 견디다 못한 주인공이 사문을 떠나려고 하는데, 그들은 놓아주지 않고 시비를 건다. 그리하여 옥신각신 드잡이를 하던 중에 딸이 휘두른 칼에 오른팔을 잃고 만다. 그는 다친 몸으로 눈길에 피를 뿌리며 걷다가 의식을 잃는데, 때마침 지나가던 여인에게 구출되어 몸을 치료하고 그의 집에 눌러 살게 된다.

그러던 어느 날 불량배에게 모욕을 당하면서 무술연마를 결심한다. 다행히 여인이 무술 비결 책자를 소장하고 있어서 그것을 참고하여 아버지의 유물로 지니고 있던 끝이 부러져나간 칼로 왼손잡이 검술을 연마하는 것이다.

한편 적의 수괴가 부하들을 이끌고 주인공이 몸담았던 문파에 다시 쳐들어온다. 그들은 신무기를 지녔는데, 그것은 집게 모양으로 생겨서 칼을 한번 물면 빠지지 않게 되어 있었다. 그렇게 상대의 칼을 제어한 다음 왼손에 든 단검으로 공격하는 것이었다. 수많은 문하생이 속수무책으로 당하고, 사부마저도 상처를 입고 쓰러진다.

바로 그때 주인공이 나타난다. 그는 부러진 칼을 쓰는 까닭에 적의 집게 칼이 전혀 효력을 발휘할 수 없었다. 덕분에 적을 깨끗이 해치우고 위기의 문파를 구해낸다.

지금도 〈의리의 사나이 외팔이〉를 생각하면 웃통을 벗고 탄탄한 근육질 몸매로 싸우는 검객들과 담벼락을 휙휙 뛰어넘는 모습, 쨍강쨍강 칼과 칼이 부딪치는 소리와 그들이 흘리던 새빨간 핏물 따위가 떠오른다. 그 장면 하나하나가 너무나 강렬한 인상을 주었기에 지금까지 뇌리에 선명히 남아있다.

당시 무협영화의 총아는 단연 주연배우 왕우(王羽)였다.

준수한 외모에 불의에 외면하지 않고 당당히 맞서며, 홀몸으로 스승을 위기에서 구해내는 그는 한마디로 정의의 사도이자 영웅

이었다. 번개 같은 솜씨로 칼을 한 번 휘두르면 그를 둘러싼 적들이 우수수 낙엽처럼 쓰러졌다. 그 가운데 우뚝 서서 왼팔로 칼을 높이 쳐드는 모습은 어쩌면 그리도 멋지고 통쾌하였던가. 또한 주막에서 적이 던진 표창을 거짓말같이 입술로 받아내는 솜씨는 어찌 그렇게 신묘하였던가. 그는 단숨에 나의 우상으로 등극하였고, 영화를 본 다음부터는 벗들과 오른팔을 소매에서 빼고 외팔이 시늉을 하며 결투 장면 재현에 열을 올렸으니 영문을 모르는 이들의 눈에는 그런 가관이 없었을 것이다.

장철(張徹, 1923~2002) 감독은 원제가 〈독비도(獨臂刀)〉인 이 영화를 만들고 재미를 봤던지 연달아 왕우를 기용하여 〈대자객〉(1967)과 〈단장(斷腸)의 검〉(1967), 〈심야의 결투〉(1968)를 내놓았고, 속편인 〈돌아온 외팔이〉(1969)도 만들어 무협영화의 거장으로서 한 시대를 풍미하였다. 이렇듯 홍콩 무협영화가 인기가 높아지자 우리나라에서도 그에 편승한 아류작을 숱하게 만들어냈다. 그 가운데서도 임권택 감독의 〈뇌검(雷劍)〉(1969)이나 〈십오야(十五夜)〉(1969), 〈요검(妖劍)〉(1971) 따위는 눈여겨볼 만했다.

소설가 안정효는 1950~1960년대 무렵에 미국영화에 심취한 경험을 살려 〈할리우드 키드의 생애〉라는 소설을 썼다. 할리우드 영화에 빠져들어 청소년기를 보낸 사람을 그렇게 이름 붙인 것이다. 그렇다면 나도 소년 시절에 무협영화에 매료되어 극장을 제법 들락거렸을 뿐만 아니라 영화의 감흥에 겨워 벗들과 칼싸움 흉내도 어지간히 내고 지냈으니 가히 '무협키드'라 할 만하지 않은가.

극장의 조명이 꺼지면 날카롭게 째지는 금속성이 팡파르처럼 울리며, 은빛 바탕의 화면에 홍콩영화 제작사인 쇼브라더스의 에스비(SB) 마크가 떠오른다. 홍콩 무협영화의 시작을 알리는 신호이다. 그 순간 무한한 동경심으로 가슴을 졸이며 경이에 찬 무협의 세계에 온통 넋을 잃을 준비가 되어 있었던 것이 무협키드, 내 소년 시절의 한 풍경이었다.

One-Armed Swordsman, 감독 장철, 출연 왕우, 초교, 전풍, 1967.

주먹이 칼을 이기다

_ 정무문

홍콩 무협영화의 판도는

이소룡 이전과 이후로 극명하게 갈린다.

"저것은 연기(演技)가 아니라 진짜 격투기다!"

이소룡(李小龍, 1940~1973)의 〈정무문(精武門)〉(1972)을 처음 봤을 때 나는 이런 생각이 들었다. 누구도 흉내 낼 수 없을 것 같은 속사포 같은 주먹과 눈부신 발놀림, 자지러지는 괴성, 그리고 이글거리는 분노의 눈빛은 전혀 가공되지 않은 날것을 보는 느낌이었다. 그제까지 여느 영화에서 보아오던 무술과는 전혀 차원이 달랐다. 이런 인물이 그동안 어디 있다가 이제 나타났나? 이소룡은 아닌 밤중에 홍두깨처럼 떠올라 전 세계의 관객을 홀딱 반하게 만들었다.

〈정무문〉은 1937년 중일전쟁 이후 일본군의 지배하에 놓인 상해가 시대적 배경이다. 유학 중이던 주인공 진진은 사부의 부음

을 듣고 부랴부랴 정무관으로 돌아온다. 그리고 갑작스러운 사부의 죽음에 의혹을 품는데, 결국 거기에는 일본인이 개입되었음을 알아내고 복수의 싸움판을 시작한다. 살점이라고는 하나도 없는, 오로지 운동 근육으로만 다져진 깡마른 몸매와 박력이 넘치는 주먹질과 날렵한 발차기, 신기(神技)에 가까운 쌍절곤이 종횡무진 관객을 사로잡는다.

저돌적인 성격의 주인공은 누구에게 모욕을 당하거나 불의를 보면 가만히 있지 못한다. 'Fist of Fury(분노의 주먹)'라는 영어 제목처럼 한번 흥분하면 걷잡을 수 없는 상태로 돌변하여 주위의 만류도 듣지 않고 어떻게든 찾아가 앙갚음을 한다. 영화는 이소룡의 다듬어지지 않은 거친 성격을 최대한 살려 매력적인 상품으로 포장하는 데 성공했다.

〈정무문〉의 호소력은 주인공의 남성적 매력뿐만 아니라 일제강점기라는 시대적 배경도 한몫했다. 일본이라면 우리나라도 피가 끓는 처지가 아닌가. 분노한 주인공이 오만불손한 일본인들을 코가 납작해지도록 손봐주는 이야기는 우리에게 대리만족을 주며 십 년 묵은 체증을 내려가게 하는 청량제 구실을 한다.

특히 일본인이 자기네를 멸시하여 '東亞病夫(아시아의 병자)'라고 쓴 액자를 보내자, 진진이 그것을 도로 들고 가서 그네들의 무술 도장을 한바탕 뒤엎은 다음, 글 쓴 종이를 씹어 먹게 한다든지, 공원에서 '개와 중국인은 출입금지'라며 출입을 제지당하자 그 표지판을 떼어내어 공중 발차기로 박살내는 모습은 후련한 카타르시스가 아닐 수 없다.

〈정무문〉의 마지막 장면은 참으로 인상 깊다.

일본군의 압력으로 경찰국에서 주인공을 연행해가려고 한다. 진진은 내키지 않지만 응하지 않으면 정무관이 문을 닫아야 할 형편이니 어쩔 수 없는 상황이다. 그가 정무관을 나서면서 보니 대문 밖에 적들이 총을 겨누고 있다. 그는 괴성과 함께 그들을 향해 발차기하며 공중으로 날아오른다. 그리고 정지 동작 상태에서 총소리가 화면을 채운다. 맨몸으로 외세에 맞서는 주인공의 최후 모습은 매우 상징적이지만 충격적이고 비장하다.

바로 이 영화의 끝 장면처럼 이소룡의 생애는 너무나 짧았다. 〈정무문〉을 출발점으로 〈맹룡과강(猛龍過江)〉(1972)과 〈용쟁호투(龍爭虎鬪)〉(1973) 등을 내놓으며 전성기를 구가할 무렵, 1973년 7월 느닷없는 사망 소식이 들려왔다. 그의 죽음에 대해서는 여러 가지 의혹이 있었는데, 한창 명성을 얻던 중에 돌연사했다는 것은 너무나도 충격이었고 믿어지지 않았다. 그가 영화배우로서 제대로 활동한 것은 고작 3년밖에 되지 않는다. 출연한 영화도 〈당산대형(唐山大兄)〉(1971)을 비롯한 단 네 편뿐이다. 그는 혜성처럼 나타났다가 물거품처럼 사라졌다.

그런데도 그가 그토록 선풍적인 인기를 끈 것은 무엇 때문일까? 나는 신선함이라고 생각한다. 그는 우리가 이전에 한 번도 본 적이 없었던 새로운 경지의 무예를 보여주었다. 그것은 곧 그의 개성과 결부된다. 칼을 찔러도 튕겨 나올 것 같은 탄탄한 근육질 몸매와 재빠른 몸놀림, 그리고 괴상한 비명은 그가 떠난 뒤 숱한 아류작들이 쏟아지고, 수많은 배우가 뒤따랐지만 어느 누구도 그를 뛰어넘지 못했다. 그만큼 그는 독보적인 존재였다.

홍콩 무협영화의 판도는 이소룡 이전과 이후로 극명하게 갈린

다. 그가 나오기 이전까지만 하더라도 홍콩영화는 칼을 들고 싸우는 검술의 대결장이었다. 그러나 이소룡이 등장하면서 칼은 종적을 감추고 주먹다짐 영화가 판을 치게 되었다. 더불어 시간적 배경도 머리를 댕기로 동이고 칼을 등에 차고 다니는 무협 시대가 아니라 총이 나오고 넥타이를 맨 양복쟁이가 등장하고 파란 눈의 서구인들까지 가세하는 근대로 바뀌었다. 덕분에 시뻘건 피가 튀는 칼싸움 장면은 더는 보지 않아도 되었고, 대신 주먹과 발로 치고받는 격투 장면이 주된 볼거리로 등장하게 되었다.

시인이자 영화감독인 유하는 『이소룡 세대에 바친다』(1995)에서 "우리 가슴속에 그는 어느덧 신으로 자리하고 있었다."라고 하면서 "이소룡이 되고 싶다는 욕망이 내 교복의 나날을 견디게 해주었다."라고 말하고 있다. 아마도 그는 중학생 무렵에 이소룡을 만났나 보다. 나는 그럴 만한 시기를 넘어서 이소룡을 보았기에 그 수준까지는 가지 않았지만, 나에게도 중학생 시절 외팔이 영화의 추억이 있기에 충분히 그를 이해할 수 있었다.

불세출의 사나이 이소룡! 그의 시대는 지극히 짧았지만, 그가 남긴 발자취는 세월이 지나도 잊히지 않을 것이다.

Fist of Fury, 감독 나유, 주연 이소룡, 묘가수, 전풍, 1972.

난세를 살아가는 법

_ 유성호접검

누군가 나비는 사랑과 같다고 했지요.

아름답지만 순간이니까요.

날아왔을 때 잡지 않으면 봄이 지나면 사라져버리지요.

청춘 시절에 보았던 여러 편의 무협영화 가운데서 다시 한번 보고 싶은 작품을 들라면 나는 단연 초원(楚原) 감독의 〈유성호접검(流星蝴蝶劍)〉(1979)을 꼽겠다.

"강호의 살수(殺手)는 유성(流星)과도 같지. 처음에는 찬란히 빛나다가 한순간에 이름도 없이 사라지고 말지."

다리 위의 결투에서 자객 맹성혼(孟星魂)은 적을 제압하고 나서 이렇게 일갈한다. 늘 죽음을 각오해야 하는 자객의 삶, 어느 순간에 목숨을 잃을지 모르는 운명이기에 반짝 빛났다가 허망하게 스러지는 별똥별에 비유한 것이리라.

강호에 막강한 지위를 점하고 있는 용문방(龍門幇)은 십이비붕방(十二飛鵬幇)과 각축을 벌인다. 용문방의 방주 손옥백(孫玉伯)

은 다른 세력들의 표적이 되어 수많은 자객이 호시탐탐 그의 목을 노리는 형편이다. 맹성혼도 살인청부업자인 장춘원(藏春院)의 여주인으로부터 손옥백을 죽이라는 지령을 받는다.

주도면밀한 손옥백은 철저한 대비를 하지만 총애하던 아들 손검(孫劍)을 잃고, 몸을 숨기고 있으면서도 위기 때면 나타나 자기를 지켜주는 한당(韓棠)마저 죽자 위기감을 느끼며, 용문방 내에 첩자가 있음을 직감하게 된다.

그는 자신의 양자이자 오른팔 격인 율향천(律香川)을 의심하여 십이봉방에 심부름을 보내지만, 그가 도중에 적에게 나포되자 뒤쫓아 가서 구해주면서 의심을 거둔다.

한편 자객 맹성혼은 어느 숲속 정자에서 한 여인을 만나 연정을 품게 된다. 처음에는 몰랐지만, 여인은 손옥백의 딸로서 아버지가 엽상(葉翔)이라는 남자와 사귐을 반대하자 집을 나와 따로 지내는 중이었다.

맹성혼은 이름을 바꾸고 용문방에 찾아가 손옥백의 수하가 된다. 그리고 낮잠 시간을 이용해 그의 침소에 침입하지만, 눈치가 구만리인 방주가 쉽게 당할 리가 없다. 손옥백은 맹성혼이 딸의 연인임을 알고 있는 데다가 내부의 배신자 색출이 필요한 터라 그를 내치지 않는다.

마침내 손옥백은 십이비붕방을 치러 가자면서, 만일의 사태에 대비하여 심복 율향천에게 용문방의 기밀문서를 보여준다. 이때 율향천은 방주를 공격하며 비로소 본색을 드러낸다. 그는 자기가 용문방의 최고 실력자가 되고 싶은 야심에서 손검과 한당을 제거했으며, 그가 심부름가던 중에 적의 공격을 받은 것 또한 방주의 의심을 사지 않기 위한 계략이었음을 밝힌다.

치명상을 입은 손옥백은 지하의 비밀통로로 피신한다. 그리고 길목마다 그를 추종하는 무리가 도와주어 율향천의 추격을 따돌릴 수 있었지만 그를 쫓던 율향천은 주막에서 벗의 독배를 받고 쓰러진다. 그 벗 또한 손옥백이 심어놓은 사람이었다.

배반에서 배반을 거듭하는 이 영화에서 손옥백이 파란만장한 험로를 뚫고 끝내 살아남을 수 있었던 비결은 무엇이었을까. 만약의 사태에 대비한 치밀한 비밀장치와 더불어 목숨을 바쳐가며 그를 돕는 심복들 때문이었다. 그들은 과거에 어려움에 부닥쳤을 때 구해준 은혜를 잊지 않고 오랜 세월 보은의 기회를 기다려왔으며, 때가 오는 순간 장렬하게 자신 목숨을 내놓으며 그를 돕는 것이다.

이 영화에서 가장 강렬한 인상을 준 것은 한당이 출현하는 대목이다.

그는 방주의 생일날 건달패가 용문방을 찾아와 시비를 걸자 번개같이 나타나 그들을 쓰러뜨리고는 손에 묻은 붉은 피를 낯짝에 바르며 "노백을 죽이려거든 이 한당을 먼저 죽여라!" 하고 외친다. 걸출한 무공을 지닌 그는 낚시하던 은신처에서 그를 없애려고 온 적수들과 맞서던 중 도와주러 온 줄 알았던 친구에게 허망하게 죽임을 당한다. 한때 무협영화에서 왕우(王羽)와 쌍벽을 이루던 배우 로례(羅烈)가 역할을 맡았는데, 친구의 배신을 알아차린 순간의 절망적 표정은 아직도 기억이 생생하다.

사실 이 영화는 무협이라는 겉옷을 입고 있지만, 속살은 속고 속이는 난세에서 자기를 지켜나가는 지략의 대결이다. 등장인물들의 칼솜씨를 볼거리로 삼는 여느 무술영화와는 격이 다른 셈이다. 속도감 있는 사건 전개와 함축적인 대사, 과감한 생략과 비약으로 인하여 대충 봐서는 전후 맥락을 파악하기 어려울 정도이다. 대만의 무협작가 고룡(古龍, 1938~1985)의 소설이 원작인데,

장편소설을 영화로 축약하다 보니 많이 건너뛴 것으로 보인다. 고룡은 〈절대쌍교(絶代雙驕)〉와 〈초류향(楚留香)〉 따위도 썼는데, 나는 다른 것은 몰라도 이 영화의 원작만큼은 한번 읽어보고 싶은 생각이 들었다.

숨 막히는 위기와 반전으로 이어지는 이 영화에서 유독 숨 고르기를 할 수 있는 정적인 장면이 있다. 바로 맹성혼이 호접림(蝴蝶林)에서 여인을 만나는 대목이다. 여인이 정자에 홀로 앉아 꽃잎이 너무 빨리 떨어짐을 슬퍼하는 시를 읊자, 그것을 엿듣던 맹성혼이 나비를 한 마리 잡아들고 말을 건넨다.

"나비는 봄에만 살지요. 봄이 지나면 그 아름다움도 함께 사라지지요."

여인이 화답한다.

"그래서 누군가 나비는 사랑과 같다고 했지요. 아름답지만 순간이니까요. 날아왔을 때 잡지 않으면 봄이 지나면 사라져버리지요."

멀찍이 떨어져 수작하면서 두 사람은 마음이 통한다. 나중에 여인은 이름이 소접(小蝶)임을 밝힌다. 그 또한 '작은 나비'였던 것이다.

이 영화의 원제목을 보면 〈流星·蝴蝶·劍〉으로 되어 있다. 그러니까 '유성호접검'은 어떤 특별한 칼을 일컫는 것이 아니라 '별똥별'과 '나비'와 '칼' 세 가지를 병치한 것으로서 '자객'과 '사랑'과 '싸움'을 뜻하며, 이 영화의 주제를 함축한다고 하겠다.

속고 속이는 가운데서도 의리가 있고, 피비린내 나는 싸움 속에서도 사랑이 있는 이 영화는 단순한 활극이 아니라 인생사의 철리(哲理)가 담겨 있기에 오랫동안 뇌리에서 사라지지 않고 있다.

Killer Clans, 감독 초원, 출연 종화, 악화, 곡봉, 나열, 1979.

원숭이의 재롱잔치

_ 취권

그는 맨몸으로 넘어지고
구르고 때리고 다치고 울고불고 망가지면서
다채로운 볼거리를 만들어낸다.

왕우(王羽)도 자취를 감추고 이소룡(李小龍)도 가고 없는 무주공산의 홍콩영화판에 어느 날 원숭이 한 마리가 나타났다. 그 원숭이는 익살스러운 표정과 유연한 몸놀림으로 갖은 재롱을 다 부리며 단숨에 뭇사람의 눈길을 사로잡았다.

바로 배우 성룡(成龍)의 등장이다. 아무리 미간을 찌푸려도 웃음기가 떠나지 않는 장난기 어린 얼굴, 고무공처럼 통통 튀는 듯한 유연한 몸놀림, 우스꽝스러우면서도 기발한 무술 실력으로 그는 관객들의 웃음보를 한껏 터뜨렸다.

원화평(袁和平) 감독의 〈취권(醉拳)〉(1979)은 그야말로 무술영화의 새로운 경지를 보여준다. 종래의 검술영화나 권격영화와는 성격이 백팔십도 다르다. 〈의리의 사나이 외팔이〉(1967)와

〈정무문〉(1972)에서 보듯이 그동안의 무술영화는 선(善)과 정의를 위하여 악(惡)과 쟁투를 벌이는 비장한 내용이었다. 그러나 성룡의 등장과 함께 진지함과 심각함은 온데간데없이 사라지고 대신 배꼽 잡는 익살과 골계(滑稽)가 그 자리를 차지하였다. 이른바 코믹쿵푸, 무협희극의 탄생이었다.

〈취권〉의 줄거리는 지극히 단순하다.

주인공은 무술관장의 아들로서 장난치기를 좋아하는 개구쟁이다. 아버지의 눈을 피해 무술 사범을 골탕 먹이고, 길거리에서 처녀를 희롱하고, 걸핏하면 남들과 싸워서 말썽을 피운다. 이에 관장은 아들을 소화자(蘇花子)라는 노인에게 보내 교육을 부탁한다. 소화자는 늘 술병을 허리에 차고 다니는 주정뱅이지만 무술만큼은 고수다. 주인공은 그로부터 술에 취해 싸우는 권법을 전수받아 악당을 만나 곤경에 처한 아버지를 구해낸다.

이 영화의 무술 대결은 조마조마한 긴장감 속에서 죽느냐 사느냐를 판가름하는 건곤일척의 승부가 아니다. 그저 얼마나 솜씨좋게 상대를 공격하고, 얼마나 재치 있게 상대의 공격을 피하느냐를 보여주는 아기자기한 오락이다. 그래서 닭싸움하듯 주먹질과 발차기로 상대방과 티격태격 드잡이를 하면서 원숭이 재주넘듯 상대의 공격을 요리조리 날렵하게 피하는 몸동작을 보여주는데 많은 시간을 할애한다. 그러니까 관객들은 과거 무술영화를 볼 때처럼 손에 땀을 쥐거나 가슴을 두근거릴 필요가 없이 그저 오락게임 구경하듯 웃으면서 편하게 보고 즐기면 되는 것이다.

〈취권〉의 성공 요인은 무엇일까?

그것은 무술을 오락으로 뒤집어놓은 참신성이 아닌가 싶다. 정색으로 이야기할 내용을 웃기는 이야기로 바꿨다는 것은 뽕나무밭을 바다로 만든 것과 같은 코페르니쿠스적인 전환이라 할 것이다. 술에 취해 비틀거리며 싸우는 기상천외한 권법 소재도 기발했다. 특히 성룡이라는 전천후 재간둥이를 발굴한 것은 신의 한 수라고나 할까. 그의 곰살궂은 얼굴과 짓궂은 표정, 곡예와 같은 몸짓을 보면 누구도 웃음을 터뜨리지 않을 수 없다. 그는 맨몸으로 넘어지고 구르고 때리고 다치고 울고불고 망가지면서 다채로운 볼거리를 만들어낸다. 〈취권〉은 가히 성룡의 원맨쇼라고 할 수 있다. 그가 이렇게 원숭이처럼 능란한 몸놀림을 할 수 있는 것은 어린 시절 북경오페라학교에서 10년 동안 곡예훈련을 했기 때문이라고 한다.

〈취권〉에서 주인공 말고 인상적인 인물이 하나 있다.

바로 주인공과 찰떡궁합을 보인 소화자 역할의 배우 원소전(袁小田, 1912~1979)이다. 허옇게 센 머리에 주독으로 코끝이 빨간 그는 작달막한 체구로 능수능란한 무술을 선보인다. 특히 짓궂은 훈련 장치를 만들어놓고 제자는 힘들게 하면서 희희낙락 즐기며

호리병의 술을 홀짝거리는 모습은 깨소금 같은 재미를 준다. 나중에 안 일이지만 그는 원화평 감독의 아버지로서 배우이자 무술감독이었다고 한다. 원화평 또한 아버지를 따라 다년간 무술 감독을 하였고, 그 경험을 살려 〈취권〉을 연출한 것이다. 원소전은 다른 영화에서는 모습을 보기 어려웠는데, 〈취권〉 이후 얼마 지나지 않아 심장마비로 세상을 떠났기 때문이었다.

홍콩 무협영화의 계보를 따지면 제1세대는 1960년대의 왕우이고, 제2세대는 1970년대의 이소룡이며, 제3세대는 1980년대의 성룡이라고 할 수 있다. 왕우가 침착하고 의젓하고 바른길로만 가는 정의한(正義漢)이었다면 이소룡은 물불 안 가리고 맨몸으로 뛰어드는 열혈청년이었고, 성룡은 살살 눈웃음으로 아양을 떨어 살얼음을 녹이는 재간둥이였다.

그런데 왕우나 이소룡이 활동 기간이 짧았던 데 비해 성룡은 대단히 생명력이 길었다. 〈취권〉 이후 〈사제출마(師第出馬)〉(1980)와 〈프로젝트 A〉(1983), 〈폴리스 스토리〉(1985), 〈홍번구(紅番區)〉(1995), 〈러시아워〉(1998), 〈신화, 진시황릉의 비밀〉(2005), 〈대병소장(大兵小將)〉(2009), 〈신해혁명〉(2011) 등에 얼굴을 내밀며 30년이 넘도록 홍콩과 할리우드의 영화판을 주름잡았다. 부드러운 것이 강한 것을 이긴다는 말이 여기에도 적용될 수 있을지 모르겠지만 어찌 되었든 배우이자 감독과 제작자로서 그의 활약상은 대단하다고 아니할 수 없다.

1954년생인 그는 예순 살이 넘은 나이에도 〈더 포리너(The Foreigner)〉(2018)와 〈블리딩 스틸(Bleeding Steel)〉(2018) 등에서 건재함을 과시하고 있으며, 최근에는 여배우 장쯔이(章子怡)와 함께 에베레스트 등반가의 이야기를 다룬 〈클라이머(The Climbers)〉(2019)라는 영화에 출연할 예정이라고 하니, 과연 그의 활동이 언제까지 계속될지 지켜보는 것도 흥미로운 일이리라.

Drunken Master, 감독 원화평, 출연 성룡, 원소전, 황정리, 1979.

위기의 조국을 맨몸으로 막다

_ 황비홍

패기는 만 겹의 파도에 맞서고,

끓는 피는 붉은 태양과 같이 빛난다.

사람이 시대를 만들기도 하지만 시대가 사람을 만들기도 한다. 가정해보면 우리 역사에서도 만약 임진왜란이 일어나지 않았다면 이순신 장군 같은 분도 역사적 위인으로 떠오르지 않았고, 구국의 영웅으로 추앙받는 일도 없지 않았겠는가. 겨울철이 되어야 소나무와 잣나무의 푸름을 알 수 있다는 선현의 말처럼 사람의 진가도 어려움에 부닥쳤을 때 비로소 드러나는 것 같다.

서극(徐克) 감독의 〈황비홍(黃飛鴻)〉(1991)은 서세동점(西勢東漸)이 노골화되던 19세기 말의 청나라를 배경으로 기울어가는 조국을 지키는 한 열혈청년의 영웅적인 활약을 그렸다. 무술관의 사부이자 의사이기도 한 황비홍은 중국인들을 붙잡아다 미국에 노동자로 팔아넘기는 서구세력과 그들에 빌붙는 폭력조직을 보고, 분연히 싸워 잡혀간 이들을 구해낸다.

앞머리를 밀고 뒷머리를 딴 변발 모습의 이연걸(李連杰)은 명민한 눈빛과 단아한 인상, 날렵한 몸동작과 신기에 가까운 화려한 무술 솜씨로 관객들의 넋을 빼앗는다. 도입부에 나오는 선상 사자춤에서부터 시작하여 총검을 든 서양인들과 맞서는 마지막 부분까지 종횡무진 화면을 압도하는 그의 무예는 싸움이라기보다는 곡예나 무용을 보는 것 같은 착각을 불러일으킨다.

무술영화의 본령은 어디까지나 결투 장면이라고 볼 때, 〈황비홍〉은 이전 영화에서는 볼 수 없었던 새로운 무술을 다채롭게 선보이며 관객들을 매료시킨다. 우산을 무기 삼아 불량배들을 제압하는 모습이나 경극 공연장의 창술, 전봇대만 한 기둥이 날아다니는 빗속의 결투, 사다리를 타고 이리저리 넘나들며 싸우는 창고 안의 장면 따위는 손에 땀을 쥐게 만드는 묘기가 아닐 수 없다.

이렇듯 숨 막히도록 날고뛰는 싸움판에서 여주인공과의 은근한 로맨스는 오아시스 같은 분위기를 연출한다. 관지림(關芝琳)이 서양물을 먹은 여성 역할을 맡아 서양 모자와 드레스 차림으로 입식 카메라를 들고 다니며 크고 부드러운 눈망울로 주인공의 마음에 잔물결을 일으킨다. 비록 본격적인 애정 관계는 이루어지지 않지만 두 사람의 보일 듯 말 듯한 심리적인 교감은 여느 격정적인 장면 못지않게 잔잔하면서도 큰 울림을 준다. 이러한 여운이야말로 서양인들이 흉내 내기 어려운 동양적인 모습이 아닐까.

나는 이 영화를 보면서 '참 잘 만들었구나!' 감탄을 거듭했다. 쟁쟁한 배우들도 그렇고, 빼어난 무술 장면도 그러하며, 탄탄한 줄거리 또한 더할 나위 없었다. 역시 서극 감독은 동양의 스필버그라는 별명이 붙을 만하다 싶었다. 특히 도입부에서 바닷가 무예 훈련 장면을 배경으로 울려 퍼지는 노래 〈남아당자강(南兒當自强)〉은 얼마나 장쾌한가. "패기는 만 겹의 파도에 맞서고, 끓는 피는 붉은 태양과 같이 빛난다(傲氣面對萬重浪 熱血像那紅日光)." 라는 주제가는 설사 그 내용을 알아듣지 못한다고 할지라도 비장한 결의로 무예를 닦는 사나이들의 씩씩한 기상이 뭉클하게 가슴에 와 닿지 않는가.

무엇보다 이 영화에 큰 점수를 주고 싶은 것은 시대상을 잘 반영한 점이었다. 영화 속의 싸움 장면은 단순한 눈요깃거리가 아니라 외세의 침탈에 대항하는 애국적인 투쟁이기에 더욱 의분을 자아내고 공감을 불러일으키는 것이다. 나는 풍전등화의 조국을 지키고자 종횡무진 싸우는 주인공이 지극히 위대해 보이면서도 한편으로는 어찌 혼자 힘으로 무너지는 나라를 떠받칠 수 있을까 싶어 맨몸으로 총칼에 맞서는 그가 몹시 안타까워 보였다.

주인공 황비홍(1847~1924)은 중국 광동 출신의 실존 인물이라고 한다. 소림 계통의 무술인 홍가권(洪家拳)의 창시자이기도 하고, 의사로 활동하면서 백성들을 구제하고 항일운동을 펼친 민족 지도자로서 그를 주인공으로 삼은 영화만도 수십 편에 이른다고 한다. 사실 성룡(成龍)의 출세작 〈취권(醉拳)〉(1978)도 주인공이 그와 같은 이름인 것을 볼 수 있다.

〈황비홍〉의 영화사적 의의는 1960년대 왕우(王羽) 이후 자취를 감췄던 무협 사극을 다시 불러낸 점이다. 장철(張徹) 감독의 〈의리의 사나이 외팔이〉(1967)에서 시작되었던 무협 사극이 이 영화를 계기로 부활한 것이다. 〈황비홍〉이 나올 무렵 홍콩영화는 오우삼(吳宇森) 감독의 〈영웅본색(英雄本色)〉(1986)과 같이 암흑가를 배경으로 한 총잡이들의 폭력물이 대세였다. 바바리코트 차림의 주윤발이 색안경에다 담배를 꼬나물고 쌍권총을 난사하던 모습을 다들 기억할 것이다.

그런데 〈황비홍〉이 나오면서 총소리가 시끄럽던 홍콩느와르의

아성이 무너지고 정소동(程小東) 감독의 〈동방불패〉(1993)와 왕가위(王家衛) 감독의 〈동사서독(東邪西毒)〉(1994) 등의 무술 사극이 등장했으니, 가히 〈황비홍〉이야말로 한 시대의 획을 그은 작품이라 하겠다. 〈황비홍〉은 첫 작품의 흥행에 힘입어 〈남아당자강〉(1992)에서 〈서역웅사(西域雄獅)〉(1997)에 이르기까지 다섯 편의 속편이 나왔으니 인기가 대단했음을 알 수 있다. 우리나라에서는 제2편에 경쟁이 붙어 그 수입가가 네 배 가까이 폭등했던 웃지 못 할 일이 벌어지기도 했다.

돌이켜보면 홍콩영화는 왕우에서 시작하여 이소룡(李小龍)과 성룡, 주윤발(周潤發)을 거쳐 이연걸에 이르기까지 걸출한 배우의 등장과 함께 진화를 거듭해왔다. 앞으로 어떤 영화가 어떤 인물을 앞세우고 나타나 또다시 우리의 눈길을 사로잡을지 지켜볼 일이다.

Once Upon a Time in China, 감독 서극,
출연 이연걸, 관지림, 원표, 1991.

명품영화의 경지

_ 와호장룡

주먹을 쥐면 그 안에 아무것도 없지만,

주먹을 펴면 그 안에 모든 게 있다.

잘된 영화를 보면 감상문을 써보고 싶은 생각이 든다.

대만 출신의 할리우드 감독 이안의 〈와호장룡(臥虎藏龍)〉(2000)은 별로 기대하지 않고 봤는데, 공들여 만든 흔적이 역력한 것이 가히 명품영화라고 엄지를 꼽을 만했다. 무협영화가 여기에까지 이르렀구나! 소감을 써보고 싶은 생각이 들었는데, 선뜻 시작하지 못하다가 뒤늦게야 숙제하는 마음으로 펜을 들었다.

영화는 보검 하나를 놓고 쟁탈전을 벌이는 내용이다.

청나라 말엽 무림의 고수 이모백(李慕白)은 사부가 적의 공격을 받고 죽자 강호를 떠날 결심을 하고, 지녀오던 청명검을 사매(舍妹) 수련(秀蓮)에게 맡긴다. 그런데 고위관리의 딸 소룡(小龍)이 밤중에 침입하여 칼을 훔쳐 간다. 수련은 그를 쫓다가 놓치지만 복면한 그가 소룡임을 눈치 챈다.

소룡은 유모로 위장한 푸른여우라는 여자에게 높은 무공을 전수 받은 당찬 아가씨다. 더욱이 혼자서 특수비결을 습득하여 유모를 능가하는 경지에 이르렀으며 그 실력을 강호에서 뽐내고 싶어 한다. 이모백이 그의 무공을 알아보고 자기의 제자가 되어 달라고 이르지만 기고만장한 그는 코웃음을 치며 오히려 칼을 겨눌 뿐이다.

수련은 소룡을 만나 청명검을 돌려달라고 말한다. 그러나 먹히지 않고 둘은 격투를 벌인다. 이때 이모백도 합세하여 대숲으로 옮겨가 싸우는데, 소룡이 위기에 빠지는 순간, 푸른여우가 나타나 그를 낚아채 간다. 그리고 동굴 속에서 미향을 피워 그를 죽이려고 한다. 소룡의 무공이 자기보다 높아진 것을 두려워한 것이다. 그때 이모백이 쫓아와 푸른여우를 처치하고 소룡을 구해주지만 자신은 푸른여우의 독침을 맞고 숨을 거둔다.

마침내 소룡은 자신의 경거망동을 뉘우치고 옛날 사막에서 사귀었던 연인 소호(小虎)를 찾아간 다음, 언젠가 그가 일러주었던 "설산 절벽에서 뛰어내리면 원하는 것이 이루어진다."라는 말대로 구름 속으로 몸을 던진다.

이 영화에서 가장 눈에 띄는 것은 빼어난 영상미이다. 한 폭의 산수화를 보는 것 같은 자연 배경도 훌륭하지만, 등장인물들의 화려한 검술 대결이 일품이다. 특히 소룡이 수련에게 쫓기며 기와지붕 위를 날아다니는 장면이라든지 여러 가지 무기를 바꿔가며 대결하는 장면, 남장한 소룡이 주점에서 한바탕 실력을 뽐내고, 이모백과 휘청거리는 대나무 가지에 올라서서 겨루는 장면,

그리고 마지막에 소룡이 구름 속으로 뛰어내려 새처럼 날아 떨어지는 장면은 너무나 환상적이어서 감탄사를 발하지 않을 수 없다. 멋진 장면을 카메라에 담기 위해서 이안 감독과 원화평 무술감독이 어지간히도 공을 들였구나 싶다. 과연 이 영화는 아카데미시상식에서 촬영상을 비롯하여 미술상, 음악상, 외국어영화상 등 4개 부문을 수상하였다.

주인공을 맡은 주윤발(周潤發)의 중후한 연기 또한 말할 나위가 없다. 변발에 흰 장삼을 걸친 그는 싸울 때면 한손은 등 뒤에 두고 한 손만을 쓰는 고수다운 우월함을 보여준다. 〈영웅본색〉(1986)이나 〈첩혈쌍웅〉(1989)에서 양복 차림으로 나와 쌍권총을 쏘아대던 그가 앞머리를 시원하게 밀고 나와서 뒷짐을 진 채 상대의 공격을 척척 받아내는 모습은 백팔십도의 변신이 아닐 수 없다.

한 가지 못내 안타까운 것은 사매 수련과 이루지 못한 사랑이다. 수련은 이모백의 벗과 약혼을 했는데, 약혼자가 죽는 바람에 홀로 지내는 신세이다. 이모백이 강호에서 돌아온 것은 수련을 잊지 못했기 때문인데 쉽사리 마음을 드러내지 못한다. 수련 또한 그에 대한 연모의 정

이 가득하지만 차마 발설할 처지가 못 된다. 담담한 표정으로 간절함을 담아내는 배우 양자경(楊紫瓊)의 절제된 연기에서 산전수전을 다 겪은 내공이 엿보인다. 결국 죽음을 앞두고서야 속내를 드러내는 이 같은 사랑의 방식은 서양인에게서는 찾아볼 수 없는 동양인만의 은근함이 아니겠는가.

푸른여우로 나오는 여배우의 모습 또한 놀랍다. 독살스러운 표정으로 독침을 쏘아대는 그가 처음 본 듯 낯설었는데, 알고 보니 호금전(胡金銓) 감독의 〈방랑의 결투(大醉俠)〉(1966년)와 장철(張徹) 감독의 〈심야의 결투(金燕子)〉(1968년)에서 여주인공을 맡던 정패패(鄭佩佩)가 아닌가. 날렵한 몸매로 상큼한 눈알을 굴리던 새침데기 아가씨가 어찌 이토록 표독스러운 마귀할멈으로 변했을까 생각하니, 새삼 30년 세월의 무상함을 절감하지 않을 수 없었다.

영화 제목에서 말하는 '누운 호랑이(臥虎)'와 '숨은 용(藏龍)'은 무슨 뜻일까. 이름자를 생각하면 소룡과 그의 사막의 연인 소호를 지칭하는 것도 같지만 말뜻을 따져보면 무림의 세계를 나와 세속에 묻혀 살기를 염원하는 이모백과 수련을 가리키지 않나 생각된다. 무공을 통해 높은 곳으로 상승하려는 자와 높은 경지에서 모든 것을 내려놓고 하강하려는 자의 상반된 욕망이 부딪치는 지점에서 "주먹을 쥐면 그 안에 아무것도 없지만, 주먹을 펴면 그 안에 모든 게 있다."라는 주인공의 말을 되씹으며 인생의 역리를 느껴볼 수도 있음 직하다.

Crouching Tiger, Hidden Dragon, 감독 이안,
출연 주윤발, 양자경, 장쯔이, 2000.

땀 냄새가 주는 묵직함

_ 무사

손천용과 그 일행은
귀양 보내진 사실만이 전해질 뿐
고려로 돌아온 기록은 없다.

우리나라는 사극영화는 많아도 무술영화는 그리 많지 않다. 이웃 나라와 견주어보면 더욱더 그렇다. 돌아보면 〈왕의 남자〉(2005)를 비롯해서 〈광해, 왕이 된 남자〉(2012)와 〈관상〉(2013), 〈명량〉(2014)과 〈남한산성〉(2017) 같은 것들은 모두 역사적 배경을 가진 것들이지만 무술영화는 아니다. 겨우 찾아보자면 〈귀천도〉(1996)를 시작으로 〈비천무〉(2000)와 〈청풍명월〉(2003), 〈무영검〉(2005)과 〈중천〉(2006), 〈군도〉(2014)와 〈협녀, 칼의 기억〉(2015) 등 얼마 되지 않는다. 중국에서 〈황비홍〉(1991)과 〈동방불패〉(1992)를 비롯하여 〈신용문객잔〉(1992)과 〈동사서독〉(1994), 〈서극의 칼〉(1995)과 〈와호장룡〉(2000), 〈영웅〉(2002)과 〈연인〉(2004), 〈엽문〉(2009)과 같은 걸출한 무협영화가 쏟아져 나오는 것을 생각할 때 큰 차이가 나는 것을 볼 수 있다.

그런데 우리나라에도 제대로 된 무술영화라고 내세울 만한 것이 하나 나왔다.

바로 김성수 감독의 〈무사(武士)〉(2001)이다. 고려 말엽 중국에 사신으로 갔던 고려인들이 고국으로 돌아오는 과정을 그렸는데, 정우성과 안성기, 주진모와 같은 국내 배우와 중국 배우 장쯔이(章子怡)와 위룽광(于栄光)이 출연한다. 전편을 중국 현지에서 촬영한 점을 높이 평가할 만하다. 무엇보다도 황량한 사막과 고성에서 벌이는 전투 장면과 더불어 등장인물의 개성과 심리가 살아 있고 갈등구조가 치밀한 점이 돋보인다.

영화의 시대적 배경은 고려 우왕 무렵 고려왕조가 기울어가는 때이다. 중국도 원나라가 쇠퇴하고 명나라가 힘을 쓰기 시작하는 시기이다. 당시 고려는 공민왕 시해와 명나라 사신 살해사건으로 명과 관계가 좋지 않았다. 그래서 고려에서 보낸 사신이 돌아오지 못하는 경우가 있었는데, 이 영화는 〈고려사〉에 기록된 바로 그 사실을 근거로 만들었다.

줄거리는 대강 이렇다. 고려의 사신단이 명나라에 갔다가 난데

없이 첩자로 몰려 귀양길에 오른다. 도중에 원나라 군사들의 습격을 받아 명군 호송병들은 모두 죽고 그들만 살아남는다. 그들은 할 수 없이 고국으로 돌아갈 작정을 하고 사막을 가다가 외딴 마을에서 원나라 군사들에게 납치당한 명나라 공주를 만나게 된다.

일행을 이끌던 용호군 장수 최정은 공주를 구하면 명나라에 공을 세우고 무사 귀국에 도움이 되겠다는 계산을 한다. 그리하여 매복 기습 작전으로 공주를 구해내지만 그때부터 원군에게 쫓기는 신세가 된다. 공주는 자기를 해안까지 데려다주면 귀국할 수 있는 배를 제공하겠노라고 말한다. 이에 그들은 숱한 난관을 뚫고 공주를 바닷가의 고성에까지 호송한다. 그러나 공주를 빼앗긴 원나라 군사들이 그대로 있을 리 없다. 그들은 거기에서 생사를 가르는 일대 격전을 벌인다.

〈무사〉의 가장 큰 미덕은 사실성이다. 결투 장면에서 하늘로 날아오르거나 마술을 부리는 것 같은 기상천외한 무공을 발휘하는 일이 없다. 중국영화에서 익히 보듯이 무용을 하듯 칼을 휘두르고 손바람으로 조화를 부리는 장면은 기발하고 멋지기는 하지만 황당무계하다. 그러한 호풍환우(呼風喚雨)의 조화가 현실적으로는 가당찮음을 빤히 알기 때문에 눈요깃거리로는 좋으나 감동이 따르지 않는다. 그에 반해 〈무사〉는 과장이나 허황의 잔재주를 부리지 않는 까닭에 오히려 땀 냄새 나는 사실감과 묵직한 감동이 느껴지는 것이다.

특히 등장인물들의 성격이 매력이다.

치렁치렁한 긴 머리와 검은 복장을 한 여솔은 신비에 싸인 인물이다. 부사(副使) 이지헌의 노비로 주인을 그림자처럼 호위하는 그는 초반부에는 얼굴이 드러나지 않는다. 그러다가 부사가 죽고 그 시신을 거두면서 차츰 존재감을 드러내며 영화의 주동인물로 자리 잡는다. 그는 벙어리처럼 과묵하지만 의협심과 과단성이 있으며, 특히 창술에 능하다. 항상 긴 창을 항상 들고 다니는 그는 외딴 마을에 갔을 때 한 색목인이 부사의 시신에 놀라 욕설을 내뱉자 그 자리에서 목을 날려버린다. 숲속 전투에서 적이 공주의 목에 칼을 대고 위협할 때도 번개 같은 창 솜씨로 그의 이마를 뚫는다. 공주가 그에게 의지하는 만큼 그 또한 공주를 위하여 몸을 사리지 않는 충직함을 발휘한다.

왕실 경호대 출신의 최정은 갑옷 입은 장수로서 기개와 권위를 잃고 싶지 않은 인물이다. 무인 정신이 투철한 만큼 그는 고집스러워서 독단적으로 무리를 통솔하면서 마찰을 빚곤 한다. 그가 적의 수중에 있는 공주를 구출한 것은 공을 세우기 위한 명분도 있지만 젊은 사내로서 공주의 미모에 마음이 흔들렸기 때문이 아

닐까.

홍일점인 공주 부용은 비록 포로로 끌려 다니는 신세지만 도도하기 이를 데 없다. 최정에게 구출된 그는 원군에 쫓기다가 수레를 잃어버리고 나서도 걸으려고 하지 않고 탈것을 요구한다. 할 수 없이 그들은 나무를 베어다가 가마를 만들어 태운다. 한없이 여려 보이면서도 야무진 그는 최정과 여솔 사이에서 끊임없는 긴

장 관계를 형성하며 결국 두 사내를 전장의 이슬로 사라지게 만든다.

아울러 최정의 부관 가남과 국경지대 방위대인 주진군의 하급무사 진립, 원나라 장수 람불화도 눈에 띄는 인물이다. 칼날이 넓적한 대도를 쓰는 가남은 용맹하고 믿음직스러우며 상사를 위해 헌신하는 군인의 모습을 잘 보여준다. 주진군 소속 진립은 활 솜씨가 일품인데, 비록 지체는 높지 않지만 지긋한 나이에 걸맞게 사려 깊고 노련하여 일행으로부터 높은 신망을 얻는다. 날카로운 눈매를 지닌 원나라 장수 람불화는 묵직한 모습으로 시종 위압감을 준다. 그는 여솔의 빼어난 무술을 알아보고 그를 아끼는 일면이 있다. 그 밖에도 약삭빠르고 처세에 능한 역관 주명과 천축 순례에서 돌아오다 일행이 된 승려 지산은 서로 말씨름을 하면서 당시 유교와 불교의 대립상을 보인다.

광활한 중국의 사막과 황무지를 배경으로 피 터지게 사투를 벌이는 〈무사〉는 거친 남성미가 풍기는 영화이다. 여자 하나를 놓고 사내들이 각축을 벌이는 모양새가 여왕벌을 둘러싼 수벌처럼 딱히기는 하지만 한 장면 한 장면마다 감독과 배우들의 피와 땀이 배어 있기에 필름이 돌아가는 두 시간 반이 아주 옹골차다. 이 영화를 찍는 데에 53억 원의 제작비, 5개월간 112회의 촬영 횟수, 1만 킬로미터가 넘는 중국 동서 횡단, 현장 제작진 300명, 현장 진행 카메라 4대, 촬영 때마다 차량 동원 60대 등의 물량을 쏟아 부었다고 한다. 그 숫자도 엄청나지만 완성도 높은 영화를 만들고자 노력한 감독의 진지한 장인정신을 간과해서는 안 될 것 같다.

"손천용과 그 일행은 귀양 보내진 사실만이 전해질 뿐 고려로 돌아온 기록은 없다."라는 〈고려사〉의 기록 한 줄을 가지고 이렇게 대작을 꾸며낸 감독에게 감탄과 경의를 보내지 않을 수 없다.

The Warriors, 감독 김성수,
출연 정우성, 주진모, 안성기, 장쯔이, 우영광, 2001.

제6부

슬프고도 아름다운 한의 여운

토속적 에로티시즘의 매혹

_ 뻐꾸기도 밤에 우는가

나 어렸을 때
엄마가 저 소리를 왜 그렇게 좋아했는지
이제야 그 이유를 알 것 같아요.

1980년대 들어 우리 영화에 느슨해진 부분이 하나 생겼다.

여성의 신체 노출에 대한 엄격했던 규제가 완화된 것이다. 외국 영화에나 볼 수 있던 여성의 벌거벗은 몸매를 우리 영화에서 본다는 것은 그 이전에는 꿈도 꾸지 못할 일이었다. 섹스(Sex)와 스포츠(Sports)와 스크린(Screen)이라는 전두환 군사정권의 3에스 정책에 따른 것이라는 이야기가 있었는데, 어쨌든 표현의 자유가 주어졌다는 것은 영화계에서 박수를 칠 만한 일이었다.

그리하여 봇물 터지듯 쏟아진 영화가 〈애마부인〉(1982)을 비롯하여 〈산딸기〉(1982)와 〈뽕〉(1985), 〈어우동〉(1985)과 〈변강쇠〉(1986)와 같은 것들이었다. 이들은 청소년 관람 불가인 까닭에 '성인영화'라 부르기도 하고, 에로티시즘을 표방한다고 해서

'에로영화' 또는 '에로물'이라 불렀다. 다들 관객의 반응이 괜찮았던지 같은 제목에 줄줄이 일련번호를 붙여 연작물을 만들어댔다. 그런데 아쉽게도 그것들은 대부분 여자 배우의 몸매에 초점을 맞춘 눈요기용이어서 그 내용이나 완성도 등 작품의 질에서는 그다지 보잘것없었다.

이런 가운데 괜찮은 영화가 하나 나왔다. 정진우 감독의 〈뻐꾸기도 밤에 우는가〉(1981)였다. 정비석의 단편소설 〈성황당〉에서 줄거리를 가져왔는데, 여주인공의 육체적 매력을 통해 선정성과 토속성이 잘 표현되었다.

주인공 현보는 산속에 숯을 구우며 사는 노총각이다. 그의 노모는 아들의 색싯감을 점지해달라고 늘 성황당에 비는데, 과연 효험이 있었던지 어느 날 길 잃은 꾀죄죄한 계집애 하나를 얻게 된다. 순이라는 이름을 가진 그 열두 살짜리 계집애는 그 집에 살면서 처녀로 자라 자연스레 현보의 색시가 된다.

이때 처녀가 된 순이가 짧은 베적삼 하나만 걸치고 허리를 드러낸 채 사슴처럼 숲속을 뛰어다니는 모습이며, 숯가마 앞에서 가슴이 드러날 듯 말 듯 도끼를 쳐들고 장작을 패는 모습은 무척이나 고혹적이다. 특히 계곡물에 뛰어들어 알몸으로 미역을 감는 장면은 문명의 손길이 닿지 않은 원시적인 환경에 묻혀 아무 거리낌 없이 살아가는 자연인의 모습을 잘 보여준다.

그런데 이들에게 산림주사가 나타나면서 분위기가 달라진다. 그는 현보의 색시에 흑심을 품고 화장품을 사다 주며 유혹하는데, 뜻대로 되지 않자 현보를 산림법 위반으로 잡아 가둔다. 그리고 혼자 있는 순이를 강탈하려다가 현보의 친구 칠성이가 나타나는 바람에 실패하고 만다.

칠성이도 예전부터 순이에게 마음이 있었던지라 자기와 함께 산을 내려가 같이 살자고 한다. 순이는 그를 따라나섰다가 도중에 마음이 내키지 않아 발길을 되돌린다. 그리고 산으로 돌아와 홀로 숯을 굽고 살던 어느 날 산림주사가 다시 집에 찾아온다. 순이는 남편을 앗아간 그를 원망과 증오심으로 끌어안고 뜨거운 숯가마 속으로 몸을 던진다.

영화는 비극으로 막을 내린다. 이 영화의 서사적 얼개는 순수한 인물과 타락한 인물의 대결이다. 그것은 자연과 문명의 대결로도 볼 수 있다. 아담과 이브처럼 살아가는 산속의 젊은 남녀가 자연을 대표한다면 불순한 욕정으로 그들의 삶을 파괴하는 산림주사는 세속적인 문명을 대표한다. 현보 내외가 산속에서 오순도순 아들딸 낳고 오래도록 살았으면 좋으련만 속된 문명 세상이 그렇게 놓아두지 않는다.

이 영화는 여러 가지 미덕을 갖추고 있다.

우선 탄탄한 서사구조 속에 산골에서 나무를 베어다가 숯을 만들어 파는 숯장수의 생활이 꽤 사실적으로 그려진다. 송아지를 걸고 치르는 추석날 씨름대회라든지, 주인공이 도끼질하면서 산이 떠나가도록 내지르는 타령이나 기분 좋을 때 흥얼거리는 민요 같은 것도 영화의 토속성을 잘 뒷받침해준다.

황소처럼 투박한 현보의 모습도 억척스러운 촌부의 성격을 잘 구현해냈다. 아울러 보는 이를 감질나게 하는 여주인공의 싱싱한 육체적 매력은 말할 나위 없고, 장터에서 손거울과 은가락지에 눈을 떼지 못하고, 산림주사가 사다 준 '구리무'와 박하분에 마음이 흔들리는 순이의 심리묘사 또한 탁월하다.

별다른 기복이 없이 순탄히 흘러가던 산속의 일상에 산림주사는 큰 파란을 일으킨다. 순이를 호시탐탐 노리던 그는 계곡에서 목욕하는 여자의 옷을 앗아 들고 끈질긴 욕심을 드러낸다. 그가 물속의 여자에게 얼른 옷을 주지 않고 애를 태우는 장면은 선녀와 나무꾼을 연상시키며, 영화에서 가장 선정성이 고조되는 대목

이다.

그리고 막판에 가서 맨몸의 순이가 남편이 사준 은가락지를 낀 채 원수를 껴안고 죽는 장면은 큰 놀라움을 준다. 그는 평화롭던 자기 가정을 깨뜨린 자를 그와 같이 자기 몸을 던져 응징한 것이다.

〈뻐꾸기도 밤에 우는가〉라는 영화 제목은 당시로서는 대단한 파격이다. 그것은 여주인공의 어린 시절 사당패였던 그의 어미가 밤중에 뻐꾸기 소리를 신호 삼아 잠든 아이를 놓아두고 마실을 가서 몸을 파는 데서 비롯되었다. 어느 날 밤 순이는 뻐꾸기 소리를 들으며 남편에게 말한다.

"나 어렸을 때 엄마가 저 소리를 왜 그렇게 좋아했는지 이제야 그 이유를 알 것 같아요. 나하고 같이 자다가도 엄마는 뻐꾸기 소리만 들리면 금방 부리나케 뛰쳐나가곤 했어요. 그래서 엄마는 뻐꾸기 우는 소리를 참 좋아했었는가 보다 생각했었는데 그게 우스운 소리 같다는 것을 이제야 알았어요."

혼인하고 나서야 비로소 과거의 어머니를 이해하게 되었다는 이야기이다. 이러한 제목 설정은 영화 초반 송이버섯이 쑥쑥 자라는 모습을 보며 어린 순이가 처녀로 바뀌는 것과 같이 감독이 장치해놓은 성적 함의로 볼 수 있다.

이 영화를 만든 정진우 감독은 〈심봤다〉(1979)를 비롯하여 〈앵무새 몸으로 울었다〉(1981), 〈백구야 훨훨 날지 마라〉(1983), 〈자녀목(恣女木)〉(1985) 등에서 볼 수 있듯이 한국의 자연환경을 바탕으로 우리의 토속적인 정서를 즐겨 그렸다. 여기에 에로티시즘이 첨가됨으로써 그의 영화는 더욱 성가를 높였으며, 그 출발점이 바로 이 〈뻐꾸기도 밤에 우는가〉가 아닌가 싶다.

Does1Cuckoo Cry at Night, 감독 정진우,
출연 이대근, 정윤희, 윤양하, 최봉, 1981.

소리꾼의 삶, 그 한의 나그넷길

_ 서편제

이제껏 이토록 판소리를

본격적으로 다룬 영화는 없었다.

중절모를 쓴 중년의 사내가 가방을 지고 노랫가락을 흥얼거리며 들길을 간다. 뒤에는 치마저고리 차림의 앳된 처녀가 가방 하나를 들고 따른다. 또 그 뒤에는 둥그런 북을 짊어진 청년이 걸어오고….

임권택 감독의 〈서편제〉(1993)를 보고 나서 오래도록 뇌리에 남는 것은 이 소리꾼 일가가 정처 없이 떠도는 나그넷길 장면이다. 때로는 보리풀이 파릇한 봄 들길을 걷고, 때로는 바람 찬 억새밭 사이를 헤치며, 때로 빨갛게 물든 단풍나무 아래서 낙엽을 밟는가 하면, 어느덧 눈발 날리는 산길을 허위허위 넘는다.

카메라는 될 수 있는 대로 고정된 자리에서 먼 거리로 이들 장면을 잡는다. 유장한 판소리의 가락과 구슬픈 배경음악이 어우러지는 가운데, 영화는 남도의 빼어난 산수를 화폭에 수놓으면서 모처럼 우리 땅의 흙내음을 물씬 풍겨 준다.

인생을 누가 나그네라 했던가. 구름처럼 떠도는 나그넷길. 임권택 감독은 사람의 한평생을 길을 걷는 것으로 표현한다. 이것은 비단 〈서편제〉만의 모습이 아니다. 임 감독의 영화를 주의 깊게 본 사람은 그의 작품들이 일관되게 추구하고 있는 나그넷길 모티프를 어렵지 않게 발견할 수 있다. 〈만다라〉(1981)에서 보았던 두 승려의 운수 행각, 〈아제아제 바라아제〉(1989)에 그려진 구도의 방랑길, 또는 〈개벽〉(1991)에 나타난 끝없는 도피의 발걸음 등은 이 〈서편제〉의 나그넷길과 그 맥락이 닿아 있다.

이청준의 소설 〈서편제〉는 본디 '남도 사람'이란 제목을 가진 연작의 첫 번째 작품이다. 그것은 〈소리의 빛〉과 〈선학동 나그네〉, 〈다시 태어나는 말〉 등 다섯 편으로 이어진다. 이들의 주된 내용은 소리꾼 일가의 만남과 헤어짐을 중심으로 그들의 소리에 얽힌 발자취와 그 주변 사람들의 일화 또는 후일담에 관한 것이다.

그런데 첫 번째 소설은 완성도가 높은 편이지만, 나머지 것들은 앞의 작품에 너무 많은 것을 기대고 있어 연작의 한계가 엿보인다. 소리꾼의 삶의 궤적을 끈질기게 담아내고자 한 의도는 훌륭하지만 같은 이야기가 장황하게 되풀이된다든지, 주인공의 내면에까지 이르지 못하는 이청준 특유의 객관적 시점에 얽매인 서술 방식은 솔직히 독자를 하품 나게 만든다. 그리고 "한으로 해서 소리가 열리고 한으로 해서 소리가 깊어진다."라고 말하면서도 정작 등장인물들이 어떤 한을 어떻게 품고 있는지 수긍할 만한 근거를 찾기가 쉽지 않다.

대개 문학작품의 영화화는 원작을 읽은 사람을 실망하게 하는 경우가 많다. 장편소설을 영화화한 것은 지나친 축약으로 뼈대만 엉성히 남아 진한 맛이 없고, 단편소설로 만든 영화는 지나친 군더더기로 원작을 왜곡시키기 쉽다. 그러나 〈서편제〉는 이 점에서 매우 다행스러운 편에 속한다. 배우 김명곤이 각색한 이 영화는 여러 도막으로 갈라졌던 원작의 이야기들이 긴밀한 맥락으로 일관성을 유지하고 있다. 또 원작에 없는 크고 작은 사건들과 보조 인물들이 첨가됨으로써 극적 긴장을 돕고, 단조로움을 벗고 있다. 그러니까 〈서편제〉는 소설의 영화화가 어떠해야 하는가를 모범적으로 보여주는 작품이라 할 만하다. 또한 그것은 소설과 영화 매체의 본질적인 차이가 무엇인가를 실감케 하기도 한다.

소설의 영화화란 소설을 액면 그대로 필름에 박아내는 일이 아닐 터이다. 문자를 읽고 머리로 떠올려야 하는 소설과 사물의 움직임과 소리를 직접 보고 듣는 영화의 작동원리가 근본적으로 다르기도 하려니와, 원작을 복사하는 데 그친다면 영화 나름의 창의나 독자성은 설 자리를 잃을 수밖에 없다.

영화 〈서편제〉는 소설에 충실하면서도 소설을 뛰어넘는다. 유봉과 송화, 동호 등의 이름 붙이기도 그럴듯하고, 오누이의 관계가 원작과 뒤바뀌어 나온다든지, 유봉이 창극 순회로 큰 인기를 얻고 있는 옛 동료들과 마주치는 부분, 그리해서 알려지는 스승의 첩과의 염문이나 파문당한 그의 과거사 따위는 원작에는 없는 것이다. 이 밖에도 동호에게 유봉의 나중 소식을 전해주는 혁필 그림쟁이의 설정이며, 판소리가 서양음악에 밀려나는 서글픈 장터 풍경, 또 유봉의 고집스러운 성격과 소리에 대한 완강한 집착 등은 이 작품을 소설에서 벗어나 영화로 홀로 서게 하는 대목이다.

소설이 영화화되는 것을 살펴보면, 원작이 본디 베스트셀러인 까닭에 그 명성에 힘입어 성공을 거두는 영화가 있고, 반대로 영화가 유명해지자 소설이 뒤늦게 주목을 받는 사례도 있다. 과거 최인호의 〈별들의 고향〉(1973)이나 조해일의 〈겨울여자〉(1976)가 전자의 보기라면, 〈서편제〉는 후자를 대표한다. 이미 1970년대에 발표되었던 소설이 요즘에 인기소설의 순위에 올라 있는 것은 순전히 영화의 덕분이 아닐 수 없다.

〈서편제〉의 영화적 의의는 무엇일까. 그것은 뭐니 뭐니 해도 판소리를 처음으로 스크린에 끌어들였다는 사실일 것이다. 이제껏 이토록 판소리를 본격적으로 다룬 영화는 없었다. 그런 점에서 애초 이 영화의 기획은 상당히 모험에 가까웠지 않을까 싶다. 이 영화에는 전편에 걸쳐 많은 민요와 판소리 더늠이 담겨 있다. 동호가 소리재 주막에서 세월네에게 소리를 청하는 도입 부분에서부터, 유봉이 아들과 딸에게 소리를 가르치고, 떠돌며 밥벌이를 하고, 득음의 경지에 이르기 위해 산속에서 수련하고, 마침내 오누이가 만나 소리로 하나가 되는 과정까지 숱한 '소리'들이 관객을 취하게 한다.

더욱이 우리나라 사계의 빼어난 산수풍경이며 전통가옥의 토속미를 살린 촬영감독 정일성의 노련한 영상은 작품의 격조를 한층 높이고 있다. 그의 장인다운 카메라는 사라져가는 한국적인 풍경을 애써 붙잡으면서, 우리 고유의 소리와의 절묘한 조화를 이끌어낸다. 특히 한 시골길에서 세 사람이 진도아리랑을 부르며 흥겹게 춤추는 장면은 그 한국적인 멋 못지않게, 한 자리에 오랫동안 고정되어 찍는 카메라 기법이 놀랍다.

그리고 영화의 절정 부분을 오로지 창을 통해 진행하는 점도 가히 판소리 영화답다. 남달리 애틋한 정을 가졌던 두 오누이가 오랜만에 다시 만나 밤새 신명나게 소리와 북장단이 어울리며 감정이 고조되고, 눈을 빛내며 환희의 절정을 맞는다. 오로지 소리로 시작하여 소리로 정회를 푸는 이러한 결말처리는 어지간해서는 생각해내기 어려운 기법이라 할 것이다.

또한 이 영화를 수놓는 주제가 〈소리길〉과 〈천년학〉의 처연하고 유장한 선율은 어떤가. 〈못다 핀 꽃 한 송이〉(1983)와 〈젊은 그대〉(1984)를 부른 가수 김수철이 작곡했다고 하니, 그의 놀라운 음악적 변신에 혀를 내두르지 않을 수 없다.

물론 이 영화에 아쉬움이 눈에 띈다. 먼저 여주인공 송화의 성격이나 심리가 구체화 되지 못한 점이다. 유봉의 장인적인 집념이나 반항적인 동호의 성격이 뚜렷이 살아 있는 데 비해, 송화의 성격은 지극히 수동적으로만 비친다. 한을 심어 줄 요량으로 아비가 눈을 멀게 할 때, 당사자인 송화의 심정은 어떠했을까? 이때 송화의 비애감이나 내적인 아픔 같은 것이 좀 더 직접적으로 드러나야 하지 않았을까. 또 그가 득음에 이르도록 수련하는 과정에서 인간적인 고뇌가 좀 더 치열하게 표출되었어야 한다고 본다.

그리고 송화의 시종 젊은 모습도 옥에 티가 아닌가 싶다. 회상 장면에서의 송화는 물론 젊은 나이다. 그렇지만 세월이 흘러 남매가 다시 만나는 현재 시점으로 돌아왔을 때의 모습은 어떠해야 할까. 송화의 얼굴은 어느덧 세월의 켜가 앉은, 풍상을 두루 거친 중년 여인의 그것으로 변모해 있어야 하지 않을까. 〈심청가〉의 부녀상봉을 노래하는 득음에 이른 원숙한 소리에 비할 때, 아직껏 검정 머리 그대로인 모습에서는 그가 살아온 한스러운 밑바닥 삶

과 세월의 자취를 찾아보기 어렵다.

소설로서 〈서편제〉는 판소리를 소재로 삼을 때부터 이미 일정한 한계를 지닐 수밖에 없는 것인지도 모른다. 그것은 아무리 작가의 묘사력이 뛰어나다 하더라도 글로 판소리의 다채로운 맛과 멋을 오롯이 표현하기가 쉬운 일이 아닐 터이기 때문이다. 그러므로 영화 〈서편제〉는 소설의 한계를 쉽게 극복하고, 감칠맛 나는 소리의 진수를 관객에게 만끽할 수 있게 해준 점에서 소설보다 훨씬 유리한 위치에 있다. "한국의 소리, 한국의 풍경이 이 영화의 주역"이라는 「샘이깊은물」에 실린 김홍숙의 평도 바로 이러한 영화미학의 특성을 지적한 것이라 하겠다.

비록 영화 〈서편제〉가 부분적으로 한의 형상화나 성격 표현에 미흡한 점이 있다 할지라도 그가 가진 많은 미덕에 비하면 그 정도는 모래알에 지나지 않는다. 판소리를 처음 영상화했으며, 우리의 산천경개와 우리의 가락이 얼마나 아름답고 멋들어진가를 다시금 인식시켜 준 것만 가지고도 이 영화는 충분히 제 몫을 해냈다고 본다. 그것은 갈수록 외래문화가 위력적으로 우리의 혼을 파고드는 현실을 생각해 볼 때 더욱더 그러하다.

Sopyonje, 감독 임권택, 출연 오정해, 김명곤, 김규철, 1993.

어두운 시절의 잿빛 풍경화

_ 아름다운 시절

이 영화에서 눈길을 끄는 것은

배우의 연기(演技)가 아니라

감독의 탐미적 영상이다.

추억은 모두 아름다운 것일까. 아무리 고단했던 시절의 일도 일단 추억의 강을 건너고 나면 저녁놀에 반짝이는 강 물결처럼 우리를 눈이 부시게 하는 것일까. 꽁보리밥에 검정 고무신으로 요약되는 그 유년의 시간이 세월이 흐를수록 아름답게 채색되고 그리움의 색조가 깊어지는 까닭은 무엇일까. 사람은 나이가 들수록 과거에 산다는데, 그렇다면 노인들도 그 아름다움에 취하느라 옛 시절로 추억여행을 거듭하는 것일까. 그러기에 그 순간의 눈망울은 패이고 주름진 눈자위 속에서도 그토록 해맑을 수 있는 것일까.

이광모 감독의 〈아름다운 시절〉(1998)은 우리를 문득 반세기 전의 옛 고향마을로 데려다준다. 한국전쟁으로 어수선하던 1952년의 한 시골 마을, 여기에는 나지막한 초가들이 있고, 정겨운 돌담길이 있고, 물레방앗간이 있고, 논밭과 강이 있고, 그리고 어린아이들이 있다. 이 영화는 주로 동네 개구쟁이 아이들을 중심으로 그들의 눈높이에 맞춰 이야기가 전개된다.

창희와 성민, 간이 천막 학교 초등학교 5학년짜리 두 까까머리 소년이 이 영화의 중심인물이다. 아버지가 의용군으로 나가 돌아오지 않는 창희네는 가난해서 성민이네 집 아래채에 얹혀살고, 성민이네는 아버지 최 씨가 미군 부대에 빌붙어 매춘을 알선하고 군복 염색을 도맡은 덕분에 자전거에 라디오까지 갖출 정도로 형편이 펴있다.

어느 날 동네 물방앗간에서 미군의 '빵코' 장면을 훔쳐보던 창희는 몸을 파는 여자가 자기 어머니라는 것을 알고, 방앗간에 불을 지르고 종적을 감춘다. 그리고 미군에게 자기 딸까지 소개하며 돈벌이에 재미를 붙이는 최 씨는 기와집을 사서 이사를 하지만 채 스무 살도 안 된 그의 딸은 미군의 씨를 받아 배가 불러간다. 미군 지프만 보면 흙먼지를 뒤집어쓰면서도 꽁무니를 따르던 동네 아이들은 빈 상여를 만들어 뒷동산에 창희의 무덤을 만들어 주고, 성민의 아버지는 미군 물건을 빼돌리다 들켜 페인트 세례를 받고 일자리를 잃는다.

〈아름다운 시절〉은 아이들만의 이야기는 아니다. 아이들의 이야기인가 싶으면 어른들이 끼어들고, 어른들의 이야기인가 싶으면 다시 아이들이 뒤섞인다. 우물에 숨은 공산군 부역자를 끄집어내 혼을 내는 동네 사람들의 모습이 있는가 하면 숨바꼭질과 말타기 놀이를 하는 아이들의 모습이 비치고, 천막 학교 멍석 위에 앉아 '고향의 봄'을 부르는 장면이 나왔는가 싶으면 '빨갱이를 쳐부수자!'라며 목청을 돋우는 반공강연회가 열린다. 이 영화는 1950년대를 살았던 사람이면 누구나 겪었을 법한 시골 마을의 풍속도이다.

영화 제목 〈아름다운 시절〉은 추억 어린 유년과 인정미 넘치는 고향을 연상시킨다. 그러나 정작 관객이 만나는 그 시절의 풍경들은 어둡고 추하고 슬픈 것들이다. 물론 이 영화의 화면은 지극히 아름답다. 빼어난 영상을 담으려고 전국 방방곡곡 안 찾아다닌 데가 없다는 감독의 고백이 아니더라도, 영화의 장면 하나하나에서 1950년대의 한국적 정취를 담아내고자 안간힘을 쓴 감독의 땀방울을 엿볼 수 있다.

그런데 정작 이 영화에 비치는 풍경은 우리의 전통적인 미풍양속과는 거리가 멀다. 걸핏하면 미군 지프가 흙먼지를 일으키는 이 마을에는 생계를 위해 몸을 파는 아낙이 있고, 방화와 살인을 하는 소년이 있으며, 물건을 빼돌리다 들켜 페인트를 뒤집어쓰는 사내가 있고, 또 돈만 아는 아비 때문에 혼혈아를 낳아야 하는 처녀가 있다.

그러므로 이 영화에 나타난 시골 마을은 결코 평화롭거나 인정미 넘치는 따뜻한 공동체 사회가 아니다. 지프와 초콜릿으로 대변되는 전쟁과 자본주의의 영향으로 전통 윤리가 깨어지고 빈부의 격차가 벌어져 가는 오염된 사회인 것이다. 감독이 그리고자 한 것은 과거사에 대한 낭만적인 미화(美化)가 아니라, 오히려 1950년대라는 어지러운 시대를 살았던 우리 할아버지와 아버지의 어두웠던 초상화가 아닌가 싶다.

〈아름다운 시절〉은 여느 영화에 비해 새로운 점이 많다. 우선 고정된 자리에서 오래 찍기를 한 촬영 기법이 돋보인다. 이광모의 카메라는 한 군데 눌러앉으면 좀처럼 자리를 뜰 줄 모른다. 대상에서 멀찍이 떨어져 앉아 결코 그것에 가까이 다가가는 법이 없이 담담히 지켜볼 뿐이다. 여러 각도의 장면을 이어 붙여 극적인 장면을 연출하는 몽타주(Montage)와 같은 기본기마저 무시한 그의 영상은 그러므로 지극히 정적(靜的)인 느낌을 준다. 그래서 관객은 그 장면들을 실제 어느 동네 한 귀퉁이에서 구경하고 있는 듯 착각에 사로잡히곤 한다.

또 하나 새로운 점은 자막을 통한 사건의 해설이다. 작은 일화(逸話)들로 연결된 이 영화에서 관객은 종종 앞뒤 연결이 안 되는 장면들을 마주치며 의아스러워진다. 예컨대 잠결에 오줌을 싼 성민이가 마루에 나왔을 때, 그의 눈에 띈 아랫집 마루에 망연히 앉아 있는 창희 어머니 같은 경우가 그것이다. 이때 관객은 성민이와 더불어, 저 여자가 왜 밤중에 잠도 자지 않고 저러고 있나 궁금해 한다. 허탈에 빠져 멍하니 앉아 있는 모습이 뭔가 좋지 않은 일이 일어난 것 같은데, 무슨 일일까 하고 갖가지 추측에 사로잡힌다. 그러다 얼마 후 그 장면이 끝날 무렵 자막의 글귀가 궁금증을 풀어준다. "잃어버린 미군 속옷 빨래를 창희네는 끝내 찾지 못했다."

이처럼 〈아름다운 시절〉의 화법(話法)은 일단 관객에게 장면을 먼저 제시해 주고 그에 대한 설명은 나중에 제공하는 방식을 채용하고 있다. 어쩌면 기존 영화의 화법에 익숙한 사람들은 이러한 전개 방식에 따분함을 느낄지도 모른다. 그러나 단조로운 일화들로 연결되는 이 영화가 그러한 독특한 기법으로 흥미를 끌었기에 관객은 지루함을 잊고 한 시간 오십 분을 몰두할 수 있는 것이 아닐까.

〈아름다운 시절〉은 배우의 영화가 아니라 철저히 감독의 영화이다. 이 영화에서 눈길을 끄는 것은 배우의 연기(演技)가 아니라 감독의 탐미적 영상이다. 특히 검정 빨래가 줄줄이 널린 강변의 풍경이나, 성민이네가 달구지를 앞세우고 굽이굽이 산골짜기의 길을 떠나는 마지막 장면은 그 배경음악과 함께 무척이나 공을 들였음직하며, 여기서 영상미에 집착하는 감독의 고집스러운 장인정신을 느낄 수 있다.

그러나 감독의 별난 고집스러움으로 인해 관객이 치러야 하는 불편함도 없지 않다. 단편적인 이야기 부스러기에 뒤섞여 줄거리가 산만하다든가, 시종일관 고정된 화면으로 인해 역동성이 부족하다든가, 가까이 찍기를 회피한 까닭으로 등장인물의 표정 연기를 가까이 볼 수 없는 점 따위는 화끈한 할리우드 영화에 길든 이에게는 필경 답답함을 불러일으킬 것으로 보인다. 아울러 시골을 배경으로 하면서도 들판에서 곡식을 거둔다거나 쟁기질을 한다거나 농부들의 일하는 모습이 구체적으로 등장하지 않은 점은 아쉬우며, 냇물에서 고기 잡는 아이들 모습이나 비사치기와 쥐불놀이, 장수하늘소 싸움 붙이기 등 다양한 옛날 놀이의 재현(再現)도 좋지만, 사춘기 아이들의 이성(異性)에 눈뜨는 이야기도 잠깐 곁들였더라면 이 영화에 윤기가 더해지지 않았을까.

감독은 왜 이 영화를 〈아름다운 시절〉이라고 했을까. 전쟁으로 뒤숭숭하던 시절, 미군이 흘린 라이터를 신기해하고 그들이 던진 초콜릿에 환호하는 가운데, 전통 윤리관이 무너지고 빈부 격차가 벌어져가는 암울한 시절의 이야기를 담고서 왜 감독은 아름답다는 제목을 붙였을까. 그것은 그것이 추억의 강을 건너온 지난 시절의 이야기이기 때문일까, 집요하게 추구한 영상의 향토성 때문일까, 아니면 고달픈 시절에 대한 반어적 의미일까.

Spring in my Hometown, 감독 이광모,
출연 이인, 김정우, 안성기, 1998.

한국인의 장례 풍경

_ 축제

감독은 애초부터 이 영화에서
죽음의 비극성이나 효의 윤리를 강조할
생각을 가지고 있지 않다.

어버이의 주검 앞에서 떳떳이 고개를 들 수 있는 자식이 어디 있으랴. 한 어버이가 열 자식을 길러내도 열 자식이 한 어버이를 봉양하지 못한다는 말처럼, 아무리 정성을 바친다 한들 어버이의 깊고 큰 사랑을 천만 분의 일이라도 갚을 수 있으랴. 그러기에 자식으로서 어버이의 주검 앞에서 죄인 아닌 자 없으리라. 예부터 부모의 장례를 극진히 치른 것이나, 자손 대대로 조상의 제사를 받들어 온 것은, 따지고 보면 단순한 관습이라기보다는 본디 어버이의 은혜를 새기고자 하는 자식의 정성에서 나온 것이 아니겠는가.

이청준의 소설이자 임권택의 영화인 〈축제〉(1996)는 이러한 어버이의 죽음과 장례를 그린 작품이다. 주인공 준섭은 어느 날

갑자기 모친 사망 소식을 듣고 서둘러 아내와 어린 딸을 데리고 시골로 내려온다. 도중에 망인이 깨어나 장례 준비에 혼선이 빚어지기도 하지만 결국 그의 임종 아래 모친은 숨을 거둔다. 그 이후로 몰려드는 일가친척과 문상객들로 시끌벅적한 가운데 장례 의식이 진행되고, 사흘 뒤 장례식을 마친 가족이 함께 모여 사진을 찍으면서 영화는 막을 내린다.

이 영화는 죽음이라는 가라앉은 주제를 다루면서도 분위기는 결코, 어둡지 않다. 〈축제〉라는 제목에서 짐작할 수 있다시피, 감독은 애초부터 이 영화에서 죽음의 비극성이나 효의 윤리를 강조할 생각을 가지고 있지 않다. 감독이 가장 염두에 두고 있는 것은, 한국의 초상집에서 볼 수 있는 전통 장례식의 풍경이다. 이 영화는 망자의 콧구멍 앞에 솜털을 얹어 호흡 여부를 알아보는 '속광(屬纊)'이라는 의식에서부터 초혼(招魂)과 습렴(襲殮), 발인(發靷)과 하관, 실토(實土), 그리고 초우제(初虞祭)에 이르기까지의 복잡다단한 상례 절차를 마치 기록영화처럼 자막을 붙여 가며 소상히 설명해 준다. 가히 한국인의 장례 풍습에 관한 문화인류학적 보고서라고 할 만하다. 외래 문물에 밀려 점점 우리 것을 잃어가는 요즘 이처럼 우리 고유의 의례를 꼼꼼히 챙겨 주는 작품이 나왔다는 것은 고마운 일이 아닐 수 없다.

또한 이 〈축제〉는 감독과 작가가 함께 손을 잡고 영화와 소설을 동시에 만들었다는 점이 특이하다. 소설을 보면 지은이가 감독에게 작품 원고를 써 보내면서 그때마다 영화 제작에 참고할 만한 사항을 덧붙이는 대목이 있다. 특히 〈축제〉라는 엉뚱한 제목에 대해 작가가 다소 의문을 표명하면서도 감독의 뜻에 따르겠노라고 하는 것을 보면, 이 제목의 발상이 누구의 것인지 알 수 있다.

그런데 이 소설과 영화를 눈여겨보면 둘 다 같은 줄거리를 펼치면서도 두 매체의 상이성만큼이나 그 무게가 다른 것을 살필 수 있다. 소설 〈축제〉는 모친상을 당한 주인공의 내면 심리와 가족 간의 갈등이 중심 내용을 이루는 데 반해, 영화는 주인공의 내면

의식보다는 떠들썩한 상가 풍경과 장례 의식에 더 많은 관심을 기울이고 있다. 그리고 소설에서는 주인공의 학생 시절 어머니와 얽힌 '눈길' 이야기, '게자루' 이야기, 그리고 손사랫짓에 관한 이야기가 곡진하게 소개되지만, 영화는 그런 내밀한 아픔을 드러내는 데까지는 이르지 못하고 있다.

이 영화에는 크게 두 개의 이야기가 뒤섞여 있다. 하나는 현실의 장례식이고, 다른 하나는 중간에 끼어들곤 하는 동화이다. 장례식이 이 영화의 외연이라면 동화는 내포에 해당한다고나 할까. 삽입된 동화는 준섭이 지은 〈할미꽃은 봄을 세는 술래란다〉를 영상화한 것으로서 인간의 늙음과 죽음에 대한 교훈적인 의미를 부여하고 있다.

나이가 들수록 왜소해지는 할머니를 보고 어린 딸이 아버지에게 묻는다.

"할머니는 왜 키가 점점 작아져요?"

아버지가 대답한다.

"그건 할머니가 은지에게 나이와 키를 나눠 주시기 때문이지."

"그럼 할머니는 왜 점점 정신이 없어지는 거예요?"

"그것 역시 은지에게 지혜를 나눠 주시느라 그런 거야."

이렇게 할머니는 당신이 가진 것들을 손녀에게 나눠 주면서 몸집이 점점 작아지고, 마침내 하얀 나비에 영혼이 실려 하늘로 날아간다.

불교적 윤회사상을 바탕에 깔고 있는 이 동화는 할머니의 헌신적인 내리사랑을 강조하면서, 어버이의 죽음이 결코 자식과의 단절이 아니며, 앞 세대의 사랑과 희생을 바탕으로 하여 다음 세대가 존재한다는 것을 깨닫게 해준다. 영화의 주제도 바로 여기에 담겨 있다.

이 이야기는 할머니의 죽음에 대해서 "슬퍼야 하는 데 별로 슬프지가 않아요."라고 말하는 은지와 같은 아이들에게는 할머니의 늙음과 죽음에 담긴 의미를 일깨워주는 점에서 교육적 효과가 있을 것 같다.

아울러 〈축제〉는 치매 노인의 문제를 제기하고 있다. 주인공의 어머니는 오랫동안 치매를 앓았다. 노인은 젊은 시절의 치마저고리를 꺼내 입고 홀연히 집을 나서곤 한다. 그때마다 큰며느리 외동댁은 동네 사람까지 동원하여 밤중까지 노인을 찾아다닌다. 시어머니 때문에 오십 줄에 자전거를 배운 외동댁의 고초를 알 만하다. 정신이 없는 노인은 마당의 풋감을 작대기로 다 따버리는가 하면, 담뱃불로 하마터면 집을 태울 뻔하기도 한다. 이러한 이야기는 단편적이나마 우리에게 치매 노인 문제의 심각성을 일깨워 준다.

구성상으로 볼 때, 이 영화에 매우 중요한 인물이 하나 있다. 바로 용순이다. 준섭의 이복 조카로서 초상집에 불쑥 나타난 그는 평면적인 구성으로 인해 자칫 이완되기 쉬운 영화의 줄거리에 짭짤한 소금기를 부여한다. 그는 죽은 준섭의 형이 밖에서 낳아서 데려온 딸이다. 아비가 죽은 뒤 그는 외동댁 집에서 천덕꾸러기로 살다가 배다른 형제들의 구박에 못 이겨 가출한다. 그때 집안의 돈을 훔쳐 달아났기 때문에 가족들의 감정은 매우 적대적이다. 신문을 통해 할머니의 죽음 소식을 접하고 13년 만에 모습을 보인 그는 부엌 일손을 돕는 법도 없이 사사건건 비아냥거리고 다투기를 일삼는다. 끝부분에 가서야 비로소 마음의 빗장을 풀고 가족들과 융화하는데, 그는 극의 긴장을 이끌어 가는 데 중요한 구실을 하는 존재임을 알 수 있다.

아울러 준섭의 작품세계와 개인사에 관심을 두고 상가를 찾아온 장혜림 기자의 역할도 눈에 띈다. 그는 남다른 호기심과 직업적 열정을 가지고 상가에 모인 여러 사람을 상대로 취재를 하는데, 이는 궁극적으로 준섭의 가족사에 대한 정보를 관객에게 알려주는 영화적 장치로 작용한다. 특히 준섭에 대한 용순의 앙금을 씻어주는 데 그의 촉매 역할은 빛난다. 즉 준섭의 소설에 나오는 '빗새 이야기'를 용순에게 들려줌으로써 얼어붙었던 마음을

전격적으로 풀게 만드는 것이다.

〈축제〉는 오늘날 한국인 가족의 모습을 가장 솔직하게 보여 준 영화가 아닌가 싶다. 시골 출신으로 어렵사리 도시에서 터를 잡은 아들 세대는 부모를 모시고 사는 것이 도리인 줄 알면서도 현실이 허락하지 않는 경우가 많다. 준섭도 작가로서 어느 정도 명성을 얻긴 했지만 어머니를 서울로 모시지 못하고 시골의 형수에게 의탁해 놓은 형편이었다. 그는 늘 가슴 한구석에 죄책감을 안고 있었으며, 어머니의 영전에 바치는 동화집 〈할미꽃은 봄을 세는 술래란다〉는 그러한 마음의 산물이라고 할 수 있다.

죽음과 장례, 사람은 누구나 이 두 가지 통과의례에서 예외가 될 수 없다. 사람이면 누구나 한번은 죽고, 자식으로 태어난 이상 누구나 부모의 상(喪)을 당하게 마련이기 때문이다. 나 역시 시골에 어머니를 두고 있는지라 영화를 주의 깊게 보았다. 영화에 나오는 모든 것들이 언젠가 내가 맞닥뜨려야 할 일이란 것을 생각하니 그 한 장면 한 장면들이 결코 남의 일 같지 않았다.

그런데 영화를 보고 난 뒤의 느낌은 장례식을 치렀다기보다는 한바탕의 흥겨운 동네잔치를 구경한 듯하다. 눈물 징징거리는 상투성이나 재산 상속을 둘러싼 골육간의 다툼 따위가 없으니 뒷맛이 개운하다. 장례식 영화에 굳이 〈축제〉란 제목을 붙인 의도가 그러려니와 감독은 이 영화에서 죽은 사람의 모습보다는 살아 있는 사람의 모습을 보여주고 싶었던 것 같다.

특히 이 영화 가운데서 떡 본 김에 제사 지내는 식으로 동네 사람들이 조문 온 군수에게 마을길을 내달라고 건의하는 모습이라든지, 주인공의 서울 동료들이 조문을 빙자하고 시골에 내려와 바다낚시에 열중한다든지, 심심풀이 화투를 치던 문상객들이 돈을 잃자 조의금까지 집어다가 노름에 열을 올리는 모습 따위는 대단히 인상적이다. 이 밖에도 상두꾼으로 온 늙은이가 술을 따라 주는 용순에게 혹해 결국 만취 상태에서 아들에게 업혀나가는 모습, 삼경(三更) 때 구성진 상엿소리를 뽑던 사람들이 흥이 오르자 "노세, 노세 젊어 노세!"로 돌아서는 대목들은 무척 해학적이고 실감나는 장면이다. 이런 부분은 영화가 소설을 압도한다.

임권택은 역시 한국적인 감독이라 하겠다. 그는 가장 민족적인 것이 가장 세계적이라는 말을 잘 알고 있는 사람이다. 먹물 옷 승려들의 구도적 삶과 고뇌를 그린 〈만다라〉(1981)와 〈아제아제 바라아제〉(1989), 봉건사회의 남아선호 유습을 파헤친 〈씨받이〉(1987), 그리고 흙내음 나는 판소리 가락과 소리꾼의 한을 담아낸 〈서편제〉(1993) 등을 떠올려 볼 때, 그는 일련의 작품을 통해 꾸준히 우리 민족 고유의 숨결과 흙냄새를 추적해 오고 있으며, 이 〈축제〉 또한 그러한 작업의 연장선상에 놓여 있음을 확인할 수 있다. 더욱이 그는 이번 영화에서 우리의 전통 장례 풍습에 카메라를 가까이 들이댐으로써 새로운 영화 소재를 개발해 내었을 뿐만 아니라, 한국 영화의 활로와 가능성을 한층 더 넓혀 주었다고 하겠다.

Festival, 감독 임권택, 출연 안성기, 오정해, 한은진, 1996.

깊이 있는 묘사가 설득력을 얻는다

_ 취화선

주인공의 일생에 걸친 행적을 좇다 보니
묘사의 깊이를 잃어버린 것 같다.

지난해 임권택 감독이 장승업(張承業, 1843~1897)을 주인공으로 한 영화를 만든다는 소식을 듣고, 나는 우선 '취화선(醉畵仙)'이란 제목에 반했다. 단원 김홍도, 혜원 신윤복과 함께 조선 화단의 3대 거장으로 꼽히는 천재 화가 오원(吾園) 장승업. 술과 여자를 좋아했고 한 시대를 누구의 구애도 받지 않고 자기 방식대로 살다 간 괴짜 예술가의 생애가 세 음절의 제목에 절묘하게 농축되어 있다고 보았다.

마침내 올봄에 영화가 완성되어 개봉과 함께 칸영화제 출품 소식을 들었는데, 그로부터 얼마 지나지 않아 최우수 감독상을 받게 되었다는 보도가 나왔다. 사실 그동안 칸영화제는 우리나라로서는 범접하기 어려운 높은 벽이 아니었던가. 우리나라 영화로는 2001

년의 〈춘향뎐〉에 이어 올해 두 번째로 경쟁 부문에 오를 만큼 그 문턱이 높았다. 그때까지 영화관에 가지 못했던 나로서는 영화에 대한 기대가 한껏 증폭되었다.

역시 〈취화선〉(2002)은 임감독의 거장다운 솜씨가 전편에 배어 있는 노작(勞作)임을 느낄 수 있었다. 우리나라의 멋들어진 산천 모습을 배경으로 종횡무진 펼쳐지는 천재 화가의 예술적 생애는 상영시간 두 시간이 어떻게 지났는지 모를 정도로 속도감 있게 전개된다. 영화는 비렁뱅이 출신인 주인공이 어린 시절 한 선비의 눈에 띄어 그 재능을 인정받는 데서 시작된다. 그리하여 장안의 세도가들이 그의 그림을 한 점이라도 소장하지 않고서는 행세를 못할 만큼 이름값이 높아지고, 급기야 임금의 부름으로 궁궐에까지 들어가게 된다. 그러나 자유분방한 그로서는 답답한 궁중 생활을 견뎌낼 수가 없었고, 결국 궁궐을 뛰쳐나와 세상을 떠돌다가 어느 시골 도자기 가마터에서 생애를 마친다.

영화가 그리고자 하는 것은 장승업의 천재적인 예술성과 음주벽, 여인과의 사랑, 한곳에 안주하려 하지 않는 예술가적 고뇌 따위로 보인다. 중국의 산수화를 한눈에 훔쳐보고도 완벽하게 재현

하는 "귀신이 춤을 추듯 신운(神韻)이 감도는" 그림 솜씨, 술병을 옆에 놓아두지 않고서는 그림을 그릴 수 없는 호주가(好酒家)의 행태, 오르지 못할 나무였기에 먼발치에서 가슴만 태워야 했던 양갓집 규수에 대한 연모, 이어서 기생 매향과 만남과 헤어짐 등은 주인공의 인간적이고 개성적인 면모가 엿보이는 대목이다.

이 밖에도 천민 출신으로서 사대부 세계의 권위와 가치관에 반발하는 것이며, 천주교 박해와 갑신정변, 동학혁명 등의 역사적인 사건들과 직간접적으로 관계를 맺는 일은 역사적 인물로서 그의 존재를 생생하게 살려준다.

그런데도 영화를 보고 나서 어딘가 가득 채워지지 않은 느낌이 든 까닭은 무엇인가? 그것은 깊이의 문제가 아닐까. 이 영화는 주인공의 일생에 걸친 행적을 좇다 보니 묘사의 깊이를 잃어버린 것 같다. 영화의 인물이 성공하려면 우선 성격 형상화가 확실해야 한다. 〈취화선〉에 나타난 주인공의 성격을 어떻게 종잡을 수 있을까? 어느 때는 예술과 세속의 경계에서 고뇌하는 사람 같기도 하고, 어느 때는 신분 사회의 반항아 같기도 하고, 어느 때는 억압사회를 벗어나고자 하는 자유주의자 같기도 한데, 이것이 평면적으로 나열되다 보니 뚜렷한 개성으로 살아나지 못 한다.

감독은 여기서 어느 것 한 가지를 야무지게 붙잡아야 하지 않았을까. 예컨대 관습에 젖은 그림만을 찾는 세속의 요구와 싸우며 독자적으로 추구하는 예술적 경지에 도달하고자 애쓰는 예인(藝人)의 집념을 부각한다든지, 아니면 신분 차별과 억압을 예술 행위로 승화함으로써 신분제도의 모순을 고발하거나, 사회적 구속을 타파하고 예술적인 자유를 희구하는 인간상을 그린다든지 했더라면 주인공의 개성이 관객의 뇌리에 좀 더 선명히 박히지 않았을까.

그것도 아니라면 술을 좋아하는 주인공의 성격을 강조하여, 음주 행각과 더불어 술이 그의 예술 행위에 끼친 영향을 깊이 있게 파헤친다든지, 주인공의 여성 편력에 초점을 맞추어 첫사랑의 여인에 대한 미련과 집착이 예술로 승화되는 사연을 곡진하게 그려낼 수도 있지 않겠는가.

이 영화에서 주인공이 자기의 그림 세계에 만족하지 않고 "달라지고 싶다!"라면서 끊임없이 새로운 변화를 모색하는 대목은 지극히 예술가 영화다운 갈등의 제시다. 그러나 그 갈등이 비수를 찌르듯 관객의 가슴에 파고들려면 여러 가지 일화 중의 하나로 취급될 것이 아니라 영화의 중심 뼈대로 자리 잡아야 한다. 결국 이 영화는 여러 마리의 토끼를 잡으려다 한 마리도 제대로 잡지 못한 아쉬움을 남긴다.

임 감독은 여기서도 그동안 줄기차게 시도해왔던 '한국적인 정서 드러내기'에 온 힘을 쏟는다. 영화 초반에 차를 내놓기 위해 준비하는 다도의 손놀림을 보라. 동방예의지국의 다도 풍속이 그대로 드러나지 않는가. 그밖에 전통 혼례의식의 재현이나 배경음악으로 우리 전통 가락과 악기를 쓴 것은 우리 고유의 것에 대한 감독의 한결같은 애착을 읽을 수 있다.

그리고 한국의 춘하추동을 고루 담은 빼어난 산천경개를 보라. 매화꽃 만발한 봄 동산과 광막한 개펄 풍경, 되새 떼가 난무하는 겨울 하늘의 장관과 숨 막힐 듯 가까이 보여주는 야생화들의 진한 아름다움, 빗물을 머금은 거미줄과 처마에 열린 고드름에 이르기까지 촬영감독 정일성의 카메라는 탐미적이기 그지없다. 또한 이 영화에서 유난한 것은 한복의 멋이다. 꽃처럼 붉고 학처럼 우아한 기품이 서린 첫사랑 소운과 기생 매향의 옷맵시는 얼마나 매혹적인가.

이러한 장면은 "가장 민족적인 것이 가장 세계적이다."라는 임 감독의 지론(持論)에서 나온 것으로서 분명히 칸과 같은 국제영화제를 겨냥한 것으로 보인다. 그러나 의도야 어떻든 영화가 담고 있는 우리 산천과 전통 풍물의 멋은 평소 우리가 세계화의 물결 속에서 잊고 있던 '한국미의 재발견'이라고 할 만하다.

더욱이 우리가 장승업이 그리는 여러 그림을 감상할 수 있는 행운을 누릴 수 있는 것은 주인공이 화가인 덕분이다. 오로지 먹물 하나로 모든 것이 표현되는 한국화의 세계, 주인공의 말마따나 "일 획이 만 획이요, 만 획이 일 획이로다."라고 단순화되는 선(線)의 미학이 색채미를 추구하는 서구인들에게는 신묘하게 비칠 터이다. 그런데 그 좋은 그림들을 차분히 감상할 수가 없는 것은 못내 아쉽다. 대개 카메라는 처음 붓을 대는 장면과 마지막 완성 상태를 대강 훑고 지나가 버린다. 그림을 그려나가는 붓놀림을 지그시 보여주고, 또 완성된 그림의 면면을 진득하게 감상할 수 있도록 정적(靜的)인 화면을 더 제공했더라면 좋았겠다 싶다.

〈취화선〉은 감독이 여느 영화 못지않게 공을 들인 작품으로 보인다. 한 땀 한 땀 바느질을 하듯 한국의 토속적인 풍정(風情)을 정성 들여 기워 넣은 장인정신이 그렇거니와, 특히 이 작품을 찍기 위해서 양수리종합촬영소 2천 700여 평의 땅에 기와집 스물여

섯 채와 초가집 서른다섯 채를 세워 옛날 서울 거리와 시장터를 복원한 사실은 감독의 대단한 열의를 짐작케 한다.

시나리오의 짜임새 또한 탄탄하기 그지없다. 과감한 생략과 비약으로 너절한 사건들을 재치 있게 엮어가면서, 한편으로는 푸짐한 볼거리와 들을 거리를 촘촘히 곁들이는 솜씨는 가히 고개를 끄덕여줄 만하다. 특히 등장인물의 입을 통해 수시로 전해지는 그림에 대한 이론은 관객들에게 지적(知的) 자극을 선사하는 부분이다.

그러나 욕심만 가지고는 감동을 자아낼 수 없는 일이 아닌가. 앞서 말했듯 주인공의 발자취를 바삐 좇다 보니, 정작 영화를 보고 난 뒤에 육박해오는 울림까지는 챙기지 못하고 말았다. 역시 좋은 작품의 요건은 넓이보다 깊이에 있는 것이다.

Strokes of Fire, 감독 임권택,
출연 최민식, 유호정, 손예진, 안성기, 2002.

슬프고도 아름다운 한의 여운

_ 천년학

채워지지 않는 공허와
가슴속에 맺힌 뜨거운 그 무엇이
바로 한(恨)이 아닐까.

벌써 열다섯 해가 흘렀나? 이 땅에 구성진 판소리 가락으로 '우리 것'의 아름다움을 일깨워준 〈서편제〉(1993)의 열풍이 지나간 것은. 동편제니, 서편제니 하는 것이 무슨 말인지도 모르던 사람들에게 '이게 우리 소리란 것이여!'를 각인시켜주었을 때, 온 국민은 이에 화답하여 한국영화 최초의 100만 관객 돌파라는 금자탑을 세워주었다.

그 열풍의 주인공이었던 임권택 감독이 또다시 같은 이야기를 새로이 포장하여 〈천년학〉(2007)이란 상품을 내놓았다. 더욱이 100번째 영화인지라 감독으로서는 그의 명성에 어울릴 기념비적 작품을 내놓고자 하는 의욕이 컸을 것이다.

과연 그것은 우리의 기대를 저버리지 않는다. 남도의 산수를 골

라 담은 아름다운 풍광, 가슴을 울리는 애절한 판소리의 떨림, 그리고 거기에 녹아 흐르는 남매의 애틋한 정…. 우리의 전통적인 정서를 가장 우리 것답게 그린 것으로 이만한 영화가 어디 있으랴.

〈천년학〉은 제목부터가 상징적이다. 천년을 산다는 학, 그것은 작품에 나오는 남매의 가슴 속에 영원히 지워지지 않을 그리움일 수도 있고, 우리 고유의 가락인 판소리의 유장한 흐름일 수도 있으며, 근원적으로는 한국인의 은근하고 끈기 있는 정서의 표상일 수도 있다. 그뿐만 아니라 한국 영화사에 오래 남을 걸작을 만들고자 하는 임 감독의 예술가적 소망일 수도 있다.

〈서편제〉를 기억하는 사람들은 이번 영화를 보고 뻔한 줄거리에 새로운 것이 없다고 불평할지도 모른다. 물론 〈천년학〉이 전작에서 많은 것을 가져온 것은 사실이다. 제 핏줄도 아닌 남매를 소리 공부시키며 동가식서가숙하는 소리꾼 아버지, 그 아버지와 싸우고 집을 나간 동생, 그리고 나중에 맹인이 된 누이의 행방을 찾아 떠도는 끝없는 여정…. 그 사이사이로 〈춘향가〉, 〈심청가〉, 〈흥보가〉, 〈적벽가〉 등의 숱한 판소리 부분창이 불리는 구조가 전작과 크게 다를 바 없는 것이다.

그러나 우리가 춘향과 이 도령의 이야기를 몰라서 〈춘향전〉을 보는가. 셰익스피어의 〈로미오와 줄리엣〉이 수백 년을 두고 끊임없이 공연되는 까닭이 무엇인가. 영화 감상이 단순히 줄거리를 뒤쫓는 일이 아닐진대 부분적인 문제로 전체를 평가할 수는 없는 일이 아닌가. 오히려 전작의 표현방식이 어떻게 변주되었는가를 살펴보는 일이 이 영화를 대하는 바른 자세가 아닐까.

우선 〈천년학〉에서 배우의 기용이 어떻게 바뀌었는가를 보자. 먼저 아비 유봉의 배역이 바뀌었다. 전작의 아비는 성미가 급하고 괴팍한 외골수의 성격으로 작중 비중이 매우 컸던 데에 비해 이번 영화에서는 편안하고 수더분한 인상이면서 그 비중이 대폭 줄어들었다. 그러나 걸쭉한 소리는 전작보다 더 나아 보인다.

동생 동호의 배역 또한 달라졌다. 전작에서 그다지 큰 역할을 하지 못했던 것과는 달리 이번에는 이야기를 이끌어가는 중심인물로 격상되었다. 다행히 캐릭터가 극에 잘 어울리는 만큼 주연 배우의 기용은 성공적이라고 할 수 있다.

여주인공 송화는 전작의 인물이 그대로 나온다. 풋풋했던 옛 모습도 좋았지만 이번에 더욱 성숙해진 모습이 안정감을 준다. 연기의 폭은 그리 넓지 못하나 그의 주된 무기는 역시 창(唱)이다. 청아하고도 애절한 목소리로 풀어놓는 그의 소리는 관객의 마음을 사로잡기에 부족함이 없다.

〈서편제〉와 〈천년학〉은 주제 면에서도 차이가 있다. 앞의 영화가 득음에 이르고자 하는 소리꾼의 집념에 초점을 맞추었다면 이

번 영화는 남매간의 애정을 전면에 내세웠다. 감독은 이 남매간의 애정을 어떻게든 한국적인 정서로 승화시키고자 애썼다. 남매간이라고는 하나 핏줄이 다른 터라 두 사람은 실상 남남이나 다름없다. 따라서 그들이 느끼는 정은 동기간과 이성 간의 정이 뒤섞인 것이며, 그 표현방식은 간접적이고 우회적일 수밖에 없다. 그러기에 그들은 못내 그리워하고 애타게 찾으면서도 막상 만나서는 속내를 드러내지 못하는 안타까운 일이 되풀이된다.

그렇지만 서로를 향한 애타는 심정이야 어찌 가슴에 닿지 않으랴! 북장단 소리만 듣고도 동생을 알아차리고, 탄피 가락지를 평생 끼고 사는 모습에서도 마음의 깊이를 엿볼 수 있지 않은가. 이렇듯 감정표현을 절제하고 마음으로 전하는 사랑이 〈천년학〉이 보여주고자 하는 사랑의 방식이다. 말로 설명할 수 있는 도는 진정한 도가 아니라(道可道 非常道)고 노자가 말했듯이 말로 표현되지 않는 사랑이 표현되는 사랑보다 훨씬 크고 깊을 수가 있다. 이는 가볍고 즉물적으로 편향된 오늘날의 문화 현상에 대해 감독이 던지는 하나의 질책일 수도 있다.

〈천년학〉의 화면은 여전히 아름답다. 송화가 중동으로 떠나는 동생을 두고 "갈까부다!"를 부르는 제주도의 선 고운 산과 들, 백사 노인의 임종 자리에서 "꿈이로다!"를 노래할 때 매화꽃이 눈처럼 날리는 풍경은 영상미의 극치라 할 만하다. 더욱이 마지막에 동호가 누이가 맡기고 간 북을 잡고 누이의 환영과 마주 앉아 북장단을 두드릴 때, 선학동 간척지에 바닷물이 차오르며 두 마리의 학이 날아드는 절정 부분이야말로 뭉클한 감동과 함께 오랫동안 관객의 뇌리에 남을 명장면이 아닌가 싶다.

그리고 무엇보다 이 영화의 특징으로 빼놓을 수 없는 것은 밑바닥에 깔린 안타까움의 정서이다. 이 영화의 등장인물들은 모두가 채워지지 않는 아쉬움을 담고 있다. 서로 만나지 못해 애타게 찾아다니는 주인공 동호와 송화는 말할 것도 없고, 득음에 평생을 목매달았던 아비 유봉, 어렸을 때부터 송화를 가슴에 지니고 살아온 주막집의 용택, 동호의 마음을 끝내 차지하지 못하고 정신병원에 실려 가는 단심 등 모두가 가슴속에 갈증을 느끼며 살아가는 인물들이다.

이렇듯 채워지지 않는 공허와 가슴속에 맺힌 뜨거운 그 무엇이 바로 한(恨)이 아닐까. 가슴 속에 풀지 못한 응어리를 안고 살아가는 이야기이기에 〈천년학〉은 슬프고 눈물겹다. 그리고 함부로 눈물을 내비치지 않는 인고와 절제로 인하여 그 여운은 더욱더

길다. 눈물을 보여주지 않으면서도 그 어느 비극보다 슬픔에 젖어들게 하는 힘, 이게 바로 노장 임권택의 관록인지도 모른다.

아름답고도 슬픈 영화 〈천년학〉은 〈서편제〉와 같은 이야기이면서 다른 이야기이며, 다른 이야기이면서도 결국은 같은 이야기로 귀결된다. 장면 하나하나, 대사 한 마디 한 마디에 감독의 연륜과 내공, 피와 땀이 배어 있다. 같은 재료를 가지고 이렇게 새롭고 맛깔난 식단을 마련한 노장의 장인정신과 열정에 어찌 뜨거운 박수를 보내지 않을 수 있으랴!

Beyond the Years, 감독 임권택, 출연 오정해, 조재현, 임진택, 2007.

순결한 영혼의 누님께

_시

누님이 몸을 던져 쓴 그 시야말로
이 세상에서 가장 아름다운 시입니다.

누님이라고 부를게요.

당신은 우리 누나를 많이 닮았어요. 아니 우리 누나가 당신을 닮았다고 해야 할까요? 당신은 예순이 훨씬 넘은 나이지만 열다섯 살 소녀 같은 순수함을 간직하고 있어요. 우리 누나도 당신처럼 그렇게 착하고 여리고 순수한 부분이 있거든요. 그래서 당신의 표정이며 행동거지를 보며 우리 누나를 떠올렸지요.

시를 배우는 누님, 그리하여 아름다운 시를 한 편 쓰고 싶어 하는 누님, 유난히 꽃을 예뻐하고 호기심이 많은 누님, 땅에 떨어진 살구 열매 하나에도 감탄하는 누님, 예쁜 모자에 화사한 옷을 갖춰 입고 공주처럼 살아가고 싶은 누님, 비록 가진 것은 없지만 마음만큼은 넉넉한 누님, 당신이 그렇게 아름다움 속에 살 수만 있다면 얼마나 좋겠습니까.

그런데 세상은 냉정하고 험상궂지요. 폭군처럼 늘 위협을 해대지요. 그 앞에 선 누님은 바람 앞의 등잔불처럼 나약하기만 합니다. 누님을 낭만 소녀로 살아가도록 놓아두지 않는 세상이 참으로 밉습니다.

누님은 이혼한 딸이 맡겨 놓은 손자 하나를 데리고 살지요. 그리고 중풍으로 몸이 불편한 노인을 보살피는 일로 생계를 유지하고 있지요. 또 틈틈이 문화원에 다니며 시 창작 강의도 듣고 있지요. 시상을 얻기 위해 사과를 요리조리 살펴보며 수첩에다 꼼꼼히 기록도 하고 아주 열심입니다. 다른 사람들은 누님을 정신 나갔다고 할지 몰라도 제가 보기에는 그렇지 않아요. 시인의 길도 제대로 걷고 있다고 봐요.

하기야 가끔 건망증 기미를 보이는 누님은 병원에서 치매 초기 진단을 받은 분이기는 해요. 좀 불안하고 위태로워 보이기는 하지만 그래도 나이에 비해 심한 정도는 아닙니다. 시상을 얻으려고 새소리에 귀를 기울이고 느낌을 수첩에 적는 것이나, 요양 보호를 해주는 할아버지가 엉뚱한 일을 요구해올 때 기막혀하는 것을 봐도 누님은 아직 다행스러운 편입니다.

그런데 이게 웬 날벼락입니까? 어느 날 학부모에게 들은 끔찍한 소식! 중학생 패거리들이 또래 여학생을 성폭행했는데, 거기에 누님 손자가 가담했다지 않아요. 더욱 기가 막힌 것은 그 여학생이 강물에 몸을 던져 목숨을 끊었다는 것입니다.

가해 학생 여섯 명의 학부모가 모여 대책을 논의하지요. 그리고 각각 5백만 원씩 돈을 내어 여학생의 부모와 합의를 합니다. 그런데 누님에게 그런 큰돈이 어디 있겠어요. 어쩔 수 없이 고민 끝에 요양 보호 할아버지의 요구를 들어주고 합의금을 마련하지요. 그렇게 하여 사건은 일단락되었지요.

그렇지만 그게 끝이 아니더군요. 누님은 그것으로 사건을 잊을 수 있을 만큼 단단한 사람이 아니었어요. 한 소녀가 꽃다운 목숨을 버린 일인데 어떻게 돈 몇 백만 원으로 손을 털고 돌아설 수 있겠어요. 누님의 가슴에는 아직도 개운치 않은 것이 남아있었지요.

소녀에 대한 죄책감이라고나 할까요. 당신이 저지른 일은 아니지만 소녀를 죽게 한 윤리적 책임은 누군가가 져야 한다는 생각이었을까요. 누님은 손자에게 "왜 그랬어?" 하고 책망도 해보고, 소녀가 몸을 던진 강변에도 가보고, 소녀를 추도하는 성당의 미사에도, 피해 장소였던 학교의 실험실에도 찾아가 보지요. 나중에는 소녀의 집에까지 찾아가 그 엄마를 만나기도 합니다.

그러다 마침내 누님은 시 한 편을 완성합니다.

"그곳은 어떤가요? 얼마나 적막하나요? 저녁이면 여전히 노을이 지고, 숲으로 가는 새들의 노랫소리 들리나요?"로 시작하는 내용은 죽은 소녀에게 던지는 물음인 듯합니다.

그런데 그다음에 이어지는 구절이 심상치 않습니다.

"이제 작별을 할 시간, 머물고 가는 바람처럼 그림자처럼 오지 않던 약속도 끝내 비밀이었던 사랑도, 서러운 내 발목에 입 맞추는 풀잎 하나, 나를 따라온 작은 발자국에도 작별할 시간"여기서 누님의 어떤 마음가짐을 읽을 수가 있어요.

누님은 시를 읊조리며 들길을 걷지요. 그러다 누님의 목소리는 앳된 소녀의 목소리로 바뀌지요. 누님의 모습 또한 교복 입은 소녀로 바뀝니다.

"나는 당신을 축복합니다. 검은 강물을 건너기 전에 내 영혼의 마지막 숨을 다해 나는 꿈꾸기 시작합니다. 어느 햇빛 맑은 아침 다시 깨어나 부신 눈으로 머리맡에 선 당신을 만날 수 있기를"

시는 이렇게 마무리됩니다. 아마 소녀와의 새로운 만남을 소망하는 듯합니다. 길을 걷던 소녀는 마침내 강물이 흐르는 다리의

난간에 이릅니다. 그런데 영화는 그다음 장면을 보여주지 않습니다. 거기서 막이 내리지요. 그렇지만 우리는 누님이 어떤 행동을 취했는지 짐작할 수 있지요.

가엾은 누님, 왜 그랬어요? 살짝 고개를 돌려버리고 모른척해도 누가 뭐라 하지 않을 텐데, 왜 그런 선택을 했어요? 더 없이 맑은 영혼을 지닌 누님에게는 세상이 너무나 속되었던가요? 세상을 견디는 일이 그리도 힘겨웠던가요? 너무도 안쓰러운 마음에 북받치는 눈물을 주체할 수 없습니다.

서글픈 사람, 누님이야말로 이 세상 누구보다도 순결한 사람입니다. 누님이 남긴 단 한 편의 시가 그것을 증명합니다. 그러고 보니 누님은 결국 목표를 이루었네요. 멋진 시 한 편을 쓰고 싶다고 했잖아요. 시란 아름다움을 찾는 일이라고 문화원의 선생님은 말했지요. 누님은 처음에는 바깥 자연물에서 아름다움을 찾으려고 애썼지요. 그런데 진정한 아름다움은 눈에 보이지 않는 곳에 있었지요. 죽은 소녀의 고통을 당신의 것으로 받아들인 끝에 비로소 그것을 찾아낸 것이지요. 누님이 몸을 던져 쓴 그 시야말로 이 세상에서 가장 아름다운 시입니다.

착한 사람, 양심을 잃지 않은 사람, 이 세상에서 참된 아름다움이 무엇인가를 가르쳐주신 미자누님, 누님이 꿈꾸었던 대로 부디 '검은 강물'을 건너 소녀와 만나 밝게 웃으며 손잡으시기를 빌게요. 안녕히 가세요.

Poetry, 감독 이창동, 출연 윤정희, 이다윗, 김희라, 2010.